Der mittlere Weg zwischen Himmel und Erde
Festschrift für Theodor Seifert

AF239379

Impressum

Die Deutsche Bibliothek verzeichnet diese Publikation
in der Deutschen Nationalbibliografie.
© 2011 by opus magnum
Version 1.01
Layout, Grafiken und Satz: Dr. Lutz Müller
Herstellung: Book on Demand GmbH, Nordstedt
Verlag: opus magnum, Stuttgart, www. opus-magnum.de
ISBN 978-3-939322-65-8
Alle Rechte vorbehalten

Der mittlere Weg
zwischen Himmel und Erde

Festschrift für Theodor Seifert

Herausgegeben von Lutz und Anette Müller

opus magnum

Inhalt

Vorwort

Durchlässig zu werden für die Einheit, Paradoxie und Schönheit des Seins, das wird von Theodor Seifert als eines der wesentlichen Ziele der Individuation angesehen.

Dieses Ziel hat er, einer der profiliertesten Kenner der Analytischen Psychologie C. G. Jungs, in vielen seiner Schriften und Begegnungen mit Menschen immer wieder vermittelt: auf dem Wege des unmittelbar intuitiv-symbolischen Erfassens, der Arbeit mit Bildern und Imaginationen, mit Hilfe der Weisheit östlicher und westlicher Mystik, im Verständnis der polaren Spannung und Zusammengehörigkeit der Dinge des Lebens, durch die Wahrnehmung synchronistischer Ereignisse.

Vor allem aber hat er dies vermittelt durch die persönliche Begegnung, die für alle, die diese erfahren durften, durch ganz besondere Freundlichkeit, Güte, Warmherzigkeit und Wertschätzung geprägt war. Mit diesem Buch wollen Freunde, Vertraute und Kollegen bescheidenen Dank sagen für das, was sie durch ihn erfahren und lernen durften und was zu einem bleibenden Gewinn für sie geworden ist.

Das Buch ist in drei Teile gegliedert. Im ersten Teil finden sich Aufsätze und Vorträge von Theodor Seifert selber, in denen eindrücklich die Vielfältigkeit, Weite und Tiefe seines Wissens, seiner Einstellung, seiner Werte und Ziele deutlich wird.

Der zweite Teil macht mit einigen persönlichen Stationen und Erfahrungen seines Lebensweges bekannt.

Im dritten Teil greifen Freunde, Vertraute und Kollegen duch eigene Beiträge, Aufsätze und Gedichte einige der Themen von Theodor Seifert auf.

Die Herausgeber
Lutz und Anette Müller

Von Theodor Seifert

Schöpfung - Erhaltung - Zerstörung[1]

Archetypische Aspekte der Aggression

Theodor Seifert

Terror, Gewalt und zunehmende Grausamkeiten werden aus guten Gründen mit unserer Aggression in Verbindung gebracht. Das Wort „Aggression" bekommt damit jedoch einen einseitigen Klang und wird auf die Bezeichnung der Beschädigung und Zerstörung von Leben festgelegt. Die ursprüngliche, der lateinischen Wortwurzel „aggredior, aggredi" entsprechende positive Bedeutung von Herangehen im Sinne einer Annäherung oder sich an einen Ort bewegen, von Angreifen im Sinne von berühren, anpacken und auch begreifen geht bei der Betonung des mit dem Wort auch ausgedrückten Angriffs oder Überfalls in feindseliger Absicht völlig verloren.

Vorschläge, von der Aggression ihren lebensfördernden Aspekt beinhaltenden „Aggress" zu unterscheiden, haben sich nicht durchgesetzt. Aggression und Aggressivität als gefährliche und destruktive Kräfte behaupten im Sprachraum das Feld und verengen oder verstellen die Blickrichtung.

Diese Sichtweise lässt wichtige Verhaltenskomponenten unerkannt und beschwört damit gerade das herauf, was vermieden werden soll: die aggressiven Durchbrüche im Kleinen wie im Großen. Überwiegt in dem unsere Erziehungsstile und therapeutischen Techniken tragenden Menschenbild der keinesfalls zu leugnende dunkle Aspekt der Aggression, so wird sich ihr heller Aspekt früher oder später „aggressiv" durchsetzen müssen.

Dass sich auch „gute Kräfte" aggressiv ihren Weg ins gelebte Leben bahnen, erscheint zunächst als ein Widerspruch in sich, führt uns aber direkt zu der im Thema formulierten Hauptthese dieser Überlegungen:

Unsere Aggression steht in engstem, bis in den leiblichen Bereich hinein reichenden Zusammenhang mit den schöpferischen Prozessen und mit dem Wandel alles Lebendigen. Sie ist die Kraft, die erstarrte Formen im persönlichen, sozialen oder kulturellen Bereich „aufbricht" und die Wege für das Weiterschreiten des Lebensprozesses bahnt, dabei eng verbunden

---

1 Vortrag bei der Tagung der Internationalen Gesellschaft für Tiefenpsychologie 1978, erschienen in: Pflüger, 1979

mit Bewegung im körperlichen, psychischen und geistigen Bereich. Sie steht im Dienste der „Creatio continua", sie dient in gebundener Form, etwa im Über-Ich, der Erhaltung der Lebenssysteme, und sie bricht unter Umständen zerstörerisch durch, wenn die Versteinerung der Institutionen einen für den Menschen unerträglichen Grad erreicht hat.

Ohne Zugang zu den aggressiven Kräften des Organismus wird sich kein Mann von seinem Mutterkomplex, keine Frau von der patriarchalen Entwürdigung ihres Geschlechts, keine Gruppe von ihrem Unterdrücker befreien. Die Wiederbelebung der Durchsetzungskraft gehört zu den wichtigsten Therapiezielen; der liebende Umgang mit diesen Kräften in Heranwachsenden ermöglicht ihnen einen autonomen und freien Umgang mit den auf Veränderungen gerichteten Kräften, erlaubt ihnen Risikofreude und den Mut, auch dann noch an der Hoffnung festzuhalten, wenn vieles verloren scheint.

Die meisten Varianten der Bilder kollektiven Menschseins, wie sie uns in Märchen und Mythen überliefert sind, zeigen Formen der Aggression. Sie immer wieder zu hören, bedeutet ein „Erinnern" dessen, was an Menschenart in uns gespeichert in der Latenz liegt. Wir brauchen diese Vorbilder gewissermaßen als Such-Information für die Entfaltung der Kräfte der kollektiven, objektiven Psyche.

Berauben wir durch die verschiedensten Formen der Unterdrückung den Organismus seines energetischen Veränderungspotenzials – so möchte ich die Aggression allgemein kennzeichnen - beschädigen wir ihn zutiefst und provozieren geradezu dieses Potential. Die Aggression befreit sich selbst in einem letzten Versuch vor der endgültigen Resignation oder totalen, das Leben auslöschenden Destruktion. Neurotische Symptome, Suizidversuche, auch Oppositionen und Revolte sind die außen erkennbaren Anzeichen.

Diese Veränderungspotenz unseres Organismus ist zunächst wertneutral auf Erweiterung, Entwicklung und Verwandlung gerichtet. Jede aggressive politische Bewegung erlebt sich als Diener eines Fortschritts zum Besseren, versteht sich als progressiv. Die Dimension des Bösen erhalten diese Kräfte in verschiedenen sozialen Kontexten, wobei die gegensätzlichsten Verhaltensweisen und Ziele als gut bzw. böse angesehen werden. Im allgemein-menschlichen, im archetypischen Bereich befinden wir uns jedoch noch jenseits von Gut und Böse.

Jedes Märchen ist eine „Justso-Story", eine „Gerade-so-Geschichte," wie Marie-Louise von Franz es immer wieder nennt.

> Allgemeine Regeln, die man daraus ableiten wollte, müssten immer in Paradoxien, in einem Ja und Nein formuliert werden. Und doch ist in jeder Einzelgeschichte nur Dieses und nicht Jenes „richtig". Nur eine einzige Ausnahme habe ich zu dieser antinomischen Moral der Märchen gefunden: Wer dem sogenannten „hilfreichen Tier" folgt, handelt immer richtig. Die Gestalt des „hilfreichen Tiers" im Märchen ist ein eindeutiger Richter über Gut und Böse – es verkörpert einen den anderen Verhaltensweisen letzten übergeordneten Instinkt.
>
> *(Franz von, 1972, S. 31)*

Ich ziehe es deshalb vor, die Zwei-Wertigkeit des aggressiven Verhaltens zu relativieren, damit zunächst die energetischen Aspekte der Wandlung sichtbar werden. Gut und Böse legen uns viel zu rasch und zu einseitig fest. Zudem ist die Aggression eine mit der Evolution gewachsene und in Äonen geformte Kraft aller Organismen – die Verhaltensforschung hat die verschiedensten Untersuchungen dazu vorgelegt, dass es auch, nicht nur aus wissenschaftlicher Sicht, schlecht ansteht, Be- oder Entwertung zu rasch und orientiert an den wesentlich gesellschaftlich mitbedingten Spätformen der Aggression vorzunehmen. Was uns heute an Aggressivität in der Wirtschaft oder der internationalen Politik begegnet, hat mit der ursprünglichen biologischen und in uns auch psychisch repräsentierten Form nur noch in sehr verzerrter Weise zu tun.

Diese hier vertretenen Gesichtspunkte sind jetzt zu belegen. Ergänzen möchte ich sie noch mit der These, dass die sorgfältige Analyse archetypischen Bildmaterials, wie sie C. G. Jung entwickelt hat, wichtige Erkenntnisse über Wesen und Dynamik der Aggression ermöglicht. Diese Bilder spiegeln unsere lange Geschichte, sie sagen und wissen mehr als tausend Worte.

Dass es allgemein-menschliche Grundlagen des Verhaltens und des Bewusstseins gibt, ist heute nicht nur eine plausible, sondern fast schon eine banale Feststellung. Auch politisch und historisch suchen wir nach dem, was die Menschen miteinander verbindet. C. G. Jung hat diesen alle Menschen verbindenden Aspekt im Konstrukt des kollektiven Unbewussten zusammengefasst. Unserem Ich steht ein umfassendes und sicher auch optimiertes System von Erfahrungs- und Erlebnismöglichkeiten gegenüber, die völlig kollektiv sind und sich in Bildprozessen spiegeln. Jenseits unserer subjektiv verinnerlichten Welt bestehen ziemlich invariante „Gießformen, in die wir den Signalstrom pressen, der uns aus der Außenwelt erreicht" (Klaus, 1972, S. 34). Die Menschheit hat sie im Laufe ihrer Entwicklungsgeschichte entwickelt. Sie sind im Individuum jeweils reproduziert, weil sie für die Erhaltung des Lebens erforderlich waren. So lautet unsere grundsätzliche Annahme.

Dieses „relative Apriori unserer Erkenntnis" – von der Erkenntnistheorie des modernen dialektischen Materialismus wie von C. G. Jung so formuliert – verwandelt den Reizstrom in eine Bilderfolge im weitesten Sinne. Diese Bilder spiegeln die Welt so, wie wir sie sehen können, spiegeln vor allem unsere spezifische Beziehung zur Natur. In den Bildern erscheinen die Grundlagen unserer Erkenntnis; in den Kategorien, geometrischen Figuren und Zahlen, mit denen wir die Welt darstellen, begegnen wir uns letztlich wieder selbst, in ihnen zeigt sich die archetypische Grundlage unseres Bewusstseins. Wir sind diese Bilder. Für alle Organismen gilt das gleiche. „Die Form des Pferdehufes ist genauso ein Bild der Steppe, die er tritt, wie der Abdruck, den er auf ihr hinterläßt, sein Bild ist" (Lorenz, 1972, S. 7).

Die zentrale Bedeutung der kollektiven Bilder für unser Selbstverständnis bestätigt sich in zunehmendem Maße. Mythologeme, Heldengeschichten und Gottesbilder spiegeln die Geschichte unseres Bewusstseins (vgl. Neumann, 2004). Das Bild ist sowohl ein naturgegebenes Phänomen wie ein systemübergreifendes wissenschaftliches Konstrukt. Es bietet außerdem den großen Vorteil der Beschreibbarkeit und Operationalisierbarkeit, wie die empirischen Untersuchungen mit Selbst-, Fremd-, Ideal-, Vaterbildern usw. zeigen. Auch psychophysiologisch orientierte Theorien beziehen sich mehr und mehr auf Bilder. Unsere Patienten leiden nicht an der Welt, wie sie ist, sondern an ihren Weltbildern.

Vor diesem hier nur sehr kurz skizzierten methodischen und wissenschaftlichen Hintergrund sind die folgende Darstellung der Aggression in archetypischen Bildern und die entsprechenden Schlussfolgerungen zu sehen. Aus dem zur Verfügung stehenden fast unübersehbaren Material eine Auswahl zu treffen ist schwierig und bleibt anfechtbar. Jede Entscheidung wird hier von der Hypothese, die erhärtet werden soll, mitbestimmt.

Ich möchte Material vorlegen und interpretieren, das „offenbar" mit der Aggression, wie wir sie im heutigen allgemeinen und wissenschaftlichen Sprachgebrauch verstehen, zu tun hat.

Ist es nicht in höchstem Maße, verwunderlich, dass gerade im „göttlichen Bereich" zerstörerische Verhaltensweisen in dominanter Weise beheimatet sind? Rudolf Otto verdanken wir den Begriff des „Mysteriums tremens", mit dem er die furchterregende Seite des Heiligen umschreibt. Er sieht in diesem Erschauen und sich Grauen vor den Göttern, in dieser Scheu vor dem Unheimlichen, ein für die religiöse Sphäre artbesonderes Gefühl der Psyche.

Diese wahrscheinlich nicht weiter reduzierbaren Erlebnisse beziehen sich immer auf ein übermächtiges und gefährliches lebendiges Objekt außerhalb des Ich. Nach Otto (1963) verdichten sich diese Gefühle zu einer Vorstellung absoluter Macht, zu Bildern von Göttern mit recht konkreten Eigenschaften, unter denen Zorn und Wut, aber auch die Schöpferkraft besonders hervortreten. Es sind sicher nicht die einzigen, sie gehören aber zu den ältesten Eigenschaften der Götter. Hierher passt auch Annahme der Naturwissenschaft, dass der Kosmos durch den „Urknall" entstanden ist.

Die Geschichte der Opfer enthält eine Fülle von Beispielen für die Versuche des Menschen und seines noch schwachen Ich, mit diesen gewaltigen Kräften umzugehen. Gemäß der noch unentwickelten Struktur des frühmenschlichen Bewusstseins spielt sich das Drama zwischen Mensch und Gott noch ganz im Außen ab. Neben dem „Tremendum" hebt Otto das Moment des „Energischen" besonders hervor. „Ein schauererregendes übermächtiges von enormer, leidenschaftlicher Lebendigkeit, ein kraftvoll erregter, schöpferischer Tätigkeitsdrang wird als das Gegenüber erlebt. Er flößt dem Menschen Furcht ein, eine Furcht, die aller Weisheit Anfang ist. Es ist furchtbar, in die Hände eines so lebendigen Gottes zu fallen." (Otto, 1963, S. 27)

Auch in diesem Urgefühl ist der Bezug zum Schöpferischen schon mitgegeben. Der Mensch begegnet der Dynamis per se, noch vor ihrem Auseinanderfallen in gute (schöpferische) und böse (vernichtende) Taten. Historisch befinden wir uns in der Zeit vor dem Zerfall der Archetypen in eine lichte und eine dunkle Erscheinung. Diese Urkraft kann tun und lassen was sie will, sie steht jenseits des moralischen Urteils. Wer wollte sie richten? Furcht, besser Ehrfurcht ist die einzige mögliche Haltung dem Numinosen gegenüber.

Ich glaube, jeder Mensch kennt eine Begegnung mit diesem leidenschaftlichen Energischen und seiner impulsiven Fülle, er kennt die Angst die ihn befällt, wenn diese Kräfte ihn bewegen. Unzählbar sind die Versuche der Abwehr und Sicherung. Was tun wir, wenn wir einer neuen Erkenntnis oder der Gewalt der Liebe begegnen? Die Sicherheitstendenz wiederum provoziert das Veränderungspotential, die Aggression, die von der Schutzmauer aus gesehen als böser Angreifer und Zerstörer bewährter Formen der Persönlichkeit und des Zusammenlebens erscheint.

Eine „Epiphanie der Kraft und der Gewalt" sind die heroischen göttlichen Krieger, die immer zugleich Sturm-Gottheiten und große Befruchter sind. Religionsgeschichtlich sind sie allgemein nachweisbar und unterscheiden sich deutlich von den eigentlichen Himmelsgöttern, die eher als Hüter der Gesetze betrachtet werden und in menschenferner Höhe thronen. Die Sturm-Götter und die Krieger sind menschennäher.

Die Gruppe dieser Götter ist zwar vielgestaltig, weist aber charakteristische gemeinsame Merkmale auf: den Bezug zu Sturm, Donner und Regen, sie sind die Herren des Blitzes, als große Stiere die Befruchter der Erdgöttin als Kuh. Sie repräsentieren eine urtümliche Lebenskraft. Indra trinkt unermessliche Mengen Soma, „er ist das Leben, das Sinnbild der Lebensfülle, kosmischer und biologischer Energie. Er bringt Säfte und Blut in Gang, befreit die Wasser, erweckt die Keime und öffnet die Wolken" (Eliade, 1954, S. 115).

Die Sturm-Gottheiten, die er anführt, werden immer wieder angerufen, mit ihren Blitzen nicht Menschen und Tiere zu töten. Zeus verfügt über Blitz und Donner als Zeichen seiner Macht. Mit ihnen kämpft er gegen den feuerspeienden Drachen Typhon und schleudert schließlich den Ätna auf ihn. „Der Berg speit noch heute die Blitze zurück, die auf den Drachen fielen" (Kerényi, 1951, I, S. 33).

Andererseits: Aus der Stier-Hochzeit mit der kuhgestaltigen Jo ging der Held Kadmos hervor. Und als goldener Regen floss Zeus durch das Dach in die Jungfrau Danae und sie gebar ihm einen Sohn: Perseus. Marduk, der altbabylonische Götterheld, bedient sich der Blitze beim Kampf mit dem Ungeheuer Tiamat. Thor ist der Donnergott der Germanen, sein Kampfesmut wie auch seine Beziehung zum Stier sind bekannt. Und selbst vom Throne Christi gehen Blitze und Donner aus (vgl. Offenb 4,5).

Von Anfang an scheinen das schöpferisch Befruchtende und das kriegerisch Aggressive zusammen zu gehören. Die Mythologeme stellen es in einer göttlichen Gestalt dar, die sich nach zwei entgegengesetzten Seiten hin verhalten kann: sie kann Leben spenden und sie kann Leben auslöschen. Beides geschieht noch in ungesteuerter, d. h. unbewusster und vehement dranghafter Weise. Die Angst des kleinen menschlichen Ich ist nur zu verständlich.

Stier und Horn, auf die in diesem Zusammenhang nicht weiter eingegangen werden kann, symbolisieren diese Einheit von kämpferisch-tötenden und befruchtend-schaffenden Energien in besonderer Weise. Ist das Horn gebrochen, geht das Leben zu Ende. Das Ergebnis der Analyse dieser archetypischen Bilder scheint mir der Zusammenhang von Schöpfung und Zerstörung zu sein. Dabei handelt es sich um Kräfte, die für das Weiterfließen der Lebensenergie und damit für die weitere Entwicklung und Differenzierung, wie auch für die Erhaltung der Persönlichkeit grundlegend sind.

Man kann annehmen, dass sie sich im selbstregulierenden System der Psyche immer dann konstellieren, wenn vom Menschen besonders schwierige Anpassungs- oder Entwicklungsleistungen zu vollbringen sind, aber auch dann, wenn stillstehendes Leben wieder in Gang gebracht werden soll. Die Forschungsergebnisse der allgemeinen, insbesondere der Entwicklungspsychologie, die Beobachtungen an Kindern in der Trotzphase oder in Versagungssituationen weisen in diese Richtung. Und es bedarf keiner besonderen Fantasie, sich vorzustellen, wie sich „ein Volk im Zorn erhebt", was geschieht, wenn diese Kräfte kollektiv und unkontrolliert losbrechen oder sich im Selbstmord gegen die eigene Person richten. „Der Sturm bricht los."

So stellt sich der Kampf großer lebender Systeme im Menschen dar. Anhand dieser Bildvorstellungen können wir uns einigermaßen vorstellen, welch mühsamen Weg unsere Ahnen gegangen sind, um zu immer neuer schöpferischer Integration ihrer Lebensenergie im Laufe der Artentwicklung zu kommen. Wir brauchen nur die Intensität eigener Konflikte zu erinnern, um zu verstehen, welche Kräfte am Werke sind. Weltuntergangsängste können uns befallen, wenn wir in unserem Leben in Neuland aufbrechen müssen.

Wir kennen auch die großen Ängste junger Wissenschaftler, die unter der Doktrin der Zahl und der Signifikanz aufgewachsen sind, wenn sie wieder unmittelbarer spekulieren, aus den schöpferischen Kräften der eigenen Seele denken und fantasieren wollen oder sollen. Kein Rechenprogramm, kein Computer, keine Sicherheit, kein „anerkannter" Beweis. Das können Weltuntergangsstimmungen und die Wurzeln von Arbeitsstörungen sein. Sicher haben Sie schon jemanden zu trösten versucht mit den Worten: „Davon geht die Welt nicht unter!" oder: „Morgen ist auch wieder ein Tag!" In diesen Sprachgestalten sind die alten Mythologeme lebendig.

Der Zorn Gottes ist aus vielen Bibelstellen bekannt. Ich sehe in ihm ein anderes archetypisches Bild, das das energetische Potential jener umfassenden, unser Ich transzendierenden Kräfte, die wir mit dem Selbst meinen, darstellt. In der Analytischen Psychologie gehen wir von der phänomenologischen Identität von Selbst- und Gottesbildern aus, interpretieren diese aber nicht in dem Sinne, dass das Selbst Gott sei.

Die Dynamik der zielgerichteten Kräfte unserer Individuation kann einen so fordernden Charakter annehmen, bis hin zu schweren und sogar lebensbedrohlichen Krankheitsbildern, dass eigentlich nur das Bild eines rasend zürnenden Gottes einigermaßen beschreibt, was mit diesen, wahrscheinlich mit jedem Menschen geschieht. Die Analytische Psychotherapie geht im Grunde von der Hypothese aus, dass es die gehemmten Lebenskräfte sind, die das Krankheitsgeschehen verursachen und im Symptom auf eine Veränderung des gegenwärtigen Bewusstseinssystems „drängen". Die Heilung tritt dann ein, wenn der Patient diese Hinweise versteht und sein Leben entsprechend verändert.

„Darum hat der Herr sie im Zorn und Grimm und in gewaltiger Erbitterung aus ihrem Lande herausgerissen und sie in ein anderes Land geschleudert", heißt es im 5. Buch Moses (28, 29). Zephania beschwört sein Volk: „Gehet in Euch [...] ehe die Zornesglut des Herrn über Euch hereinbricht" (2, 1, 2). Von Luther besitzen wir drastische Beschreibungen eines zornigen Gottes: „Und wirst Du sündig, so wird er Dich auffressen" (vgl. Otto, 1963, S. 121). Zur Ergänzung noch ein Beispiel aus der indischen Mythologie: „Als Shiva ihre Worte hörte, erhob er sich in gewaltigem Zorn. Er ward wie ein allverschlingendes Feuer. Aus Augen und Ohren, Mund und Nase schossen ihm Flammen, gleißende Meteore brachen sausend aus ihm, todstrahlend wie die sieben Sonnen beim Weltuntergang. [...] Da packte ihn maßlose Wut [...] und alle Heiligen erstarrten vor Entsetzten" (Zimmer, 1961, S. 299 f.).

Shiva schlägt dann alles kurz und klein, die Götter flüchten, er jagt sie bis ans Ende der Welt und in den Himmel hinein. Interessanterweise hört ihn dort der Liebesgott klagen und nähert sich ihm mit Liebeslust und Frühling. Der „besinnungslos Weinende" war ihm ein willkommenes Opfer seiner Pfeile. Hier deutet sich eine Steuerung der urtümlichen Energie an, die erste Hinweise auf archetypische Selbstregulierungen gibt.

Als wieder einmal ein tyrannischer Dämon die Welt zu vernichten drohte, schwollen Vishnu und Shiva vor Zorn. „Da geschah es, dass ihre ungemessenen Kräfte als Feuer aus ihrem Mund brachen. Vishnuh, Shiva und alle Götter [...] sandten ihre Energien in Gestalt von Feuerwirbeln und -strömen aus. Diese Feuer rannen alle zusammen und vereinigten sich zu einer flammenden Wolke, die wuchs und wuchs und sich zugleich verdichtete. Schließlich nahm sie die Gestalt der Göttin an, die mit 18 Armen bewehrt war" (Zimmer, 1951, S. 211). Die völlig „freien" Energien werden von steuernden Formungsprozessen im Bild der Göttin, des Weiblichen und der Arme, der Tat und Handlung gebunden.

Wie stark das Leben ist, haben wir auf den Bikini-Inseln, dem Ort der ersten Atomexplosion, gesehen. Dort würde nie wieder Leben gedeihen, meinte man. Heute sollen die Inseln voll mit Vegetation überzogen sein, Blumen blühen wieder. Allen bösen Kräften zum Trotz, aber eben auch gestützt auf immense eigene Kräfte, die angesichts der „bösen Dämonen", denen Vishnu entgegentritt, einem kritischen und reflektierenden, zugleich von Moral und Ethik geprägten Bewusstsein als ebenso aggressiv erscheinen müssen. Phänomenologisch sind schöpferische und zerstörerische Kräfte oft nicht auseinanderzuhalten. Auch schöpferische Kräfte müssen zuerst zerstören, wie soll Neues sonst seine Wege finden?

Bei diesen Kräften muss es sich nun keineswegs immer um Götter, um Verdichtungen in Gottesbildern handeln. In der Schlussszene der Medea von Euripides sagt Jason:

Du Ungeheuer! Du den Göttern, mir,
Der ganzen Menschheit hassenswerte Frau!
Du hast die Kinder, die Du selbst geboren,
Erstochen und mich kinderlos gemacht,
Und wagst der Sonne noch und Erd ins Antlitz
Zu schauen, nach solcher gottverhassten Tat!
(zit. n. Zacharias, 1972, S.27)

Marie-Louise von Franz interpretiert Medea als das seelisch barbarisch Gebliebene, als die Leidenschaftsnatur und das durch die Vernünftigkeit gekränkte Gefühl, das sich deshalb der Zerstörung zuwendet. „Weil sich unsere ganze Kultur viel zu viel nur dem väterlich, geistigen Prinzip der Vernunft verpflichtet hat, ist das Drama auch heute noch gültig. Wir stehen darum vor der Aufgabe, das gekränkte weibliche Prinzip: Natur, Erde, Gefühl versöhnen zu müssen und unserer wissenschaftlich kalkulierenden Vernunft Grenzen zu setzen. Sonst wird Medea, die maßlose Leidenschaftlichkeit der gekränkten Liebe auch unsere Kinder, d. h. unsere Zukunft zerstören." (v. Franz, 1972, S. 29)

Wir sind davon möglicherweise nicht mehr sehr weit entfernt, die Zerstörung unserer Erde ist nicht nur möglich, sondern wahrscheinlich. Ist damit das Weibliche böse, hat sich eine der Grundthesen des Patriarchats bestätigt? Diese Zusammenhänge sind nur im Sinne dialektischen Denkens zu verstehen. Weil wir das Notwendige und dadurch „Gute" abwehren, wird es „böse", verschafft sich Herrschaft, die allerdings neue Einseitigkeit bedingen muss.

Diese Ansätze finden sich, rationaler und neurosentheoretischer formuliert, in den heute geläufigen Partnerschaftsmodellen der Psychotherapie wieder. Wird sich die Erde, wird sich die Große Göttin, die uns ernährt, an uns und durch unser eigenes Tun rächen, weil wir sie verleugnen? Ist ihre Rache zerstörerisch oder schöpferisch? Muss sie es nicht tun? Sind Menschen ihre blinden Diener, wenn sie vor Mord nicht zurückschrecken und ihn wie folgt begründen?: „Heute beginnt der 3. Weltkrieg. Von heute an wird jeder, der die natürliche Umgebung mißbraucht oder zerstörerisch oder der eine solche Person unterstützt, jedes Individuum und jede Organisation, von den Befreiern des Universums den Tod erleiden. Ich und meine Kameraden werden von heute an bis zum Tod für die Freiheit kämpfen, gegen alles und jeden [...]" (zit. n. Hacker, 1971, S. 57). Entspricht diese individuelle Psychose nicht genau der kollektiven Psychose, den Wahnvorstellungen von Fortschritt und Profit?

Die Konfrontation mit dem Weiblichen erscheint dem Mann und der patriarchal geprägten Gesellschaft eine ernste Gefahr. Muss „Womens lib" nicht in extremer Form die Ausrottung des Mannes fordern? Die Wandlung des Frauenbildes ist voll im Gang, und damit ist ein neues Selbstverständnis der beiden Geschlechter provoziert. Die Aggression spielt hierbei eine wesentliche Rolle.

20

Die Bildersprache der Mythen scheint mir eher geeignet, diese mit Schöpfung und Zerstörung zusammenhängenden Grundtatbestände der Existenz darzustellen, als es die abstrakte Formulierung wissenschaftlicher Hypothesen vermag. Letztere sprechen das Denken an, erstere den ganzen Menschen, sie vermögen ihn vielleicht noch zu erschüttern. Was ist schon Aggression? Was kann ich mir darunter vorstellen? Gerade die Frage nach der Vorstellung zeigt, wie sehr wir der Bilder und der Veranschaulichungen bedürfen.

Mythen sind Reflexionen unserer Selbst: Wir sehen uns in einem Bild, das die Psyche entwirft, aufzeichnet und zurückwirft, reflektiert. Wir Therapeuten haben allen Anlass, uns mit der Bilderwelt und ihrer Energetik vertraut zu machen, statt sie zu übersehen oder, vielleicht im Sinne einer versuchten Angstreduktion, nur von den personalen Elternfiguren herzuleiten.

Ein anderer Weg ist viel plausibler: Vater oder Mutter sind so wichtig und mächtig, weil wir sie am Anfang unseres Lebens im Raster dieser großen archetypischen Gottesbilder sehen, die unsere Wahrnehmungskategorien darstellen. Woher hat das Neugeborene die Kategorien der „guten" und „bösen" Brust, die Melanie Klein beschrieben? Erst langsam gewinnen die Eltern dann eine konkrete und menschliche Gestalt. Stimmen sie in ihrem Charakter unglücklicherweise mit dem archetypischen Raster eines zürnenden Gottes überein, gibt es kein Entrinnen vor der „bösen" Brust, vielleicht bleibt nur die Psychose oder eine andere psychische Katastrophe.

Diese Bilder sind mächtige psychische Realitäten, die mit der Evolution geworden und in unserer Struktur verankert sind. Manchmal gelingt es nie, diese archetypischen Imagines von den Elternfiguren wieder zu trennen, dann bleiben Vater und Mutter ein Leben lang mächtige Götter, denen man sich unterwirft und sein Leben lang opfert, deren Normen allgemeine Gesetze geworden sind, nie zu durchbrechen. Die Angst vor der Rache dieser Götter ist groß, sie überdauert als Charakterform den Tod der Eltern.

Wen von uns, welches Volk erfassen diese gewaltigen Kräfte morgen? Wie sehr Wotan, der große Gott der Germanen, noch umgehen kann, wissen gerade wir Deutschen oder sollten es wissen. Einem Sturm des Wotan gegenüber erscheint das Ich und das Licht unseres Bewusstseins wie eine kleine Kerze, die jederzeit ausgeblasen werden kann. Wenn Wotans Wut losbricht, gibt es kaum ein Standhalten.

Martin Ninck sieht im rasenden, stürmischen, wütenden Andrang das eigentliche Wesen dieses Gottes (Ninck, 1967, S. 71). Wotans Erscheinen bedeutet Krieg und eine kommende Schlacht. Er wird meist in Kriegsausrüstung und mit erhobenem Speer dargestellt; er ist „der grimmwütige Krieger mit der unersättlichen Kampfgier seiner Wölfe, Geri und Freki, und dem Hunger seiner Raben, dem wildschreckenden Flammenblick seiner Schlange und der aufrauschenden todesmutigen Zuversicht seines Adlers." Er ist der Herr der Berserker, die wieder in naher Beziehung zu Bär und Wolf stehen. Ist es nur ein Tiersymbol oder auch die wölfische Wut, die in den zahlreichen germanischen Namensverbindungen mit Wolf weiterleben?

Götter sind Götter, ursprüngliche Gestalten. An ihnen sollte man nicht herumdeuten. Aber wir können ihre Gestalt befragen, was sie uns lehrt über die archetypischen Hintergründe unseres Menschseins. Betrachtet man Wotan als Erscheinungsform einer entsprechenden Kraft, so zeigt seine Phänomenologie, wie sich diese Kraft in der Geschichte auswirken kann. Im Raster des archetypischen Bildes können wir sie wiedererkennen und uns selbst reflektieren.

Da dieses Bild, wie kaum ein anderes, die Aggression mit ihren kriegerischen Aspekten darstellt und außerdem im germanischen Kulturkreis grundlegend ist, sollten wir hier die Frage nach der kompensierenden hellen Seite des archetypischen Bildes stellen. Ausgehend vom Gegensatzprinzip definiert Jung den Archetypus als hell und dunkel.

Dabei dürfen wir nicht vergessen, dass dies Kategorien des Bewusstseins und damit dem Archetypischen wesensfremde Kategorien sind. Die Archetypen als objektive Psyche, ihre Repräsentanz als Bilder gab es lange vor dem wahrnehmenden und reflektierenden Subjekt, wie die Evolutionsforschung erwiesen hat (Dithfurth, 1976, S.137 f., 185 f).

Die Gestalt Wotans kann, ja muss eigentlich Hinweise auf die regulierenden Gegenkräfte enthalten. So zu fragen, setzt allerdings voraus, dass wir die Psyche im Sinne der Analytischen Psychologie als ein „System mit Selbstregulierung" definieren.

Von Wotan/Odin wird nun auch berichtet, dass er weder Opfer noch Anstrengungen scheute, um Weisheit zu erlangen. Ich zitiere aus Odins Runen in der Edda (1963, S. 105):

Ich weiß, dass ich hing am windigen Baum neun Nächte lang,
mit dem Ger verwundet, geweiht dem Odin,
ich selbst mir selbst, an jenem Baum, da jedem fremd,
aus welcher Wurzel er wächst. Sie spendeten mir
nicht Speise noch Trank; nieder neigt ich mich,
nahm auf die Runen, nahm sie rufend auf, dann stürzte ich herab.

Odin besuchte die Seherin, gab Halsschmuck und Ringe. Den Umher-
schweifenden peinigte eine unbändige Sehnsucht nach Wissen. Für einen
Becher aus Mimirsquell opfert er sein Auge.

Vermutlich dokumentiert sich hier das selbstregulierende Ringen um
die sich zur Ganzheit steuernden gegensätzlichen Kräfte im Rahmen eines
Archetyps. Für unser Aggressionsverständnis ergibt sich als Vermutung,
dass Aggression vom Wissen und von Weisheit, vom Geist her kompensiert werden kann. Dann wird aus blindwütiger Kraft schöpferische Tat.

In der Therapie sprechen wir oft von der Notwendigkeit, das Ich gegenüber starken aggressiven Kräften zu stärken. Praktisch bedeutet das z. B.
die Notwendigkeit der Differenzierung der einzelnen Orientierungs-Funk-
tionen, insbesondere der Denkfunktion, aber auch die Erweiterung des
Wissens. Salopp ausgedrückt: Erst nachdenken, bis zwanzig zählen oder
eine Pfeife stopfen, dann reden, entscheiden, handeln. So entsteht eine
Öffnung zu anderen Kräften hin, die die Energien steuern und formen
können. Dass dies in unzähligen Lernschritten geduldig, immer wieder
ermutigt vom Therapeuten, geübt werden muss, wissen die Praktiker nur
zu genau.

Die damit aufgegriffene Frage der archetypischen Bilder einer Selbstregulierung der Aggression soll noch etwas weiterverfolgt werden. Kehren
wir dabei noch einmal zu Odin zurück. Im Endkampf der Götter, dem
„Ragnarök", wird er selbst ein Opfer seiner wölfischen Gier. Der Wolf
Fenris verschlingt die Sonne, das Licht des Bewusstseins und den Götter-
vater, wird aber seinerseits von Odins Sohn getötet. Dieser herrscht dann
mit seinem Bruder in einer erneuerten Welt.

Wir kennen dieses Bild vom Verschlungenwerden, das der Wandlung
vorausgeht, auch aus der Alchemie und den Initiationsriten. Der alte König,
die alte Bewusstseinsdominante wird gefressen und vernichtet. Verschlingen und Verschlungenwerden sind zentrale Themen aller Heldenmythen,
immer wieder auftretende Bilder im Prozess schöpferischer Erneuerung.

Die Seherin der Edda bezeugt es (1963, S. 50): „Seht aufsteigen zum andern Male Land aus Fluten frisch ergrünend. Unbesät werden Äcker tragen; Böses wird besser: Balder kehrt heim; Hödur und Balder hausen im Sieghof froh, die Walgötter." Mit den Walgöttern, den Schlachtgöttern, bleibt das aggressive Moment im Spiel, doch wie mir scheinen will, auf eine neue Weise, in der Gestalt Balder's und seiner Versöhnung mit seinem unschuldigen Mörder in sich balanciert.

Die mythischen Bilder um Odin und sein Schicksal sind außerordentlich eindrücklich. Sie zeigen vom Standpunkt der Analytischen Psychologie archetypische Bilder einer inneren Differenzierung und Selbstregulierung gewaltiger Kräfte, dargestellt in der Gestalt eines der mächtigsten und gefährlichsten Götter, die über die Menschen herrschen können. Lebenserhaltung und totale Vernichtung liegen in seiner Hand. Unser Schicksal hängt vielleicht davon ab, inwieweit er sich in uns zu einem gleichstarken Gegensatzpaar entwickelt, welche Hilfe wir dabei leisten.

Wahrscheinlich sehen wir hier ein mythisches Vorbild aller jener Einzelentwicklungen, deren Schicksal es ist, sich mit einer so oder so verursachten schweren Aggressivität auseinandersetzen zu müssen. Das kann bis an die Grenze des einem Menschen noch Erträglichen führen. Die Kräfte sind von im buchstäblichen Sinne wahnsinniger Sprengkraft. Diesem düsteren Bild der germanischen Mythologie sei die Vereinigung von Ares und Aphrodite als weiteres Beispiel einer Selbstregulierung im archetypischen Bereich gegenübergestellt.

Ares ist der griechische Gott des Krieges, Inbegriff des blutigen Schlachtgetümmels und des wütenden Kampfes. Er ist stürmisch, der schnellste der Götter und unersättlich im Kampf. Homer nennt ihn rasend, verderblich und wankelmütig, gesetzlos und verräterisch, einen Menschenschlächter, der als einziger von den Göttern sich dazu erniedrigt, die Sterblichen mit eigener Hand zu ermorden. Man hat ihn sogar als ungezügelt wütenden Berserker bezeichnet.

Zweifellos hat Ares viele Züge mit Odins wölfischer Seite gemeinsam, lässt aber den für Odin bezeichnenden Geistaspekt völlig vermissen. Er stellt somit die Aggression in ihrer tötenden Seite noch eindeutiger dar. Allerdings hat er das Wesen der Griechen weniger geprägt, als Odin den Charakter der Germanen. Zwei Söhne hat Ares, Phobos und Deimos, Furcht und Grauen. Als seine Schwester gilt die Göttin Eris, die Göttin der Zwietracht. So steht selbst das ihm verbundene weibliche Element ganz in seinem Bann und stellt kein Gegensatzprinzip mehr dar. Auch sie begleitet ihn, wie seine Söhne, in seinen Schlachten.

Aphrodite ist eine schwerer zu bestimmende Gestalt, deren Ursprung in Klein-Asien zu suchen sein dürfte. Bei den Griechen Homers sind Anmut, Schönheit und Verführung in ihrem Wesen dominierend, sie ist zart und unkriegerisch, freundlich hold, u.a. Herrin der Chariten – Aglaia (festlicher Glanz), Euphrosyne (Frohsinn) und Thaleia (Blüte) Nach dem Urteil des Paris ist sie bekanntlich die schönste der Göttinnen.

In Ägypten wird sie aber der Astarte gleichgesetzt, die auch eine Kriegsgöttin ist. Ihre so dunklen Seiten sind fast verschwunden, obwohl sie ursprünglich keinesfalls eine so lichte Göttin der Liebe war. Zur Liebesfeier des Anchises erschien sie z. B. in Begleitung von Wölfen, Löwen, Bären und Leoparden. In Aphrodite erscheint also auch das Vegetative und Animalische, geehrt wurde sie unter anderem durch Tempelprostitution. Auf einem Bock reitend wird sie dargestellt und heißt u.a. auch die Dunkle.

Aphrodites helle Aspekte sind jedoch vorherrschend. Obwohl eigentlich die Gattin des Hephaistos, vereinigt sie sich mit Ares, und dieser Verbindung entstammen die Tochter Harmonia, die Söhne Phobos und Deimos, aber auch Eros und Anteros, also neben Furcht und Schrecken auch Liebe und Gegenliebe. In der weiblichen Gestalt der Harmonia findet auch Ares Schwester Eris, die Zwietracht, ihren steuernden Gegenpol.

Psychologisch gesehen handelt es sich um extreme Gegensätze, die sich hier vereinen und gleichzeitig um archetypische Lebensmöglichkeiten. Das Modell von These und Antithese als Grundlage einer Synthese findet hier seinen bildhaften Ausdruck, sein Vor-Bild. Die Söhne stellen die Verdoppelung der von Vater und Mutter verkörperten Aspekte dar, die Tochter ist das vereinigende Symbol.

Meines Erachtens zeigt diese Vereinigung in einzigartiger Klarheit das Gegensatzprinzip, wie auch die innerpsychische Selbstregulierung archetypischer Prozesse im Bereich der Aggression. Das heißt aber auch, dass beide Seiten, je für sich, zu voller Blüte gelangen müssen. Man wird dabei an die Lebensauffassung der Hindu erinnert, die jeder Lebensphase im Kreise der Wiedergeburten ihr volles Existenzrecht belassen. Da ist es erlaubt, eine gewisse Zeit nur dem Gold und dem Bauch zu huldigen, wenn man sich in dieser Phase befindet. Das ungelebte Leben ist das gefährliche, weil es unter der Oberfläche der Persönlichkeit wie ein nie verlöschendes

Feuer schwelt, ohne sich je voll entfalten und seiner schöpferischen Potenz erweisen zu können. Beide Seiten müssen reif, d. h. im Leben gelebt und entwickelt worden sein, wenn Harmonie entstehen soll. Sonst gibt es eine schale, flache Freundlichkeit ohne Kraft.

Bei dieser Analyse selbstregulierender Prozesse muss das Brüderpaar Ares und Hephaistos berücksichtigt werden. Hephaistos ist der göttliche Schmied. Er verfertigt den Göttern Waffen, die sie unbesiegbar machen, den Göttinnen herrlichen Schmuck. Er soll sogar in der Lage gewesen sein, weibliche Gestalten zu schmieden, die ihm bei seiner Arbeit halfen. Er war der hässlichste der Götter, von seiner Mutter Hera vom Olymp geworfen und als Mißgeburt verachtet. Wieder versöhnt, wagt er es sogar, Zeus anzuklagen und wird von diesem daraufhin erneut vom Götterberg auf die Erde herabgeworfen. Halbtot bleibt er auf der Insel Lemnos liegen. Aber nirgends wird von ihm berichtet, dass er diese schweren „Frustrationen" bitter und vor allem aggressiv gerächt hat, wie es in seiner Macht und in seiner Kunst gestanden hätte. Er, der hinkende und missgestaltete, ist sogar Gatte der schönsten Göttin geworden.

Psychologisch ist die Gestalt des Hephaistos wahrscheinlich im Bezug zu Ares zu sehen. Der Schmied, auf den wir hier nicht näher eingehen können, übernimmt immer die Rolle eines energietransformierenden Symbols. Hephaistos ist Gott der Schmiede und des Feuers. Als Bruder des Kriegsgottes zeigt er eine Alternative des Handelns, wenn aggressive Affekte auftreten. Er weist den Weg von der mordenden Aggression zum schöpferischen Tun. Ohne Feuer, ob reinigend oder umschmelzend, ist das nicht möglich. Aber selbst schwerste Schädigungen können offensichtlich mit Hilfe schöpferischer Tat überwunden werden. Niemand hätte es unnatürlich gefunden, wenn Hephaistos einer der großen rachsüchtigen Gegenspieler der Olympier geworden wäre, wenn er sich zum kriegerischen, angriffswütigen Gott oder Teufel entwickelt hätte. Vielleicht wird es zu wenig beachtet, welch entscheidende Wandlungsmöglichkeit in dieser Göttergestalt erscheint.

Aphrodite war mit beiden, mit Ares und Hephaistos verbunden. Wir müssen also diese drei Götter als eine Einheit sehen. Zur Liebe kommt die schöpferische Tat. Lässt sich das vielleicht so übersetzen, dass die starke verwandelnde Lebenskraft, die in der Aggression erscheint, dann zur schöpferischen Tat wird, wenn sie von der Liebe genutzt wird? Oder bedarf die Aggression einer doppelten Gegensteuerung? Beide Gesichtspunkte sind wahrscheinlich und widersprechen einander nicht.

Eine der größten Göttergestalten der Griechen, Athene, stellt einen weiteren Typus archetypischer Selbstregulierung dar. Es handelt sich um einen, wie ihre Keuschheit andeutet, ausschließlich innergöttlichen Prozess in der Gestalt eines Gottes, hier weiblichen Geschlechts. Athene war eine kriegerische Göttin, in voller Waffenrüstung entsprang sie mit einem Schrei dem Haupte des Zeus. Das Haupt der Medusa auf ihrem Schild zeigt ständig diesen gefährlichen Aspekt. Mit ihm jagt sie ihre Feinde in die Flucht. Besonders zeichnete sie sich beim Kampf der Olympier mit den Titanen aus, sie schleuderte Sizilien auf einen von ihnen und zog dem Giganten Pallas die Haut ab.

Gleichzeitig schenkt sie der Menschheit den Ölbaum, das klassische Symbol des Friedens, erfindet Pflug und Töpferei. Sie gilt als Erfinderin des Jochs der Ochsen und des Zaumes der Pferde und beweist damit zügelnde, überlegene Fähigkeiten. Sie ist die Göttin der Philosophen und Dichter, die ihr heilige Eule wurde zum Bild der Weisheit. Als Kriegsgöttin zeigt sie Bezüge zu Ares, ist ihm aber weitaus überlegen. Als Lehrerin handwerklicher Fähigkeiten, wie des Webens, des Wagen- und des Schiffsbaus ist sie Hephaistos, dem Gott des Handwerks und der Künste verwandt. Auch die Flöte gilt als ihre Erfindung.

Wie neuere Forschungen erweisen, deutet ihr Beiname Pallas auf Bezüge zu Ischtar, zu sakraler Hingabe und damit letztlich auf mit Aphrodite gemeinsame Wurzeln. Trotz dieser weitgehenden Ähnlichkeiten hat sie sich zu einer höheren Form differenziert, nach Focke (1953) „eine geschichtliche Leistung, die sich mit den Siegen von Marathon und Salamis wohl vergleichen läßt." Allerdings bleibt die Frage des Eros und der Liebe offen. Athene ist Jungfrau geblieben, sie war und blieb eine Vatertochter, deren Psychologie hiermit geschrieben wird.

Nur ein kurzer Hinweis auf die selbstregulierenden Kräfte in der Gestalt Jahwes mag abschließend genügen. Von seinem brennenden Zorn, der die ganze Erde bis hin zur Unterwelt verzehren kann, war schon die Rede. Ergänzend möchte ich auf sein Erbarmen hinweisen: „Denn so spricht der Herr: Wie ich all dieses Unheil über dieses Volk gebracht habe, so will ich ihnen all das Gute widerfahren lassen, das ich ihnen jetzt verheiße." (Jer 32, 42)

Und an anderer Stelle des gleichen Propheten: „Wisse wohl: Ich will ihr einen Verband und Heilmittel auflegen und ihr Heilung verschaffen, und ihnen eine Fülle von Glück und Sicherheit erscheinen lassen." Zusammenfassend ergeben sich etwa folgende regulierende Pole der Aggression:

► grüblerisches Nachdenken, Forschen, Suchen nach Wissen und Weisheit unter Opfern (Odin);
► schöpferisches Tun mit stark emotionaler Beteiligung (Hephaistos); musisches (Athene);
► differenziertes, reifes und liebendes Gefühl (Aphrodite und Harmonia);
► Wissenschaft, Zahlen und abstrakter Geist (Athene);
► Reue und Erbarmen (Jahwe).

Ich muss es dem Leser überlassen, diese in archetypischen Bildern erscheinenden, evolutionär gewachsenen Muster der Regulation aggressiven Verhaltens mit den heute üblichen Therapieformen in Beziehung zu setzen. Die Zusammenhänge lassen sich leicht erkennen.

Wie faszinierend die Welt der Götter auch sein mag, wir müssen abbrechen, um noch dem Helden zu folgen, der sich auf unserer Erde bewegt. Dort soll er auch bleiben und sich nicht den Himmlischen, in einer Inflation des Ich, zu sehr annähern. Andernfalls wird er auf der Ebene des Umherirrens hinkend und trauernd, die Menschen meidend, das Schicksal der Sterblichen beklagen, wie Bellerophontes (Kerényi, 1951, II, S. 73). Gaben die Göttergestalten Auskunft über die energetische Natur der Aggressivität als solcher und ihre kollektivpsychische Selbstregulierung, so vermittelt der Held Einsicht in die ich-nahen Formen des Umgangs mit ihr. Hier bietet sich wieder unübersehbares Material an. Ich greife, prototypisch, einige Elemente heraus, die sich nur auf den Märchenhelden beziehen.

Der Held im Märchen ist meist der dritte Sohn, die Heldin die dritte Tochter. Von ihm heißt es, dass er nicht viel spricht, einfältig ist und hinter dem Ofen hockt. Er gilt als Dummling. Aber er ist es auch, der dem Zwerg Rede und Antwort steht, statt ihn einen dummen Knirps zu heißen (vgl. „Das Wasser des Lebens", KHM), und er hört auf die Stimme der ihn um Schonung bittenden und später so hilfreichen Tiere. Die Gaben, die der Dummling im Laufe seiner Abenteuer und nach langen Mühen jeweils erhält, wie auch die Tiere, die sich ihm verbünden, sind häufig auch aggressiver Natur. „Der gelernte Jäger" (KHM) erhält eine Windbüchse vom großen Jäger, der künftige „König vom goldenen Berg" (KHM) bekommt von den Riesen einen Degen, der dem Befehl gehorcht: Alle Köpfe ab, nur meinen nicht. Oder er erhält von einem großen bärtigen unbekannten Mann im Wald ein Schwert und drei Hunde.

Psychologisch geht es hier insbesondere um die Einstellung des Bewusstseins zu den instinktiven, aggressiven Kräften. Die Tiere zeigen sich oft in einer hilflosen, von der Einstellung des Helden abhängigen Form. Die Entwicklung dieser Kräfte wird von der Haltung und Offenheit des Ich mitbedingt, ihr Gut-, respektive Bösesein, ist erst die Folge. In den Märchen zumindest wollen diese Kräfte die Verbindung zum Menschen. Das bestätigt die These, dass eine einfühlende, bewegliche und in gewissem Sinne sogar ehrfürchtige Haltung diesen Kräften gegenüber zu einer innerpsychischen Kooperation und damit zu einer Integration der Persönlichkeit beiträgt. Nicht Angst gegenüber der Seele, sondern wache, wahrnehmende und verstehende Haltung sind geboten. Allerdings soll sich der Held mit diesen Kräften nicht identifizieren. Er wird nur dann in ein Tier verwandelt das heißt wieder völlig unbewusst, wenn er Wachheit und gebotene Regel vergisst.

Windbüchse und Schwert, Tiere und Riesen stellen verschiedene Differenzierungen aggressiven Verhaltens dar. Während Windbüchse und Schwert eindeutig geistige Momente enthalten und einer bewussten Unterscheidung, oft mit aller gebotenen Klarheit und Schärfe, dienen, entsprechen Tiere und Riesen eher dem Kraft- und Aktionspotential der Psyche auf verschiedenen Stufen der Humanisierung. Zwar variieren die Tiere vom Hund bis zu den aggressiven Wölfen, aber die Märchen zeigen übereinstimmend, wie unterschiedlich die Ausgangslage der aggressiven Kräfte im Menschen auch sein mag, dass eine Beziehung zu ihnen und ihrer Wandlung möglich ist. Als Kräfte der Natur sind sie nicht ursprünglich feindselig zum Bewusstsein eingestellt, das Gegenteil ist der Fall. Das Urteil des Bewusstseins, das von vornherein die Destruktivität dieser Kräfte annimmt, ist ein schwerwiegendes Vorurteil, das sich als Missverständnis erweist. Das zeigt sich auch in der Verhaltensforschung:

Weder Wölfe noch Ratten sind so aggressiv und böse, wie wir sie sehen. Die Kräfte werden destruktiv, wenn das Bewusstsein ihre Gefährlichkeit als gegeben annimmt. Diese Möglichkeit scheint aber immer zu bestehen.

Deshalb sei noch einmal das Moment der Offenheit, des bereitwilligen Hinhörens auf die Sprache der Natur, ja sogar des Nichtwissens und der Einfalt betont. Das bedeutet aber für die Aggression, dass sie

- ▶ in ihrer Natur weitgehend von der Einstellung des Bewusstseins abhängt,
- ▶ in der Persönlichkeit in verschiedenen Differenzierungen vorkommt,
- ▶ sich in ihren jeweiligen Differenzierungsformen auch reguliert,
- ▶ „eigentlich" mit dem Bewusstsein und dem Ich kooperieren „will",
- ▶ sich immer in Richtung auf Domestizierung hin entwickeln „will",
- ▶ dem offen eingestellten Bewusstsein als hilfreiche Kraft von innen, vom Selbst her zuwächst oder zur Verfügung steht,
- ▶ in ihrer inneren Differenzierung eine veränderliche Größe ist, da die primitivere Seite jederzeit, und dazu bedarf es nur kleiner Unachtsamkeiten, die höher entwickelte Seite verschlingen kann.

So wichtig diese Ergebnisse schon sein mögen, sind sie noch um Wesentliches zu ergänzen. Mit Hilfe seiner Waffen und Tiere befreit der Held die Prinzessin. Dies scheint der eigentliche Sinn der Gewinnung dieser Kräfte zu sein, denn nach der Vermählung der beiden ist meist das Märchen zu Ende. Die Aussage, dass die Tiere mit dem Ich, dem Helden kooperieren wollen, muss deshalb folgendermaßen ergänzt werden: die Tiere wollen – oder sollen – dem Helden den Weg zur Prinzessin, zum Weiblichen bahnen helfen. Da liegt der eigentliche Sinn des Geschehens, von unbekannter dritter Seite arrangiert. Die Verfügbarkeit über diese Kräfte ist kein Selbstzweck, die bleibende Verbindung von Ich, aggressiver Kraft und Gefühl ist das Ziel. Erst dann ist der Held erwachsen genug, um den alten König abzulösen und die Herrschaft zu übernehmen.

Könige – mögen sie über Wirtschafts- oder Wissenschaftsimperien herrschen und über entsprechende Mittel verfügen –, die den Bezug zum Gefühl verloren oder nie gehabt haben, sind in ihrer Aggressivität höchst gefährlich. Freud sprach von der Gefahr einer Triebentmischung und hatte dabei die notwendige Verbindung von aggressiven und libidinösen Trieben im Auge. Erst durch das Gefühl wird die Aggression dem menschlichen Leben verbunden, sonst entartet sie zu kaltem Sadismus. Das Wort

Ent-Artung legt aber die Vermutung nahe, dass dies nicht die Eigen-Art, sondern eine Verfremdung dieser Naturkräfte darstellt.

Die Verbindung zum Weiblichen scheint unumgängliche Voraussetzung des Weiterschreitens des Lebens. Dieser Sachverhalt ist schon bei der Analyse archetypischer Selbstregulierungsprozesse sichtbar geworden. Die maßlose Energie des Zornes Vishnus fand die Form der Göttin, Ares vereinigte sich mit Aphrodite. In einer solchen Verbindung kann die Aggression nicht mehr entarten, sie ist gebunden im Gefühl. Der junge König herrscht in Frieden, aber er herrscht mit Kraft.

Zusammenfassend ergibt sich Folgendes: Die Analyse der bildhaft repräsentierten, allgemein menschlichen Erlebnisse und Verarbeitungsstrukturen bietet die Möglichkeit, gewisse Aspekte der Energetik und Dynamik der Aggression zu verstehen. Sie gibt die Berechtigung, die Aggression insbesondere mit dem Schöpferischen in Verbindung zu bringen. Vielleicht ist sie das vom Bewusstsein erfasste energetische Potential, das die Entstehung neuer Lebensformen und damit die archetypischen Konstellationen beim einzelnen wie bei der Menschheit begleitet. Sie wäre damit der große Hilfsinstinkt, der die Befriedigung der anderen lebenswichtigen Bedürfnisse und ihre ständige Wandlung ermöglicht. In einer Gesellschaft heutigen Stils, die aus Komplexen und versteinerten Institutionen besteht, die sich, jeweils einseitig in ihrer Auffassung, bekämpfen, begegnen wir der Aggression in einer sehr verfremdeten und daher zu einer grundsätzlichen Beurteilung wenig geeigneten Form. Um sie recht zu verstehen, sollten wir Material heranziehen, das diesem Verfremdungsprozess nicht unterworfen war.

Die Wandlung des gesellschaftlichen Kontextes kann ich mir auf Dauer nur vorstellen, wenn sich der einzelne wieder mutig dem Wandlungsprozess seines Lebens öffnet, alte Strukturen und soziale Formen seines Lebens auch verlassen kann, auf Zukunft hin, in Sehnsucht und Hoffnung. Dann erfährt er die Aggression nicht nur in ihrer zerstörerischen sondern auch in ihrer erhaltenden und schöpferischen Funktion. Und über ihn vielleicht auch unsere Gesellschaft.

Stille
liegt über den Wassern
und unter den Wassern ist quälende Ruh.
Verharren möcht ich
unbeweglich und starr
bis alle verlorenen Seelen
wiedergekehrt.
Ich öffne weit die Tore
dass sie Heimat finden
inmitten des Herzens.

Sitzen will ich
im Anblick des ewigen Wassers.
Treiben will ich
auf der
Seele dunklem Grund
bis alles sich löst
und bis die Welt
ihren Spalt wieder schließt
und der Himmel
sanft zu lächeln beginnt.

(Hans Dieter Knoll)[2]

---

2 Dr. Hans Dieter Knoll, Analytischer Psychotherapeut

Gespaltene Seele – gespaltene Welt[3]

Analytische Psychologie und Zukunftsfähigkeit

Theodor Seifert

„Wir leben heute, sozusagen am Vorabend des vollendeten zweiten Jahrtausends, in einer Zeit, die uns apokalyptische Bilder von weltweiter Zerstörung nahe legt. Was will jener Riss, der durch den ‚Eisernen Vorhang‘ verdeutlicht wird und der die Menschheit in zwei Hälften teilt, bedeuten? Was wird mit unserer Kultur, unserem Menschsein überhaupt geschehen, wenn die Wasserstoffbomben zu platzen beginnen oder wenn sich die geistige und moralische Finsternis des Staatsabsolutismus über Europa breiten sollte?" (Jung, GW 10, §488)

Dies wurde von Jung im Jahre 1957 gefragt, also vor mehr als 60 Jahren. Mich beeindruckt, mit welchem Engagement, welcher Entschiedenheit und Mitverantwortung er die Problematik unserer Zeit zu verstehen suchte und Möglichkeiten überlegte, dem Menschen seinen Weg in die Zukunft offen zu halten. Diese Zukunft ermöglichenden Wege müssen notwendigerweise mit unserem Menschsein, der Eigenart unseres Lebens, verbunden sein. Es ist die ‚Menschenart des Menschen,‘ es sind die unbewussten artgemäßen psychischen Dispositionen, die trotz aller erkennbaren und ernstzunehmenden wirtschaftlichen und politischen Zwangsläufigkeiten, trotz aller Programmierungen und Automatismen den Ausschlag geben.

Jungs unermüdliches Bemühen, die allgemein menschliche Grundlage des Verhaltens zu erforschen, und seine vielen Studien über die archetypischen Vorgegebenheiten menschlichen Erlebens bilden ein Fundament für das Verständnis der Zukunftsfähigkeit des Menschen. Gäbe es dieses Menschliche nicht, wir wären dem Zugriff destruktiver Mächte völlig ausgeliefert. Die Gefahr, uns mit bewussten, erwünschten, fiktiven und wissenschaftlich konstruierten Persönlichkeitsbildern oder politischen Idealen zu identifizieren, ist ohnehin sehr groß. So aber bleiben uns Korrekturmöglichkeiten erhalten, auf denen auch die Chance der Behandlung im Einzelfall beruht.

---

3 Leicht überarbeite Fassung des C. G. Jung-Gedächtnisvortrages am 6. Juni 1984 in Zürich

Jung hat sich seit der Zeit des Ersten Weltkriegs ununterbrochen mit der Situation des Menschen in seiner Welt und seiner Zeit, insbesondere mit der Bedrohung des Menschseins und seiner Würde, beschäftigt. Er hat die entsprechenden Zusammenhänge analysiert, die Folgen warnend hervorgehoben und gegenüber den kollektivistischen Zielsetzungen der politischen und kirchlichen Massenorganisationen „den individuellen Menschen als Maß aller Dinge ins Zentrum" gesetzt (Jung, GW 10, §523).

Der konkrete lebendige Mensch, das Individuum, war für ihn der eigentliche Wirklichkeitsträger, nicht irgendeine wissenschaftlich oder ideell fundierte Durchschnittsidee des Menschen. Den Mut, für die Zukunft des Menschen so einzutreten, bezahlte Jung mit persönlichen Opfern, mit großer Einsamkeit (vgl. Jung/Jaffé, 1962, S. 198). Verzweifelt fragte er noch 1960 in einem Brief „warum es bis heute niemanden gibt, der wenigstens sieht, womit ich ringe." Er beschreibt seine Besorgnis für den Mitmenschen und vergleicht sie mit der ursprünglichen Beziehung des Medizinmannes zu seinem Stamm. „Ich erkenne das Leiden der Menschheit in der leidvollen Situation des Einzelnen und umgekehrt." (Jung, Briefe 3, S. 335)

In den meisten seiner Werke hat Jung Bezüge zur Zukunft der Menschheit hergestellt, einige ausdrücklich diesem Thema gewidmet. In seinem 1948 für die UNESCO ausgearbeiteten Memorandum über „Techniken für einen dem Weltfrieden dienlichen Einstellungswandel" betont er ausdrücklich die Sinnlosigkeit von Methoden und Organisationen, wenn sie von selbstgerechten Menschen vertreten werden. „Ein Mensch, dessen Herz nicht gewandelt ist, wird das Herz keines anderen Menschen verändern" (Jung, GW 18/2, §1396), schreibt er in diesem offiziellen Dokument und bedauert dabei, dass man diese einfache Wahrheit heute so herabsetzt und ins Lächerliche zieht. Für ihn war es klar, „Widerstand gegen die organisierte Masse kann nur der leisten, der in seiner Individualität ebenso organisiert ist wie die Masse" (Jung, GW 10, §540).

Das ist sicher richtig, doch ist es auch in der täglichen Praxis des Analytikers zu erreichen? Bedarf es hierzu nicht eigentlich schon einer von Grund aus hoch differenzierter Klientel?

Jung hat sich dem furchtbaren Zweifel an der Menschheit, der in ihm nagte, wie er in seinem Aufsatz „Nach der Katastrophe" (vgl. Jung, GW 10) bekannte, gestellt und schon bald die ungeheure Dynamik des Gegensatzes von Gut und Böse in seine Forschungen und in sein Psychotherapieverständnis einbezogen, bis hin zu Untersuchungen über unser Gottesverständnis. Erkennen und Erleben hat er immer eng verknüpft. Viele dieser Erfahrungen brachte er gar nicht vor die Öffentlichkeit, denn er musste lernen, „mit Vorsicht zu schweigen" und zu sehen, dass der Horror novi des Menschen so groß ist, „dass er aus Angst um seinen eigenen bescheidenen Verstand lieber den Kerl, der seinen Geist beunruhigt, für verrückt erklärt" als sich selbst in Zweifel zu ziehen. (Jung, Briefe 1, S. 245 f).

Man kann das Studium der Analytischen Psychologie beginnen, wo man will, das Engagement für die Entwicklung und Zukunft sowie das Bemühen um ein auch wissenschaftliches Verständnis der Zukunftsfähigkeit des Menschen wird sichtbar. Jung würde nie über die Atombombe sprechen, ohne den Menschen einzubeziehen, der sie plant und im Ernstfall einsetzt. Dem häufig zitierten Satz „Wir stehen im Schatten der Bombe" würde er vielleicht die Umkehrung hinzufügen „Die Bombe ist unser Schatten." Sie repräsentiert die Dunkelheit der unbewussten Psyche, die immer in das Einzelleben hineinragt. Sie konfrontiert uns mit dem kollektiven Schatten der Menschheit in einer bisher noch nie da gewesenen Weise, denn jetzt scheint es wirklich um das Ganze zu gehen. Jung scheut sich deshalb nicht, „eine Brücke, die ebenso sicher ist wie das Vorhandensein der Wasserstoffbombe" (Jung, GW 10, §575), zu fordern, eine Brücke des Menschlichen, der Verbindung zum anderen und der Verbindung zu den Tiefen der Psyche. 1960 schreibt er an Sir Herbert Read (Jung, Briefe 3, S. 336 f):

Das große Problem unserer Zeit ist das Unverständnis dessen, was in der Welt geschieht. Wir sind mit der Dunkelheit unserer Seele, mit dem Unbewussten, konfrontiert. Dunkle und unerkennbare Impulse gehen von ihm aus. Sie zerbrechen unsere Kulturformen samt ihren historischen Dominanten und höhlen sie aus. Wir haben keine Leitbilder mehr, sie liegen in der Zukunft. Unsere Werte schwanken, alles verliert seine Sicherheit, sogar Sanctissima causalitas stieg vom Thron der Axiome herunter und verwandelte sich in ein Wahrscheinlichkeitsfeld. Wer ist der Ehrfurcht gebietende Gast, der Unheil kündend an unsere Tür pocht? Furcht geht von ihm aus und zeigt an, dass die höchsten Werte ihm bereits entgegenströmen. Im gleichen Maß zerfallen die bisher geglaubten Werte, und die einzige Sicherheit liegt in dem Wissen, dass die neue Welt sehr anders sein wird als die uns gewohnte.

Doch gerade dieses Wissen schafft in vielen Menschen keine Sicherheit, es löst vielmehr starke Ängste aus. Können wir dem Neuen, das wir selbst mit hoch qualifizierten Technologien schaffen, wirklich standhalten? Gelingt es uns, Atomreaktoren so zu sichern, dass sie nicht zu einer Katastrophe für uns und auch für unsere Kinder und Enkel führen? Wie wirken sich genmanipulierte Nahrungsmittel auf unsere Gesundheit, auch künftig, aus? Werden wir nicht von Menschen aus anderen Völkern, die zunehmend in unser Land strömen, überrannt? Sind wir eigentlich noch in der Lage, die Komplexität finanzieller Transaktionen zu überblicken, überhaupt zu verstehen?

Ist es wirklich ein Gast, der in unser Haus kommen möchte? Ist es nicht eher ein gewalttätiger Einbrecher? Sind die Ängste vieler Menschen heute nicht ganz real? Ja, sagen die Analytiker, ja auch. Zu bedenken ist allerdings, dass sie heute zwar spezifisch, doch im Wesentlichen nichts Neues sind. Der Mensch war schon immer auf dieser Erde bedroht, sowohl von den Naturgewalten als auch seinen Mitbewohnern und seinen eigenen Erzeugnissen.

Der Unterschied zwischen heute und früheren Zeiten ist jedoch ein entscheidender: Früher schrieb man die Bedrohungen Mächten zu, die außerhalb des eigenen Ichs gedacht waren. Heute sehen wir in zunehmendem Maße, dass wir selbst es sind, dass in jedem Einzelnen das Böse lauert. Wir sehen heute, dass sich dieses vermeintlich Böse nicht wirklich im Außen bekämpfen lässt.

Die Spaltung der Psyche in allen ihren heute bekannten Spielarten – hie gut, da böse – ist das Kernstück unseres Krankheitsverständnisses geworden. Der Zustand der gespaltenen Seele und der Zustand der gespaltenen Welt entsprechen einander. Wir sehen den Balken im Auge des anderen, weil wir den Splitter im eigenen nicht wahrnehmen wollen. Insofern kann nur die Aufhebung der Spaltung, in vielen kleinen, oft mühsamen in der psychoanalytischen Behandlung vollzogenen Schritten, der Weg in eine lebenswerte Zukunft sein.

Ist der Einzelne gespalten, spaltet sich letztlich die Welt. Mag er seinen dunklen Schatten nicht annehmen, sich nicht mit ihm auseinandersetzen und ihn z. B. nur in der Projektion auf den politischen Gegner sehen, wird die große Gruppe der Einzelnen – Staat, Gesellschaft, Menschheit – dazu noch weniger bereit sein. Sucht der Einzelne im bösen Nachbarn den Urheber allen Übels, wie sollte es unter den Völkern anders sein?

Für die Analytische Psychologie besteht ein enges Verhältnis zwischen der psychischen Dynamik im Individuum und in der Sozietät und ihrer mindestens so intensiven Rückwirkung auf den Einzelnen. Der Patient ist „ein sozialer Mikrokosmos, der die Eigenschaften der großen Sozietät im kleinsten Maße widerspiegelt oder umgekehrt." (Jung, GW 10, §553).

Diese enge Verknüpfung ruft den Therapeuten nolens volens auf die Bühne der Welt, denn „die stacheldrahtbewehrte Grenzlinie durchzieht die Seele des modernen Menschen, ob er nun diesseits oder jenseits derselben lebt" (Jung, GW 10, §544). Damit ist auch die eingangs gestellte Frage nach dem Sinn dieses Risses, der unsere Welt an vielen Stellen immer noch entzweit, ansatzweise beantwortet: Dieser Riss ist unser Spiegel. Wir sind der Riss, der Zerfall unserer Persönlichkeit bedingt den Zerfall der Welt in mehrere, sich ebenso bekämpfende Teile, wie wir sie aus den inneren Konflikten unserer Patienten kennen.

Die verdrängte Seite, die zu seinem Menschsein gehört, erzeugt im Patienten so massive Angst, dass er sich verzweifelt mit allen hellen Idealen seiner Person, die ihm in frühester Kindheit von seiner Umgebung her angeboten wurden, identifiziert und mit größter Verzweiflung an ihnen festhält. Er möchte so gut, harmlos, lieb und verständnisvoll sein, wie es die ihm vermittelten Ideale vorschreiben. Gleichzeitig spürt er, dass Kräfte in ihm leben, die ihm fremd und bedrohlich vorkommen.

Wir kennen heute die Entlastungs- und Abwehrmechanismen sehr genau, mit deren Hilfe der Einzelne sein Gleichgewicht aufrechterhält und das Böse in den anderen hineinprojiziert. Das von ihm empfundene Unbehagen entspricht dem Unbehagen in der Kultur, die von ihm im kleinen vollzogene Abwehr führt wahrscheinlich zu den großen kollektiven Abwehrsystemen, die sich im politischen und militärischen Raum etabliert haben.

Solange starre Abwehr zu den Selbstverständlichkeiten der menschlichen Existenz gehört, werden die Abwehrraketen auch zu ihr gehören. Damit möchte ich nicht die Abwehr, die Verteidigung oder den Widerstand als solche infrage stellen, wohl aber den Umgang bzw. die Ideologisierung, durch die das von mir Gelebte und Verteidigte sowie das in unserer Kultur und in unserem politischen System Vertretene automatisch mit dem Guten gleichgesetzt wird.

Daraus leiten wir die Berechtigung und die Notwendigkeit sogenannter gerechter, gar Heiliger Kriege ab, unsere Waffen scheinen einem guten

Zweck zu dienen. Damit ist aber zugleich ein anderes gesagt: Das Leben kann sich nicht mehr erweitern, seine heute gelebte Form bleibt festgeschrieben. Sie muss dann notwendigerweise idealisiert und mit allen Mitteln verteidigt werden. Es entsteht die paradoxe Situation, dass das, was das Leben erweitern und seine Zukunft ermöglichen würde, abgelehnt und verteufelt wird. Das lässt sich im Hinblick auf die großen politischen Ideologien leicht zeigen: Die dem Individuum und seinem persönlichen Glück verpflichtete westliche Kultur wird durch die kollektiven Ideale anderer Staatssysteme geängstigt, diese wiederum fürchten um ihren Bestand, wenn der von ihnen als Individualismus eingeschätzte westliche Gedanke um sich greift. In ähnlicher Weise ist das in allen Familiensystemen zu beobachten.

Wenn es dem Einzelnen nicht gelingt, einen für ihn lebbaren Kompromiss zwischen seiner persönlichen Eigenart und seiner Herkunftsfamilie zu finden, oder wenn das familiäre System die Identifikation mit den Prinzipien der Familie erzwingt und seine Mitglieder entsprechenden Doppelbindungen aussetzt, ist der Weg in die Krankheit oder in eine erstarrte charakterneurotische Struktur vorgezeichnet. Damit ist aber die Entwicklung weitestgehend eingeschränkt, ein schöpferischer Lebensprozess unmöglich.

Trotzdem beobachten wir auch bei solchen Menschen, sofern sie in unsere Behandlung kommen oder sich selbst zu beobachten beginnen, eine Selbsttätigkeit der Psyche, die sich an verschiedenen Signalen, nicht zuletzt an ihren Träumen, ablesen lässt. Der Keim des Neuen zeigt sich in Bildern, die aus dem Unbewussten auftauchen. Jung stellt die Frage, wohin wir unseren Patienten führen müssen, um ihm wenigstens den Schimmer einer Ahnung von etwas anderem, das seine ihm nur zu bekannte Alltagswelt aufwiegen könnte, zu vermitteln. „Wir müssen ihn, auf weiten Umwegen bisweilen, an eine dunkle, lächerlich unansehnliche, ganz belanglose und ungültige Stelle seiner Seele führen, auf einem längst erledigten Weg zur längst erkannten Illusion, von der alle Welt weiß, dass sie nichts ist als [...] jene Stelle, heißt der Traum [...] und der Weg heißt: das Verstehen der Träume". (Jung, GW 10, §301).

Hier von „längst vergessen" zu sprechen, ist insofern realistisch, als unsere Vorväter noch sehr genau wussten, dass Träume nicht nur eine persönliche, sondern auch eine sinnvolle Bedeutung für das Überleben des ganzen Stammes haben können. Die Bilderwelt der Psyche stellt jenes

Material zur Verfügung, das der notwendigen Vervollständigung des Individuums dient und seinem Lebensprozess förderlich ist, wenn es vom Ich bewusst wahrgenommen und in die Tat umgesetzt wird. Das ist auch gegenwärtige, wohlbegründete klinische Erfahrung. Die Psyche begegnet dem Ich hier als das selbstregulierende und die weitere Entwicklung ermöglichende System, als das wir sie heute, nicht nur im Bereich der Analytischen Psychologie, auffassen. Das Bilder- und Symbolverständnis der Analytischen Psychologie trägt wesentliche Bestandteile zum Verstehen der Zukunftsfähigkeit des Menschen bei.

Dass z. B. in Träumen das persönlich Verdrängte wiederkehrt und der Traum deswegen zu einem wichtigen Instrument therapeutischen Handelns wird, ist Allgemeingut in der Psychotherapie. Dass aber aufgrund einer tiefergehenden, in der Menschenart des Menschen liegenden Welt-Verbundenheit ein Austausch zwischen der inneren und der äußeren Welt stattfindet, der dem Ich zugänglich wird, ist Bestandteil der Analytischen Psychologie und ein wesentlicher Aspekt unseres Verständnisses der Zukunftsfähigkeit.

Die Träume des Einzelnen können demnach wichtige Hinweise für die Zeitsituation und die Überwindung der gegenwärtigen Schwierigkeiten enthalten. Aber auch wenn sie ausbleiben, bzw. nicht erinnert werden, kann das Ich des Einzelnen in der Aktiven Imagination bewusst Kontakt zu den Inhalten des Unbewussten aufnehmen. Auch in spontan gemalten Bildern lässt sich oft symbolhaft erkennen, wo „das Wasser des Lebens" sprudelt oder „Heilkräuter" zu finden sind.

Was es eigentlich heißt, sich mit den über die Psyche zu erfahrenden Grundkräften der Natur auseinanderzusetzen und ihre Wandlung im persönlichen Leben mitzuvollziehen, ist auf der theoretischen Ebene nur schwer zu beschreiben. Es bedarf hier der Betroffenheit durch Affekt, Leid, Gefühl und Erleben; mit nur intellektuellen Begriffen lassen sich diese Bereiche möglichen Menschseins allein nicht einfangen.

Andererseits muss es in Worten gesagt werden, ist dies doch oft der erste verstehbare Hinweis. Die Brücke zwischen Wissen und Gefühl wiederhergestellt zu haben, wäre ebenfalls ein wesentlicher Beitrag zur Zukunftsfähigkeit. Würden wir wirklich fühlen, was wir zu denken imstande sind, und die durch diese einzelnen Funktionen erschlossenen Welten sich gegenseitig befruchten und eingrenzen lassen – unser Weltverständnis wäre ein anderes.

Die Psyche – und damit jeder Einzelne – verfügt über das zur Überwindung der gegenwärtigen persönlichen und kollektiven Schwierigkeiten notwendige Wissen. Das ist Bestandteil täglicher Erfahrungen, das ist auch die allgemeine Grundlage unseres Mutes, therapeutisch tätig zu sein und der Zukunft zu begegnen. Die Psyche besitzt das die jeweilige Einseitigkeit des gelebten Standpunktes ausgleichende „Wissen." Diese Einseitigkeit ist nicht als starr oder statisch zu denken. Die nicht gelebte andere Seite stellt jenen inneren Druck oder Überdruck dar, von dem so viele Patienten voller Angst berichten. In der internationalen Politik, in der Auseinandersetzung zwischen verschiedenen sozialen oder rassischen Gruppen ist das nicht anders. Aber gerade solche Ängste sind ein sicheres Zeichen dafür, dass wesentliche Kräfte innerhalb der Sozietät unberücksichtigt geblieben sind. Jeder Einzelne und jede Sozietät verfügt nach unserer Auffassung über den notwendigen Kompass in sich, so schwierig und kompliziert das rechte Verständnis seiner „Orakelhinweise" auch immer sein mag. Im Respekt vor den Signalen der Psyche, in der Beschäftigung mit ihnen, kann jeder von uns verantwortlich für das Ganze an der Zukunft mitarbeiten.

Wenn ich politische Debatten höre, scheint mir die Verselbstständigung des Aggressionspotenzials schon so selbstverständlich zu sein, dass von einer höchsten Alarmstufe gesprochen werden muss. Sind bei einem Einzelnen gut und böse so weit voneinander entfernt, sprechen wir vom Krankheitsbild eines Borderline-Syndroms, d. h. von einem Grenzfall, bei dem die Persönlichkeit auch in einer Psychose untergehen könnte. Wahrscheinlich befindet sich die Menschheit heute in einem solchen Grenzzustand.

Wie prekär die Trennung dieser beiden Prinzipien in unserer Welt geworden ist und wie notwendig ihre erneute Vereinigung, verdeutlicht das Traumbild eines 35jährigen Mannes: An eine Atomrakete lässt sich eine junge Frau, eventuell ein Mitglied der Friedensbewegung, anketten. Man munkelt, dass es eine Chance gäbe, dass die destruktive Gewalt der nuklearen Reaktion durch organische Kohlenstoffverbindungen, also lebendige Substanz, kompensiert werden könnte. Ich denke dabei, lebendige Substanz heißt auch seelisch-geistige Kraft.

Die Härte dieses Bildes ist kaum auszuhalten. Ein weiblicher Mensch aus Fleisch und Blut verbindet sich ganz eng mit einer atomaren Rakete, die seine Kraft um ein nicht mehr vorstellbares Vielfaches übersteigt. Ist eine solche Tat sinnvoll? Sind Menschenketten, Demonstrationsmärsche, ganz zu schweigen von Selbstmordattentaten, sinnvolles Tun?

Hier sind Grenzen rationalen Verständnisses erreicht, die Tat des Einzelnen, der vielen Einzelnen, wird zum Träger der Entwicklung. Im Grunde geht es genau darum, was das Unbewusste hier mit einer lapidaren, schwer erträglichen Kürze aussagt: Jeder steht einem Potenzial von Kräften gegenüber, für das wir keinen geeigneten Namen mehr haben. Begriffe wie „Megatonnen" oder „Overkill" sagen nichts mehr aus, weil die Reichweite unserer Fühlfunktion um ein Vielfaches überschritten ist.

Gleichzeitig müssen wir es aber so sagen: Jeder begegnet in sich einem solchen Kräftepotenzial, dem er nur über den in vielfacher Symbolik sich darstellenden Wandlungsprozess zu begegnen vermag. „Es ist furchtbar, in die Hände des lebendigen Gottes zu fallen" (Hebr 10,31), sagt die Bibel. Sind wir heute an dieser Stelle angelangt? Hat Gott auch destruktives Potenzial?

Jung ist einer der wenigen gewesen, die sich dieser Problematik und ihrer vollen Wucht gestellt haben. Er hat keinen Zweifel daran gelassen, dass die Realität des Bösen, so wie sie uns heute begegnet, ernst genommen werden muss. Er hat gesehen, dass das Böse, „das sich im Menschen offenbart und ganz unzweifelhaft in ihm wohnt," von größtem Ausmaß ist und dass es fast einer Euphemie gleichkommt, wenn die Kirche die Erbsünde auf das relativ unschuldige Versehen Adams zurückführt. Leider, so sagt er, „hält man sich für harmlos und fügt so der Bosheit noch die entsprechende Dummheit hinzu" (vgl. Jung, GW 10, §572).

Die Bedeutung von Jungs Hypothese eines kollektiven Unbewussten und einer objektiven Psyche, die unserer Subjektivität für ein neues Menschenbild gegenübersteht, ist noch längstens nicht ausgeschöpft. Jung ist einer der wenigen, die sich der ungeheuren Komplexität und Verwirrung der Ereignisse stellen, die angesichts des Wandels von einem Äon in einen anderen sichtbar werden. Aber die Zielsicherheit, die wir aus den Manifestationen des Unbewussten bei der Einzelentwicklung staunend beobachten und die die einzige Chance ist, um überhaupt an eine Heilung glauben zu können, muss notwendigerweise dem psychischen System immanent sein.

Die Analytische Psychologie ist in ihren Grundannahmen der allgemeinen Biologie und der Evolutionstheorie ebenso verbunden wie der Geistesgeschichte und der Kulturanthropologie. Die in neuerer Zeit postulierten Grundsätze eines sich selbst organisierenden Universums schließen sich eng an das an, was Jung mit den Begriffen „Archetypus" und „Selbst" darzustellen versuchte. Dies ist ein weiteres und wesentliches Bestimmungsstück der Zukunftsfähigkeit des Menschen, wie die Analytische Psychologie sie versteht: Es gibt den zielorientierten Prozess der unbewussten Psyche, der, aufgrund der Weltverbundenheit des individuellen psychischen Systems über das kollektive Unbewusste, auch vom Einzelnen wahrgenommen werden kann.

Abschließend sei aus der Fülle des bisher bekannten archetypischen Materials der Archetypus der Coniunctio erwähnt. Es ist jene formale Struktur der Psyche, die es dem Einzelnen und der Menschheit ermöglichen kann, die Spaltung zu überwinden. Demnach wäre es falsch, die Spaltung zu verteufeln. Ist es doch das Gegenüberstehen des Bewussten und Unbewussten, das die Möglichkeit zu einer Reflexion psychischen Materials und Chancen der Entwicklung öffnet. Jung hat darauf hingewiesen, dass das Spaltungsphänomen eigentlich die Geburt ermöglicht, das Neue erkennbar macht, weil es nur im Gegensatz zum Alten überhaupt sichtbar wird. Das lebendige Aufeinanderbezogensein bei aller Unterscheidung, auch im mitmenschlichen Bereich, im Zusammenleben verschiedener Rassen, ist als eine Bereicherung und auch als eine Abgrenzung des Individuellen zu sehen und als solche notwendig. Problematisch wird es, wenn sich das eine oder das andere allein mit dem Guten identifiziert und auf diese Weise als Ideal festgeschrieben und ideologisiert wird, wenn die Ideologien nicht mehr zum Gegenstand der Reflexion werden, wenn sie nicht mehr Bausteine des Neuen sind, das an unsere Tür klopft, das uns zwar Angst macht, uns aber auch hoffen lässt. Dominiert der Horror novi, so dominiert die Abwehr, die Waffe. Die Vernichtung wird das Ideal, nicht das Leben und die Zukunft. Die Gegensatz vereinigende Fähigkeit der Psyche, der Archetypus der Coniunctio, der auch der Liebe zugrunde liegt, ermöglicht eine auch wissenschaftlich begründete Hoffnung.

„Alles hat seine Zeit"[4]

Über Zeitpunkte, Zeit und Zeitlosigkeit

Theodor Seifert

Mit dem Erdenken, Erkennen, Beschreiben und Erleben von Zeit hat sich der menschliche Geist eine Weite geschaffen, die ihn bis an die Grenzen der Unendlichkeit, an die Pforte der Ewigkeit führt, an der er sich selbst wieder auflöst. Oder erlöst? Mit ihr vermag er Weiten größten Ausmaßes zu durcheilen, die er als Raum in vielen hundert Millionen Lichtjahren misst, sich Geschwindigkeiten zwar nicht mehr vorzustellen, aber zu berechnen, die sogar über die Grenze der Lichtgeschwindigkeit hinausgehen. Bis in wohl immer noch vorletzte minimale Zeitintervalle dringt er bei der Lasertechnik vor, das erste Antimaterieteilchen war nur zwanzigmilliardstel Sekunden beobachtbar.

Das hat weitreichende Folgen für unser Erleben. Augustinus schon hat sich darüber Gedanken gemacht: „Könnte man irgendwas von Zeit sich vorstellen, so winzig, dass es gar nicht mehr sich teilen lässt, auch nicht in Splitter von Augenblicken: solche Zeit alleine wäre es, die man „gegenwärtig" nennen dürfte; sie aber fliegt so reißend schnell von Künftig zu Vergangen, dass auch nicht ein Weilchen Dauer sich dehnt. Denn so wie sie sich ausdehnt, zerfällt sie schon wieder in Vergangenheit und Zukunft; aber als Gegenwart ist sie ohne Ausdehnung." (Augustinus, 1955)

Zeit ist ein Faszinosum

Zeit begleitet den Geist an die Pole der Unendlichkeit, eine faszinierende Perspektive der Möglichkeiten menschlichen Bewusstseins oder des Bewusstseins überhaupt, an dem wir Anteil haben. Oder, umgekehrt, der Geist entwickelt die Dimensionen der Zeit, um dem Grenzenlosen und dem ewigen Nun zu begegnen, weil sie einem der zentralsten Bedürfnisse und Erlebnismöglichkeiten des Menschen entsprechen.

---

4 Vortrag gehalten zum 25jährigen Bestehen des C. G. Jung-Instituts in Stuttgart im September 1996

Man kann die beiden Kennzeichnungen des Heiligen, wie Walter Otto sie vorschlug, das „Mysterium tremens" und das „Mysterium fascinans", auf die Zeit übertragen. Zeit ist und bleibt trotz aller Forschung ein Geheimnis und scheint uns doch bis in unser alltägliches Tun hinein vertraut. Sie ist erschreckend in ihrem ehernen, unaufhaltsamen Verlauf, einerseits unendlich und doch für uns Menschen so endlich als Zeitpfeil hin zum Tod. Sie ist die Mahnerin unserer Vergänglichkeit und so faszinierend, dass wir uns ständig mit ihr befassen, unser Leben nach ihr einrichten. Wir begegnen ihr fast wie einem Gott, der sie in alten Kulturen auch war.

Die Weisheit Salomos

„Jegliches Ding hat seine Zeit und alles Vornehmen unter dem Himmel seine Stunde" (Pred 3,1f) sagt der weise Prediger und König Salomo im Alten Testament vor nun fast 3000 Jahren. Und er fährt fort: „Das Geborenwerden hat seine Zeit und ebenso das Sterben; das Pflanzen hat seine Zeit und ebenso das Ausreißen des Gepflanzten; das Weinen hat seine Zeit und ebenso das Lachen." Und im Tao Te King heißt es: „Es gibt eine Zeit, voranzugehen und eine Zeit, zurückzubleiben; eine Zeit zu reden und eine Zeit zu schweigen; eine Zeit, sich zu verausgaben und eine Zeit zu ruhen." (Vgl. dazu auch Laotse, 1950, 29)

Alles hat seine Zeit, auch ich, auch wir. Sie umspannt unser Leben. Ist sie unser Besitz, ist sie mein und dein? Oder habe ich nur Teil an einem großen Strom, dem „Strom der Zeit", in den ich eingebettet bin? Für unser Erleben, und darum muss es uns bei „Zeit" in erster Linie gehen, ist sie etwas, über das wir verfügen, mit dem wir etwas anfangen können und sollten. So mancher vermag mit seiner Zeit nichts anzufangen, sie verrinnt. Festhalten können wir sie nicht. So ist „Zeit" immer ein Anruf an den handelnden Menschen, eine Frage nach Ziel und Verantwortung, engstens mit Moral und Ethik verknüpft.

Irgendwann ist für unser Erleben die Zeit gekommen, ein bestimmter Zeitpunkt erreicht und, kaum ist er da, vergeht er wieder, entschwindet. Wohin? Der ewige Fluss der Zeit, in dem sich unser Leben abspielt, nimmt ihn auf und führt ihn mit sich fort, wir wissen nicht wohin. In uns bleiben Erinnerungen, Spuren der Ereignisse, an denen wir mit großem Engagement, glücklich oder verzweifelt, teilgenommen haben. Auch diese verwehen, spätestens mit unserem Tod. Und mögen wir auch schriftliche oder andere, scheinbar bleibende Spuren hinterlassen, wir wissen nur zu gut, dass die Zeit auch über sie hinweggeht, wenn auch langsam und zögernd. Der oft zitierte „Zahn der Zeit" nagt an ihnen, bis sie zerfallen.

Was ist sie, die Zeit?

Wir verwenden viele Bilder, Metaphern und Symbole, um sie zu kennzeichnen, die so vertraute und doch so große Unbekannte „Zeit". Wir möchten ihrer habhaft werden, sie nutzen oder auch verschwenden können, wir möchten mit ihr gehen. Wir fühlen uns von ihr gejagt und an manchen Orten wohl und glücklich, wo die Zeit stehen geblieben zu sein scheint, sehnen uns zurück nach jenen Tagen, die in unserem Erleben noch nicht so hektisch verlaufen sind. In vielen Sprichworten wird über die Zeit nachgedacht, so z. B. von Wilhelm Busch: „ Einszweidrei im Sauseschritt läuft die Zeit, wir laufen mit".

Aber wissen wir nun, was sie ist, die Zeit? Es gibt nicht viele Worte, die wir so oft benutzen wie das Wort „Zeit" und von ihr abgeleitete Wörter oder Wortverbindungen. Auch darüber hat schon der Kirchenvater Augustinus nachgedacht, auch er stellte sich die immer wiederkehrende Frage, ja die zeitlose Frage nach der Zeit. Sie scheint den Menschen zu bewegen, sobald er eine hinreichende Bewusstheit entwickelt hatte. Hören wir Augustinus: „Denn was ist „Zeit"? Wer könnte das leicht und kurz erklären? Wer vermöchte es auch nur gedanklich zu begreifen, um sich dann im Wort darüber auszusprechen? Gleichwohl, was ginge uns beim Reden vertrauter und geläufiger vom Munde als „Zeit"? Beim Aussprechen des Wortes verstehen wir auch, was es meint, und verstehen es gleichso, wenn wir es einen anderen aussprechen hören. Was also ist Zeit? Wenn mich niemand danach fragt, weiß ich es; will ich es einem Fragenden erklären, weiß ich es nicht." (Augustinus, 1955, S. 14)

Und so ist es heute noch, trotz vielen Nachdenkens über dieses Thema. „Zeit" ist ein Thema für Physiker und Philosophen, für Seher und Religionsstifter, für Liebende, die sich ewige Treue schwören, und Designer, die „zeitlose Formen" entwerfen und gestalten, für von der Zeit Gejagte und für Meditierende, die die Zeitmauer wie eine Schallmauer durchbrechen und in den Raum erlebter Zeitlosigkeit eintreten. Sie „vergessen" die Zeit, treten aus ihr heraus.

„Zeit" ist engstens mit unserem Erleben verknüpft, sie ist auch eine Eigenzeit, also nicht „objektiv" gegeben. Und doch messen unsere Uhren die Zeit mit größter Genauigkeit ohne Messfehler über viele Jahre. Die Zeit regiert uns wie ein Gott, eine Vorstellung, die unseren Vorfahren selbstverständlich war. Die Griechen setzten „die Zeit mit dem Fluss Okeanos gleich, der die Erde umkreist und den Kosmos umschließt... Dieser Fluss hieß auch Chronos (Zeit) und wurde später mit Kronos, dem Vater des Zeus und dem Gott Aion gleichgesetzt." (v. Franz, 1992, S. 1) Und ein indischer Dichter betet zu Gott: „Von allen Maßen bist du die Zeit. Du bist der Herr der Zeit, der Ursprung der Zeit. Du bis jenseits von Zeit und bist doch Ursprung der Zeit." (v. Brück, 1992, S. 214)

Zeit und Bewegung

Die Zeit liefert uns ein Ordnungsgefüge für Dinge, Beziehungen Bewegungen und Reihenfolgen. Sie ist eine Zahl der Bewegung, hinsichtlich eines „Vorher" und „Nachher", sie ist das Maß für Veränderungen. So hat Aristoteles sie definiert und sein Zeitbegriff hat unser Denken bis heute mit geprägt. Z. B. ist das Kausalitätsprinzip nicht ohne die zeitliche Folge eines Nacheinander denkbar, und beobachten wir Gleichzeitigkeiten, so sind diese auch nicht ohne den Zeitbezug denk- und formulierbar. Michael von Brück geht sogar soweit zu sagen: „Zeit endet, wo sie beginnt: im Denken" (v. Brück, 1992, S. 207), ist also entscheidend mit der archetypischen Struktur des menschlichen Erkennens und Erlebens verbunden. Wir sollten deshalb vom Archetypus der Zeit sprechen, über den Objektivität, soweit sie möglich ist, und Subjektivität, persönliches Erleben, verbunden sind. D. h. aber auch, dass Zeit wie auch Raum nicht absolut gesetzt werden können, sondern immer relativ zum erlebenden Subjekt gesehen werden müssen. Schon als Sechzehnjähriger hat sich Einstein mit diesem Problem beschäftigt und die Frage gestellt: „Was passiert, wenn ich auf einem Lichtstrahl durch das All reise? Dann steht sie still, die Zeit." (Vgl. Hämmerli, 1996)

Wir können der Zeit nicht entfliehen, soweit wir in einer Beziehung zu dieser realen Welt leben, reisen wir doch nicht mit Lichtgeschwindigkeit durch unser Leben. Sie gehört existentiell zu uns, zumindest seit sehr langer Zeit. Wir erschaffen sie selbst, sie beginnt mit und in unserem Denken und Reflektieren. Wir konstruieren ein Bild des Universums mit einem Anfang und Verlauf, für den die Zeit den ordnenden Faktor darstellt, der den Prozess der Entstehung der Welt überschaubar und bis in kleinste Schritte oder Zeitpunkte darstellbar macht. Oder, wie es die analytische Psychologie formuliert, wir leben und denken in den archetypischen Vorgaben unseres Selbstverständnisses, es fehlt der archimedische Punkt außerhalb, worauf Jung immer wieder hingewiesen hat. Wir sind und bleiben Teile, Komponenten des psychischen Gesamtsystems, wir bleiben immer in „Zeit" eingebunden.

Bewegung heißt aber, dass nichts mehr wirklich still steht, es eigentlich keine festen Punkte mehr gibt. Diese Erkenntnisse der Physik mit dem unmittelbaren Leben zu verbinden, macht zunächst Angst. Wir suchen und brauchen feste Punkte, an denen wir uns orientieren können, seien es Normen, Besitz, Versicherungen, Beziehungen oder eben die Zeit. Und doch ist dies eine Illusion. Es gibt sie nicht oder nur in jenem von Augustinus beschrieben Sinn der unendlich kurzen Gegenwart, die aber nicht mehr erlebbar ist. So müssen wir Gegenwart ausdehnen in eine uns erträgliche „Länge", obwohl es auch dieses nicht gibt, die „lange Zeit." (Augustinus, 1995)

Sich diesen Tatbestand klar zu machen, ist gar nicht leicht. Erleben und erkennen wir uns als immer bewegt und niemals stillstehend, so wissen wir auch unmittelbar um unsere Vergänglichkeit. Zeit erinnert ständig an unser Ende, an den Tod oder weist darüber hinaus in die Ewigkeit. Sich bewegen zu lassen ist die Voraussetzung, um mit der Zeit gehen zu können. Ängstliches Verweilen und Festhalten steht im strikten Gegensatz zur Bewegung, die die Zeit ist. Beweglichkeit im Alltag bis zur großen Weite des Herzens ist die Dimension, die dem Archetyp der Zeit entspricht.

In unserer praktischen Arbeit sind wir mit diesem Tatbestand der ständigen Bewegung und Veränderung immer konfrontiert. Die therapeutische Beziehung ist oft ein fester Halt in diesem bedrängenden Erlebnisstrom der Zeit und für viele Menschen ist der Gedanke an das Ende dieser Beziehung erst einmal unerträglich. Bis auch hier erkannt werden muss, dass alles seine Zeit hat.

Vom Raum zur Zeit

Es bleibt die Frage, wo die Zeit war, als das menschliche Bewusstsein noch nicht so weit entwickelt war, dass der Mensch sich sich selbst und anderen Objekten gegenüberstellen konnte. Dieses sich Gegenüberstehen setzt zugleich den Raum voraus, sodass Zeit, Raum und menschliches Bewusstsein engstens miteinander verbunden sind und sich gegenseitig bedingen. Wir sprechen von Zeiträumen, ein Nacheinander von Abläufen ist ohne einen Raum nicht denkbar.

Jean Gebser hat in seiner Theorie der Entwicklung des menschlichen Bewusstseins nach der magischen und mythischen Stufe eine mentale Stufe angenommen, in der die Dreidimensionalität der Welt erkannt, Subjekt und Objekt unterschieden und gegenübergestellt und damit Reflexion und Selbsterkenntnis in unserm heutigen Sinne möglich wurden. Solange die Zeit noch keine weitere Dimension des Weltverständnisses war, schien alles festgefügt zu sein und nach ehernen Gesetzen zu funktionieren. Nichts war eigentlich relativ, die Suche nach der absoluten Wahrheit und den ewigen Werten und Gesetzen war möglich und notwendig. Wir sollten nicht darüber hinwegsehen, dass unser Erleben in vieler Hinsicht noch auf dieser Stufe steht, wir suchen das Bleibende, das Unvergängliche. Wir schwören uns ewige Liebe und Treue und sind zutiefst enttäuscht, wenn die Zeit darüber hinweggeht.

Es sagt sich leicht, „alles hat seine Zeit", aber es ist ein langwieriger Prozess, es wirklich zu realisieren, aus dem Erkennen und Wissen ein lebensbestimmendes Erleben werden zu lassen. Wir brauchen die festen Koordinaten des Raumes zu unserer gewohnten Form der Orientierung. Aber die Entwicklung geht weiter, wir leben in der Dialektik von Sein und Werden, von Bleibendem und beständigen Wandel. Das Bedrängende dieser Frage wurde zum zentralen Thema der Religionen, ewiges Leben der Seele, das absolute Selbst im Atman stehen der Idee eines selbstlosen Selbst und dem Prozess des bedingten Entstehens ohne Anfang und Ende gegenüber.

Gebser postuliert, dass der mentalen die Phase des integralen Bewusstseins folgt, gekennzeichnet durch den Einbruch der Zeit. „Der Einbruch der Zeit in unser Bewusstsein: dieses Ereignis ist das große und einzigartige Thema unserer Weltstunde. Es ist ein neues Thema und damit eine neue Aufgabe. Seine Realisierung durch uns bringt eine gänzlich neue Weltwirklichkeit mit sich: eine neue Intensität und ein befreites Gewahrwerden." (Hämmerli, 1996, S. 37) Damit stehen wir an einem Punkt unserer Entwicklung, hinter den es kein Zurück mehr gibt, auch wenn es einer ganz anderen Erwartungshaltung ans Leben bedarf, um damit zu leben.

Alle fixierten Koordinaten des Lebens beginnen, sich zu bewegen, sie lösen sich auf, lösen sich ab und folgen einander, wie wir die Zeit als begleitende Dimension unseres Geistes definiert haben.

Wenn wir Menschen ein Stück ihres Weges begleiten, ganz unabhängig von den vorgestellten Zielen, so bewegen wir uns genau an dieser Grenzlinie von Raum oder Lebensraum mit seinen festen Koordinaten und Zeit mit ihrem ewigen Fluss. Voraussetzung ist allerdings, getreu unserem Prinzip der Selbsterfahrung, dass auch wir „zeiterfahrene Menschen" sind, dass wir uns lebendig im Strom der Zeit bewegen, nichts mehr festhalten wollen und loslassen können, auch wenn die Zeit scheinbar schneller wird, statt ständig über den Lauf der Zeit zu klagen. Dann regredieren wir zusammen mit unseren Patienten in die scheinbar so klaren und damit auch sicheren Gefilde der Vergangenheit einer früheren Lebensstufe und entfliehen mit ihnen der spannenden Herausforderung der Gegenwart, eine Gefahr, auf die Jung schon in seiner ersten Darstellung der psychoanalytischen Theorie hingewiesen hat (vgl. Jung, GW 4). Wir erleben die Zeit vor dem Hintergrund des Raumes, seine Koordinaten bleiben, aber sie haben sich grundsätzlich relativiert. Zur „Eigenzeit" kommt der „Eigenraum", Raum- und Zeitbegriff werden multipel (vgl. Ciompi, 1988, S. 94, 99).

Sehnsucht nach Ewigkeit

Da Zeit Bewegung ist und Bewegung Zeit und wir diesem Erleben unaufhörlich ausgesetzt sind, so ist es, nach dem Gesetz der Kompensation, unausweichlich, dass wir uns nach der ewigen Ruhe sehnen, in der alles Bewegen und Bewegtwerden ein Ende gefunden hat. Dort sind wir, wieder in unserem Erleben, „am Ende der Zeit" oder, wie die Christen sagen, in der Ewigkeit angekommen. Zeit impliziert Ewigkeit, da wir in einer dualen, polar angeordneten Welt leben, uns aber nach dem großen Einen sehnen, dorthin, wo es keine Dualität mehr gibt.

Raum und Zeit implizieren Dualität, aber ein integrales Bewusstsein ist offen für die Überwindung dieser elementaren Spaltung. Dieses Erleben ist eine Gegebenheit des kollektiven Unbewussten, sie gehört zu der Grundausstattung des Menschen. Insofern sind wir auf Zeitliches und auf Ewiges bezogen, auch wenn wir über letzteres nur wenig aussagen können. Schon Plato teilte das Universum in einen zeitlichen und einen überzeitlichen Bereich, in Sein und Werden auf, wobei ihm die zeitliche Wirklichkeit das bewegte Bild der ewigen Formen war. Auch für Jung war es das Kriterium eines Sinnes, dass das Leben auf Ewiges bezogen ist und für ihn waren nur die Ereignisse seines Lebens erzählenswert, bei denen die unvergängliche Welt in die vergängliche einbrach und damit die zeitlose Welt erfahrbar wurde und wird (vgl. Jung/Jaffé, 1962, S. 12).

Zeitpunkte

Die Zeit stellt sich in unserem Erleben immer als ein Entwicklungsprozess dar, der sich Stück für Stück, Zeitabschnitt für Zeitabschnitt bis hin zu seiner Reife entfaltet und dann, wieder in Analogie gesprochen, geerntet werden muss. Die Zeit ist reif zur Ernte. So ist jeder Zeitpunkt der Endpunkt eines Zeitverlaufs und zugleich der Anfangspunkt eines weiteren und neuen Zeitabschnitts. Im Zeit-Punkt begegnen sich Vergangenheit und Zukunft.

Dabei wird wieder deutlich, dass „Zeit" für unser Erleben eher ein Rahmen, ein Kontext ist, wir damit aber meist bestimmte Inhalte meinen. Nicht die Zeit als solche ist reif, sondern ein bestimmtes Geschehen, welches in ihr, in uns stattfindet. Wir reifen und entfalten uns vor dem Hintergrund der Zeit, die vielleicht doch stillsteht.

Wie der Mythos, Bild fast zeitloser Prozesse des Lebens, erzählt, gibt es Zeitpunkte göttlicher Kraft, gibt es den Kairos, Gott und Zeitpunkt zugleich. Eine göttliche Kraft wird zeitliche Gegenwart, wird im Hier und Jetzt – da auch wieder die Verbindung von Raum und Zeit – erfahrbar und zugleich wegweisend, wenn wir sie beachten. Sicher besteht unser Leben aus vielen solchen Augenblicken, nur ist unser Bewusstsein, unsere Wahrnehmung noch nicht fein genug, um sie jeweils zu erkennen, geschweige denn zu nutzen.

Kairos und Achtsamkeit gehören zusammen. Sie bergen ein Geheimnis: in der Achtsamkeit des Kairos steht die Zeit still, ja, wir erschaffen da Zeit, die unsere Zeit ist, weil wir sie in diesem Augenblick wahrnehmen. Es ist meine Zeit, der Augenblick meiner Erkenntnis, in dem die Welt transparent wird. Aus der therapeutischen Praxis kennen wir sie gut, es sind die Augenblicke, in denen die Eigenzeit des Patienten und die unsere zusammentreffen in einer gemeinsamen Zeit, in der Synchronizität. Auch Liebende kennen diese göttlichen Augenblicke, in denen sie aus der Zeit heraustreten und doch ganz in der Gegenwart ihrer Liebe sind. Das Gedicht „Der Garten" von Jaques Prévert drückt dieses Erleben aus:

Abertausend Jahre Zeit
Fassen nicht
Die kleine Sekunde Ewigkeit
In der du mich umarmtest
Ich dich in die Arme nahm
Eines Morgens unterm Wintersonnenlicht
Im Park Montsouris in Paris
In Paris
Auf dieser Erde
Die ein Stern ist.

Hier sind Zeitpunkt, Zeitlosigkeit und Ewigkeit, noch eingebunden in den Raum des Lebens, den die Liebenden auch transzendieren.

Die Menschen haben immer wieder versucht, dem bis heute nicht gelüfteten Geheimnis der Zeit in irgendeiner Form Ausdruck zu geben, um das eigene Erleben und seine Bedeutung zu veranschaulichen. Wenn wir von einem Punkt, einem Zeitpunkt sprechen, so ist dies auch ein solcher Versuch, der als allgemeiner Begriff in unsere Alltagssprache eingegangen ist. Wir möchten auch etwas „auf den Punkt bringen" oder „endlich einen Punkt machen", womit auch das Ende eines zeitlichen Geschehens gemeint ist. So sind viele symbolische Darstellungen des Zeitverlaufs aus aller Welt bekannt. Oft ist es ein langer Weg, bis wir „etwas auf den Punkt gebracht" haben.

Suchen wir nach einem Symbol, der zu eben jenem Punkt führt, so ist die Spirale in ihrer nach innen und nach außen drehenden Dynamik Metapher und Symbol zugleich. Metapher, weil sie den Verlauf, wie wir ihn aus dem Erleben kennen, genau abbildet, Symbol, weil das Bild noch nichts oder alles über den Inhalt aussagt. Es ist die archetypische Grundstruktur und Dynamik solcher Zeitläufe, die einen Anfangs- und Endpunkt für unser Erleben haben. Entsprechend energiespendend wie numinos sind die Bilder, in denen sich die Psyche spontan abbildet und der Reflexion des Bewusstseins zugänglich wird.

Die Spirale ist eines der großen und Urbilder des Kosmos, wie die Form aller Spiralnebel zeigt, die wir im Universum vorfinden, aber auch die Vielzahl symbolischer Darstellungen, oft in Verbindung mit Gottesbildern. Es ist, als ob die Spirale schon in der unvorstellbaren Dichte und Energie der Anfangssingularität enthalten war. Es gibt gute Gründe, im Symbol der Spirale auch unser Leben in seinen Abläufen und Zeitabschnitten wiedergegeben zu sehen. Ja, die Grundlage unseres persönlichen Lebens, das Genom, ist in einer Doppelspirale angeordnet. Eine nicht überschaubare Menge von Anlagen findet auf ihr ihren Platz, auf einem Faden von zwei Meter Länge in jeder Körperzelle.

Diese Verbundenheit des Menschen mit dem großen kosmischen Geschehen immer wieder betont und in entsprechenden, gut begründeten Hypothesen formuliert zu haben ist wohl eines der bleibenden Verdienste von C. G. Jung, einer Pflanze im Garten des menschlichen Geistes, die sicher nicht so schnell ausgerissen werden wird, mag sie auch unter verschiedenen Lebensumständen mutieren, in anderen Sprachen und Formen wiedergegeben werden und in diesem Sinne ihre Zeit haben. So ist die Spirale fast zeitlos und mit der kosmischen und der Lebensenergie von ihrem Anfang an verbunden.

Wenn wir die Spirale als archetypische Struktur und Dynamik des Individuationsprozesses auffassen, müssen wir uns auch mit der Frage beschäftigen, was jenseits des Endpunktes der Bewegung nach innen geschieht, wenn die Bewegung an ihrem, immer vorläufigen Ziel, angekommen ist. Im Sinne einer ewigen Wiederkehr und einer zyklischen Zeit begänne dann der Prozess von neuem, ein neuer Anfang ist gemacht. Seit alters werden die Zeiten des Weltenlaufes in dieser Form dargestellt, oft verbunden oder identifiziert mit Göttern. Vishnu atmet aus, und die Welten entstehen, Vishnu atmet ein, und sie vergehen wieder im ewigen Kreislauf seines Atems.

Die Pforte zur Ewigkeit

Es könnte aber auch anders sein: dieser zentrale Punkt ist wie eine Pforte in einen ganz anderen Raum jenseits der Individualität und Individuation. Es wäre der Anfangspunkt eines Prozesses, der am ehesten mit „Loslassen" oder, wie Meister Eckehart es nennen würde, mit „Entbilden" gekennzeichnet werden müsste. Oder, wir müssten paradoxerweise sagen, es wäre auch der Endpunkt der erlebten Zeit, ein Punkt, der vor allem von den Mystikern beschrieben worden ist und unserem Erleben genauso zugänglich ist wie der Strom der Zeit in seiner scheinbaren Unendlichkeit. Die Relativität der Gesichtspunkte wird hier besonders eindringlich deutlich.

Meister Eckehart hat sich in seinen Predigten und Traktaten immer wieder mit diesem kaum zu beschreibenden Erleben befasst. So fragt er: „Warum aber werden wir denn nicht weise? Da gehört viel dazu. Das Wichtigste ist, dass der Mensch durch alle Dinge hindurch – und über alle Dinge und aller Dinge Ursache hinausgehen muss, und das fängt dann an, den Menschen zu verdrießen. Infolgedessen bleibt der Mensch in seiner Beschränktheit. [...] Nun ist aber alles, was zeitlich ist, Gott fern und fremd. Nimmt man Zeit, und nimmt man sie auch nur im Kleinsten, im „Nun", so ist es doch noch Zeit und besteht in sich selbst. Solange der Mensch Zeit und Raum hat und Zahl und Vielheit und Menge, so ist er gar unrecht daran und ist Gott ihm fern und fremd." (Meister Eckehart, 1979, S. 203, 211)

Und er spricht von einer edlen Kraft der Seele, die so hoch und edel ist, dass sie Gott in seinem eigenen Sein erfasst. „Diese Kraft hat mit nichts etwas gemein. Sie weiß nichts vom Gestern noch vom Vorgestern, vom Morgen noch vom Übermorgen, denn in der Ewigkeit gibt es kein Gestern und Morgen, da gibt es vielmehr nur ein gegenwärtiges Nun; was vor tausend Jahren war und was nach tausend Jahren kommen wird, das ist da gegenwärtig." „Wenn wir über die Zeit und die zeitlichen Dinge hinausgeschritten sind, so sind wir allzeit froh, und dann ist Fülle der Zeit; dann wird der Sohn Gottes in dir geboren." (Meister Eckehart, 1979, S. 209, 210)

Die Gottesgeburt in der Seele ist der Augenblick des Hinausschreitens aus der Zeit, des Erlebens des ewigen Nun, der Stille und des Daheimseins „Ganz so sollte der Mensch dastehen, der für die allerhöchste Wahrheit empfänglich werden und darin leben möchte ohne Vor und ohne Nach und ohne Behinderung durch alle Werke und alle jene Bilder, derer er sich je bewusst wurde, ledig und frei göttliche Gabe in diesem Nun neu empfangend." (Meister Eckehart, 1979, S. 155)

Dazu muss der Mensch die Behinderung der Ich-Bindung aufgegeben haben, d. h. aber auch, die Behinderung durch die Bindung an Raum und Zeit, die zentralen Erlebniskoordinaten unseres Ichs. Es geht also auch darum, aller Bilder ledig und frei zu werden, um in diese Leere eintreten zu können. Das zu beschreiben sprengt die Grenze der Sprache, die immer irgendwie ichgebunden bleibt. Davon berichten die Mystiker übereinstimmend - und schweigen. Dieser Punkt ist der Eintritt in die Erlebnisdimension der Zeitlosigkeit, der Ewigkeit.

In unserer christlichen Kultur hat die Frage nach dem ewigen Leben der Seele eine zentrale Rolle gespielt und spielt sie noch. Wir gehen, vielleicht, aus der Zeit in die Ewigkeit, treten im Augenblick des Todes in das ewige Licht. Also auch hier eine Zeitdimension, die die Zeit überwindet. Wir treten ein in das „Nun", von dem Meister Eckehart immer wieder spricht: „Jegliche Ichgebundenheit an irgendwelches Werk, das dir die Freiheit benimmt, in diesem gegenwärtigen Nun Gott zu Gebote zu stehen und ihm allein zu folgen in dem Lichte, mit dem er dich anweisen würde zum Tun und zum Lassen, frei und neu in jedem Nun, als ob du nichts anderes hättest noch wolltest noch könntest: jegliche Ichgebundenheit oder jegliches vorsätzliche Werk, das dir diese allzeit neue Freiheit benimmt" die ist zu überwinden (Meister Eckehart, 1979, S. 160). Aber dazu bedarf es nicht des Todes, es ist in diesem Leben zu verwirklichen.

Hier deuten sich Möglichkeiten eines Verständnisses des Zeitpunktes an, den wir „Gegenwart" oder „Hier und Jetzt" nennen, die weit über das hinausreichen, was uns das alltägliche Erleben mit seiner Alltagssprache vermittelt oder wir mit der Betonung des aktuellen Konfliktes in der Behandlung meinen. Die Umkehrung des Prozesses, den wir Individuation nennen, ist dann der Weg heraus aus der Zeit, wenn auch wieder in Zeitabschnitten gedacht. Wir verlassen wieder die Formen, die wir mühsam gefunden und erarbeitet haben. Solange Bewegung, unabhängig von ihrer Richtung, auch der Lauf unseres Lebens, solange sind wir in die Zeit und die Dreidimensionalität des Raumes eingebunden und festgelegt. Endet sie, endet die Zeit. Dass dieser Satz wahr ist, wissen wir nicht nur aus philosophischen Überlegungen sondern vor allem aus dem unmittelbaren Erleben der meditativen Erfahrungen und des mystischen Weges hin zur „Unio mystica". Aber erst an diesem Punkte sollte sie enden, unsere Bewegung in und mit der Zeit, um dann wieder neu zu beginnen, solange unser Leben währt.

Vergangenheit – Gegenwart – Zukunft

In der Tiefenpsychologie und insbesondere der Analytischen Psychologie begegnen wir diesen archetypischen Konstellationen ständig, sowohl in der Arbeit mit den Patienten wie in unserer Theorie. Die drei großen Zeitdimensionen bestimmen unser Denken und unser Menschenverständnis weitgehend. Wir beobachten, dass verschiedene Krankheitsformen verschiedene Zugänge zur Zeit, dass sie ihre Eigenzeiten haben, dass die Zeitstrukturierung weitgehend ausfallen kann und einer unheimlichen Leere Platz macht, die nichts mit der Leere zu tun, der wir in der Zeitlosigkeit begegnen.

Wir arbeiten an und mit der Biographie, also jenem Zeitabschnitt, der schon hinter dem Menschen liegt und dessen Inhalte sein Leben entscheidend geprägt haben. Man hat der psychoanalytischen Sicht vorgeworfen, dass sie sich nur mit der Vergangenheit des Menschen beschäftige und ihre Theorie ausschließlich darauf bezogen sei.

Dabei ist gerade dies der Zugang zur Geschichtlichkeit des Menschen, einer ebenfalls archetypischen Dimension. Es ist unmöglich, Ursachen zu suchen und zu finden, wenn wir das Nacheinander der Zeit, das wir in der Kausalität abbilden, nicht berücksichtigen. Insofern ist die Psychoanalyse, ist die Analytische Psychologie nicht an der Vergangenheit, sondern an der Realität des Zeiterlebens orientiert. Wenn wir den Ursachen einer Störung nachgehen, so treten wir in die Geschichtlichkeit dieses Menschen ein, wir nehmen teil an seiner Zeit in ihren jeweils von verschiedenen Inhalten gekennzeichneten Abschnitten. Wir gehen mit der Zeit dieses Menschen, begleiten ihn durch seine Zeit, seine Eigenzeit. Andererseits: Oft ist Erinnerung nicht Befreiung sondern Bindung an die Vergangenheit, womit das Tor zum schöpferischen Erleben vor dem noch leeren Raum der Zukunft verschlossen bleibt.

Die Diskussion um die große Bedeutung der Gegenwart in der Psychotherapie begann wohl schon 1912 mit Jungs Buch „Versuch einer Darstellung der psychoanalytischen Theorie" (vgl. Jung, GW 4). Er betont darin die große Bedeutung des aktuellen Konflikts in der Gegenwart, begründet damit eine Aktualkonflikttheorie der Neurose, die er später leider nicht weiter ausgebaut hat.

Gegenwart ist hier natürlich nicht im Sinne der Laserphysik zu verstehen, sie ist ein relativ weit gespannter Zeitraum, in dem sich unser Erleben bewegt. Und in dieser Gegenwart erscheint auch die Vergangenheit, genau genommen, als erlebte Gegenwart.

Das Thema „Gegenwart" stellt uns vor eine Fülle neuer Fragen, aber auch die können morgen schon wieder uninteressant sein. So geschieht alles mit zunehmender Geschwindigkeit. Wir verfolgen diese Entwicklungen mit Angst und großer Skepsis. Aber ein Studium der Zeit muss „high speed" mit einbeziehen. Sie erweitert den Raum der Gleichzeitigkeit und damit der Gegenwart enorm mit den Möglichkeiten der telematischen Vernetzung. Per moderner Kommunikationsmedien bin ich in kürzester Zeit in Chicago, zwar noch messbar nacheinander, für das Erleben aber fast gleichzeitig. Auch hier scheinen wir uns wieder einem Punkt zu nähern, an dem die Geschwindigkeit so groß wird, dass alles gleichzeitig geschieht, dass Vergangenheit und Zukunft in eines verschmelzen.

Etwas extrem weitergedacht, wird die Zeit dann wieder fast stillstehen. In der Sprache Meister Eckeharts klingt das so: „Nehme ich ein Stück Zeit, so ist das weder der heutige noch der gestrige Tag. Nehme ich aber das Nun, so begreift das alle Zeit in sich. Das Nun, in dem Gott die Welt erschuf, das ist dieser Zeit so nahe wie das Nun, in dem ich jetzt spreche, und der Jüngste Tag ist diesem Nun so nah wie der Tag, der gestern war." (Meister Eckehart, 1979, S. 194)

Diese Sicht hat noch viel weitreichendere, ja ethische Konsequenzen, die ich nur mit einem weiteren Zitat von Meister Eckehart andeuten will: „Dem rechten Menschen in solch vollkommenen Willen kann denn auch keine Zeit zu kurz sein. Denn, wenn es um den Willen so steht, dass er vollends alles will, was er vermag – nicht nur jetzt, sondern, sollte er tausend Jahre leben, er wollte alles tun was er vermöchte –, ein solcher Wille trägt so viel ein, wie man in tausend Jahren leisten könnte: vor Gott hat er alles getan." (Meister Eckehart, 1979, S. 91)

Es gibt also einen Zustand, eine Haltung, in der „alles getan ist", in der jede Zeitdimension des „ich werde" oder „ich muss noch" aufgehoben ist. Gleichzeitigkeit und Zeitlosigkeit, Gegenwart als Zeit und Ewigkeit begegnen sich.

Und die Zukunft? Die Analytische Psychologie wird mit Recht immer mit dem sog. finalen Aspekt des Lebens in Verbindung gebracht. Die Psyche ist für Jung nicht nur ein System mit Selbstregulierung sondern ein auf Zukunft bezogener Lebens- und Entwicklungsprozess. Von vielen möglichen Zitaten seien hier nur einige ausgewählt:

Die besondere Bedeutung der Gegenwart zeigt sich auch darin, dass sich in ihr schon die Keime der Zukunft abzeichnen, so als sei das Ziel schon am Anfang vorhanden, wenn auch nicht sichtbar. Jung versuchte diesen Tatbestand in seiner Auffassung vom archetypischen Geschehen der Individuation zu fassen. Jeder trägt Form und in gewissem Sinne Inhalt seines Lebens von Anfang an in sich, aber nur begrenzte Möglichkeiten der Entfaltung werden dem Ich zur Verwirklichung angeboten. Aber gerade in dem oft schmerzlichen Erleben unserer Begrenzung, auch in zeitlicher Hinsicht und im Hinblick auf die Kürze der Dauer unseres Lebens, erreichen wir das Gefühl für das Grenzenlose. Nur so. meinte Jung, „erfahre ich mich zugleich als begrenzt und ewig, als das Eine und das Andere. Indem ich mich einzigartig weiß in meiner persönlichen Kombination, d. h. letztlich begrenzt, habe ich die Möglichkeit, auch des Grenzenlosen bewusst zu werden." Jung/Jaffé, S. 328)

Für unser Thema heute heißt das: indem ich mir der Einbindung in die Unzahl begrenzender und begrenzter Zeitpunkte bewusst werde finde ich Zugang zum Erleben der Zeitlosigkeit und Ewigkeit, zur Freiheit vom Joch der Zeit.

In unserer Arbeit berücksichtigen wir diese Aspekte in vielfältiger Weise, so z. B. in der Auffassung der besonderen Bedeutung des Initialtraums und im Symbolverständnis, demzufolge sich heute noch nicht Erkennbares und dem Erleben noch nicht Zugängliches, also Zukunft, in symbolischer Form abzeichnet und somit schon vorhanden oder gegenwärtig ist. Hier kommt dem Ich und seinen Funktionen die entscheidende Rolle zu. Jung betonte deshalb die moralische Tat so eindringlich. So fließen alle drei Zeitdimensionen ineinander in einem erlebten und bewusst werdenden oder gewordenen Jetzt, sicher einer Vorform des von Meister Eckehart immer wieder betonten Nun, ja dem „gegenwärtigen Nun", wie er es betont nennt.

Synchronizität

Nicht nur die Betonung der Zeitdimensionen zeigt die hohe Bedeutung der Zeit in Jungs Werk. Das Stichwort „Zeit" kommt über 100 Mal im Index der Gesammelten Werke vor. Wie sehr ihn die Thematik beschäftigt hat, zeigt sein Entwurf eines neuen Prinzips zeitbezogener Naturerklärung, von ihm „Synchronizität" genannt. Es erklärt Zusammenhänge, die nicht durch Kausalität, sondern durch einen gemeinsamen Sinn verbunden sind (vgl. Jung, GW 8).

Die Arbeit mit diesen Fragen eröffnete ihm – und uns – den Zugang zu so wichtigen Werken wie dem I Ging, einem bis dahin verschlossenen Buch, wie auch die Zusammenarbeit mit dem Sinologen Richard Wilhelm.

Ich erinnere an „Das Geheimnis der Goldenen Blüte", zu dem Jung einen beeindruckenden Kommentar schrieb, der zugleich eine hervorragende Einführung in seine Psychologie darstellt. Nach Jungs Auffassung eröffnen Synchronizitäten Einblicke in das akausale Angeordnetsein der Ereignisse, seien sie nun persönlicher oder kollektiver Art. Wer oder was anordnet, muss nach heutigem Stand der Erkenntnis noch Gegenstand der Diskussion bleiben, auch wenn außer der Synchronizität spannende Hypothesen vorliegen. Aber dass angeordnet ist und wird, steht außer Zweifel.

Das „Buch der Wandlungen" handelt in seiner Grundidee vom Einbruch der Zeit in das Leben. Die letzten beiden Bilder beziehen sich auf Zustände vor und nach der Vollendung. Damit ist auch ausgesagt, dass es den Zeitpunkt der Vollendung und der Fülle, wenn überhaupt, nur als unendlich kurze Gegenwart gibt. Solange im Rahmen der Zeit gedacht und gelebt wird, und darum geht es bei der Idee der fortwährenden Wandlung, gibt es keinen Augenblick des Stehenbleibens, alles ist in ständiger Bewegung. Die vierte Dimension der Zeit ist der Kontext des Verstehens. Und die Zeitlosigkeit des unendlich kurzen Zeitpunktes im Prozess der Vollendung ist jener Augenblick, der in die Zeitlosigkeit führen kann.

So ist vieles in unserem Leben angeordnet. In der praktischen Arbeit sind wir immer wieder von Synchronizitäten beeindruckt, auch wenn es nicht immer gelingt, ihren Sinn herauszufinden.

Über die synchronistischen Ereignisse bekommen wir Einblicke in jenen Bereich, in dem Gesetze gelten, die wir noch nicht kennen, in dem die Zeit relativiert ist, vieles schon Gegenwart zu sein scheint, was für uns noch in der Zukunft liegt. Es ist, als sei es schon geschehen. Die Annahme einer solchen dynamischen, zeitbezogenen und zugleich zeitlosen Ebene gehört zum Grundbestand unserer Theorie.

Synchronizität ist auf das ewige Nun bezogen, es ereignet sich in ihr. Es ist, wie wenn wir in einen großen alles verbindenden Raum der Gleichzeitigkeit eintreten, in dem alles gegenwärtig ist. Gegenwärtig im doppelten Sinne: Alles ist vorhanden und alles ist Gegenwart. Und aus diesem Raum entspringt das Wort, das Bild, der Einfall und die Deutung „zur rechten Zeit", just zu dem Zeitpunkt, an dem der oder die Andere, auch Teilhaberin und Teilhaber an diesem großen Raum, dafür offen und empfänglich war.

Es heißt aber auch, dass ich, dem Raum des Unbewussten zugewandt, ebenfalls empfangsbereit war für das einfallende Wort. Das „timing" der therapeutischen Arbeit kann so theoretisch begründet werden.

In ganz anderer Hinsicht ist die Synchronizitätshypothese zur Zeit wichtig geworden: die vielbeklagte zunehmende Schnelllebigkeit unserer Zeit – die Zeit kann bekanntlich unterschiedlich schnell verlaufen, sie eilt oder sie dehnt sich, sie rast, sodass wir kaum mitzukommen meinen oder sie scheint an manchen Orten unseres Landes oder der Welt stillzustehen – verlangt vor allem im Wirtschaftsleben nach einer neuen Form der Zeitintelligenz, ein inzwischen gebildeter neuer Begriff.

Im Management wird wahrscheinlich nur derjenige in Zukunft erfolgreich sein, der Gleichzeitigkeiten managen kann. Die einzelnen Prozesse verlaufen so schnell, dass das bisher gewohnte Nacheinander von Marktanalysen, Produktentwicklung, Testung und Einführung des Produkts in den Markt nicht länger funktioniert. Alles muss fast gleichzeitig, muss synchron geschehen und überblickt werden. Die Mitarbeiter müssen sich weithin selbst steuern und der Betrieb wird als großes „Global Brain" aufgefasst, in dem sich diese zeitgleichen Prozesse abspielen.

Zurück zum Ursprung

Laotse beschrieb schon, dass aus dem Tao die Einheit oder die Eins, aus der Eins die Zwei, aus der Zwei die Drei und aus dieser die zehntausend Dinge entstehen, ja entstehen müssen, ehe sie wieder zur Eins zurückkehren. Und wir bleiben in der Fülle der Möglichkeiten, die auch die Zeit und insbesondere die Gegenwart immer weiter schrumpfen lässt, bleiben im Gewirr der Zeitpunkte und in der scheinbaren Sicherheit der festen Koordinaten gefangen, wir finden nicht mehr zurück zur Drei, zur Zwei und zur Eins, treten aus der Zeit nicht immer wieder in die Zeitlosigkeit ein. Diese Prozesse sind mit dem Symbol der Spirale gut abgebildet. Das Heraustreten in die Vielheit von Raum und Zeit, von Bewegung, Vielfalt und Menge der Zeitabschnitte und die Rückkehr zum Ursprung., zur Pforte des Punktes.

Mit einer Mahnung aus einem Sutra der östlichen Tradition soll sich der Kreis dieser Überlegungen zur „Zeit" schließen, der mit der Weisheit des Königs Salomo begonnen hatte. Sie lautet:

Grüble nicht über die Vergangenheit,
Sorge dich nicht um die Zukunft.
Die Vergangenheit ist tot.
Die Zukunft ist noch nicht da.
Was in der Gegenwart geschieht,
sollte eingehend betrachtet werden.
So leben die Weisen,
und sie weilen in Festigkeit und Freiheit.
Wenn einer die Lehren
der Weisen praktiziert,
warum sollte er dann den Tod fürchten?
Wenn wir dies nicht verstehen,
gibt es keinen Weg,
den großen Schmerz der letzten Gefahr
zu vermeiden.
    (Thich Nhat Hanth, S. 61)

Göttliches Kind und alte Weisheit –
Innere Wirklichkeiten[5]

Theodor Seifert

Um dem Göttlichen Kind zu begegnen, brauchen Sie nicht erst auf Weihnachten und die damit verbundenen besonderen Stimmungen und Möglichkeiten zu warten. Sie können es als innere Wirklichkeit täglich, ich wage zu sagen, wann immer Sie wollen oder seinen Beistand brauchen, erleben, indem sie die Verbindung mit ihm aufnehmen. Auf der persönlichen Ebene ist es Ihnen sowieso bekannt, denn wir alle waren ein Kind, sind aus der Ursprünglichkeit des weiten geistigen Raumes in diese Welt, die wir wirklich nennen, eingetreten. Somit können wir sowohl ganz hier in dieser uns bekannten Wirklichkeit sein, als auch das Wissen um die Wirklichkeit unserer Herkunft wieder erwecken.

Damit ist schon gesagt, was im Zusammenhang mit dem Archetypus des Göttlichen Kindes eine innere Wirklichkeit ist: Das Göttliche Kind ist eine Dimension der Wirklichkeit der Psyche. Diese Wirklichkeit hat mehrere Facetten, daher die Mehrzahl: innere Wirklichkeiten. Einige seien hier schon genannt: Es geht um die Wirklichkeit des Erlebens, sicher ganz individuell ausgeformt, das Göttliche Kind ist erlebbar. Es geht um Erkennen – das Göttliche Kind wird Ihr geistiger Besitz, Sie wissen, wovon Sie sprechen, wenn Sie davon reden. Es geht um eine Dimension der Beziehung zu einem Energiefeld der Psyche, in dem Sie im inneren Dialog Hinweise und Führung, Antwort auf Ihre Fragen und eine Form der Geborgenheit und Sicherheit gewinnen, die im Bezug zu äußeren Objekten, zu Menschen, Geld und Besitz nicht zu erhalten ist.

Mit dem Göttlichen Kind kann ich jederzeit in Beziehung treten. Dort, wo man im äußeren Lebensvollzug leer ausgeht, traurig wird und vielleicht vereinsamt, ist hier Fülle und Kraft zugänglich. Mit der Zeit – Übung und Ausdauer sind nötig, da wir alle sehr extravertiert leben und den Bezug nach innen erst wieder, oft mühsam, erlernen müssen –, verfügen Sie über eine Kultur des inneren Dialogs. Diese Kultur des inneren Dialogs ist ein wesentliches Moment der Begegnung und Auseinandersetzung mit uns selbst, die leider fast nur in verkümmerter Form oder meist

---

5 Vortrag gehalten bei den Lindauer Psychotherapiewochen 1999

noch mit destruktiven Inhalten angefüllt, existiert. Die psychoanalytische, psychotherapeutische Arbeit könnte ein guter Weg in diese Richtung sein. Denn Sie finden wieder Anschluss an die alte Tradition des „Colloquium cum anima sua" oder „mea", an das „Colloquium cum suo angelo bono" oder, wie es in der altägyptischen Tradition heißt, an das „Gespräch (eines Lebensmüden) mit seinem Ba" (vgl. Jacobsohn, 1952).

Ich möchte es kurz so zusammenfassen: Die Verbindung mit dem Göttlichen Kind erschließt innere Wirklichkeiten, die zur Weisheit führen. Es eröffnet sich ein Raum, der innere Weite und Freiheit ermöglicht. Somit ist der Raum des Göttlichen Kindes eine wunderbare Möglichkeit der Psyche, jedem jederzeit zugänglich.

Zur Phänomenologie des Göttlichen Kindes

In unserer Kultur erscheint das Göttliche Kind als Jesuskind, dritte Person der Gottheit und der Heiligen Familie. Es wurde in der Kunst immer wieder dargestellt. Über die Jahrhunderte hinweg wurden Künstler nicht müde, es neu darzustellen und dem Erleben nahe zu bringen. Aber das, woran wir gewöhnt sind, ist so bekannt, dass es uns eher den Zugang zum Erleben verstellt als eröffnet. Stellen Sie sich folgendes Bild vor: Das Bild ist in Japan im 9. Jahrhundert entstanden und zeigt den Knaben Kukai (dt. etwa „Meer der Leere"), der später als unsterblicher Gott verehrt und die große Symbolgestalt einer esoterischen Form des Buddhismus wurde. Seine Anhänger vertreten zwei Formen des Buddhismus: eine exoterische, die sie mit Sakyamuni Buddha, dem historischen Buddha, verbinden und eine esoterische, deren Inhalt vom kosmischen Buddha vermittelt wurde. Aber auf diese Fragen kommt es mir hier nicht an.

Wenn die innere Wahrnehmung etwas geschult ist, lösen solche Bilder immer auch Bewegungsimpulse aus. Es gehören eben unmittelbar zusammen: die Wahrnehmung des Bildes und die körperlich sich äußernde Hingabe, das Einschwingen und sich Bewegen in diesem Erlebnisraum. Wir verneigen uns, knien nieder, legen die Hände zusammen oder falten sie, bekreuzigen uns, neigen unser Haupt usw., immer sind wir mitbewegt, psychisch und körperlich. Mit der Zeit entwickeln wir ein neues, ein erweitertes Raumgefühl, der innere Raum wird eine zugängliche Wirklichkeit.

So wie wir im Außen Tempel und Kirchen bauen, um den Gott, um das Göttliche Kind aufzunehmen, zu beherbergen – zunächst war ja kein

Raum in der Herberge, wie wir aus dem Lukasevangelium wissen – finden wir nach einiger Übung auch in uns Räume, Erlebnisräume vor, die das Göttliche Kind beherbergen. Wir ahnen etwas mehr von den unendlichen Möglichkeiten des Mikrokosmos. Theoretisch formuliert heißt das, dass jeder Archetypus seinen ihm gemäßen inneren Raum beansprucht.

Das Göttliche Kind und der Lotos

Kukai kniet in einem Lotos. Der Lotos ist eines der großen, weltumspannenden Symbole, seine Kraft reicht vom alten Ägypten – wir werden ein ägyptisches Göttliches Kind, das in einem Lotos tanzt, gleich noch kennenlernen – bis zu den östlichen Kulturen und Religionen, von denen es uns am ehesten bekannt ist. In der Dunkelheit und dem Schlamm des Grundes wurzelnd, wächst er im Wasser empor und entfaltet seine Blütenpracht im Licht des Tages und der Sonne in einer Reinheit, die immer als vollkommen erlebt wurde, nicht einmal ein Tropfen Wasser haftet an ihm. Brahma wird oft auf einer Lotosblume sitzend dargestellt, die aus dem Nabel des Vishnu gewachsen ist, der seinerseits ebenfalls auf einem Lotos ruht. Diese Amplifikationen einbeziehend steht Kukai in engster Verbindung mit der unendlichen Weite des Seins, der in ihm enthaltenen Entfaltungsmöglichkeiten und seiner Weisheit, ja er verkörpert sie, indem er daraus hervorgeht. Auch wenn der Schritt sehr groß, eher wie ein Sprung erscheinen mag, er ist im Alltag des Lebens vollziehbar.

In der Tradition des Lotos-Sutra, eines der bedeutendsten Sutras des „Großen Fahrzeugs", wird der Buddha nicht als historische Person aufgefasst, sondern als Manifestation des „Körpers der großen Ordnung" (Dharmakaya), die in Ewigkeit besteht. Jedes Geschöpf hat Anteil an diesem transzendenten Wesen des Buddha und kann deshalb zu einem Buddha werden, zu seinem Wahren Wesen erwachen. Dies ist auch die Botschaft des Kukai. In einem altägyptischen Schöpfungsmythos werden die großen Wasser des Anfangs als unendlich dunkel beschrieben. An der Wasseroberfläche entfaltet sich die Blüte eines weißen Lotos. Voller Leuchtkraft schon bei seiner Entfaltung schenkt er der Welt das Licht und den wunderbaren Duft des Morgens. Da der Lotos sich mit der Sonne öffnet und schließt, wurde er auch zum Symbol der Sonnenkraft in ihren sich wandelnden und das Leben ermöglichenden Stadien, zum großen Entzücken des Sonnengottes Re.

Auf einem alten Relief aus dem 3. Jahrhundert n. Chr. wird ein neugeborener Gott dargestellt, auf einer Lotosblüte tanzend. Er ist begleitet von zwei Göttinnen, die ihm Musikinstrumente reichen. Das Göttliche Kind tanzt. Das erinnert an den Tanz Shivas, aber auch an den biblischen David, der vor dem Herrn tanzte, wie die Psalmen berichten. Der Tanz gehört elementar zum numinosen Erleben, denn was ist der „Urknall" anderes als der Beginn eines gewaltigen Tanzes des Lichts, das, einmal in Bewegung gesetzt, in Bahnen und Kreisen sich formte und so die uns bekannte Erscheinungswelt kreierte? Dieser Prozess ist noch längst nicht abgeschlossen, er tanzt weiter, fort und fort, ist in Bewegung als das Leben selbst, das immerzu, bis in die kleinsten Zell- und Atomverbände hinein nichts anderes ist als ein Kreisen und Schwingen.

Für diese Bilder, die Bewegung im Allgemeinen ausdrücken, haben wir heute auch wissenschaftliche Begriffe: die zum Erleben z. B. des Bildes oder der Vision gehörenden Körperempfindungen und Bewegungen werden durch einen „somatischen Marker" verankert, das Körperempfinden wird in Verbindung mit dem Erlebnisinhalt gespeichert und ist so zu einem anderen Zeitpunkt wieder abrufbar. Das mit dem Lotos innigst verbundene „Göttliche Kind" ist eine innere Wirklichkeit, auch wenn wir sie höchstens in ersten Ansätzen ahnen und erleben. Mit ihm, über seine Vermittlung, sind wir mit der Quelle aller Ressourcen verbunden, die Göttlichen Kinder sind eine bildhaft poetische Beschreibung dieses Konzepts der modernen Psychologie und Psychotherapie. Da wir uns aber mit ihm in eine persönliche Verbindung bringen können, sagt es unendlich viel mehr aus als das Wort „Ressourcen", ist es doch ein lebendiger Inhalt der Psyche. Dafür ist die Wissenschaftssprache kein Ersatz, auch keine Ergänzung, es ist eher umgekehrt: aus der Sicht des gelebten Lebens ergänzt die Wissenschaftssprache die Sprache dieser archetypischen Bilder, die ohnehin mehr sagen als mit tausend Worten formulierbar ist.

Alles was je erdacht und erschaut wurde, die großen Ideen Platons, die Erkenntnisse des Augustinus, die Visionen Meister Eckeharts oder der Aufstieg zum Berge Carmel des Johannes vom Kreuz bis zum Erwachen des Buddha entsprangen der Innenschau in der Verbindung mit dem Göttlichen Kind. Es ist der große Vermittler, wir kennen uns als empfangende und wahrnehmende Partner, die andere Seite kennen wir noch nicht oder nicht mehr, wir sind auf eine Vermittlung angewiesen. Doch über das Göttliche Kind sind wir „Online mit dem Selbst".

Ein anderes Bild führt in die Welt des Göttlichen Kindes, wie wir es in unserer Kultur kennen, die Geburt des Jesuskindes im Stall zu Bethlehem. Schon bei der Ankündigung durch den Engel Gabriel erfuhr Maria, dass sie mit einem Kind schwanger werde, von dem er sagte: „Er wird Macht haben aus Gottes Macht und man wird ihn „Gottes Sohn" – oder „Sohn des Höchsten" – nennen. Er wird ein Herr sein über das Heilige Volk Gottes in alle Ewigkeiten und sein Reich wird kein Ende haben." (Luk 1,32f) Gott ist sein Vater, er zeugt seinen Sohn durch den Heiligen Geist in Maria, der Jungfrau.

Charakteristische Aspekte des Göttlichen Kindes zeigen sich in diesen Sätzen. Es ist irdischer Natur und hat wichtige Funktionen auf dieser Erde und es ist himmlischer Natur, transpersonal würden wir heute sagen. Sein Reich ist nicht von dieser Welt, ist spiritueller Natur, es ist nicht der Zeit unterworfen und es verfügt über Kräfte, die ihm seine irdischen Eltern, welche bei Göttlichen Kindern meistens im Hintergrund bleiben, nicht vermitteln können. In der oberen Mitte des Bildes leuchtet ein Stern, eingebettet in ein vierfaches Kreissymbol, von dem ein Strahl direkt die Krippe erreicht. Die Quaternität ist, wie C. G. Jung vielfach nachgewiesen hat, eines der großen Ganzheitssymbole. Wenn es, wie hier, noch mit Kreissymbol, dem Rotundum, dem großen Runden verbunden ist, zudem mit der Farbe Gold, wird diese bildhafte Aussage noch um ein Vielfaches verstärkt. Die Verbindung zur kosmischen Bedeutung des Lotos ist offensichtlich.

Die großen Symbole sind Menschheitssymbole, ihre Aussage ist von ganz allgemeiner Natur und menschheitsverbindend, auch wenn die Formen unterschiedlich und kulturell mitbedingt sind. Ihre numinose Qualität, die entsprechende Bewegungen der Hingabe in uns auslöst, ist unabhängig von der Form. Engel gehören immer zu diesen Bildern, sie stellen eine symbolische Repräsentanz des inneren Engels dar, des „Colloquium cum suo angelo bono", wie erwähnt. Drei Engel geleiten die drei Weisen aus dem Morgenland, ein anderer Engel weist auf die Krippe und das Kind.

Der Aufbau der Beziehung zum Göttlichen Kind

Das Konzept „Inneres Kind" ist heute vielen Therapeuten geläufig. Das Kind hat sich gewissermaßen in die meisten Therapieformen irgendwie eingeschlichen, der Charme eines Kindes ist eben umwerfend, allen Theorien zum Trotz. Ausgegangen ist sein Siegeszug in den Therapien wahrscheinlich von der Transaktionsanalyse, wie sie Eric Berne entwickelt hat. In dieser Auffassung der verschiedenen Ich-Zustände, spielen das freie und das angepasste Kind eine zentrale Rolle neben dem Erwachsenen-Ich und dem kritischen oder wohlwollenden Eltern-Ich. Mit diesen Konzepten lässt sich gut therapeutisch arbeiten. Auch das seinerzeit vielgelesene Buch von Miller „Das Drama des begabten Kindes“, hat sicher dazu beigetragen, dass das innere Kind heute zu Recht eine große Bedeutung bei den Behandlungen einnimmt.

C. G. Jung hat in seiner 1940 erschienenen Abhandlung „Zur Psychologie des Kindarchetypus“ Grundlegendes dazu geschrieben, was aber weniger allgemein bekannt wurde. Die Dimension des Göttlichen Kindes erscheint eher in der allgemeinen Faszination, die von dem Kind in der Psychotherapie ausgeht, nicht nur von der Kindheit. Das innere Kind, wie es meist genannt wird, ist ein lebendiges Gegenüber geworden, mit dem ich mich in Verbindung setze, mit dem ich spreche, das ich in den Arm nehme usw. Dabei bezieht man sich jedoch meist und fast ausschließlich auf die biografischen Erlebnisse der und des „Kleinen“ in mir. Aber sein Wissen um das, was ihm fehlt, was er will, wie es ihr geht, weist schon über das rein Biografische hinaus, es ist nicht mehr weit bis zum Göttlichen Kind. Ein erster Bezug zum inneren Kind kann beispielsweise über einen Traum geschehen.

Ein Mann, Mitte 50, beruflich in einer sehr verantwortungsvollen Position tätig, träumte: „Ein Kind, ein Mädchen, vielleicht vier bis sechs Wochen alt, wird mir übergeben. Es ist mein Kind. Ich bin beglückt, halte es liebevoll in meinen Armen und wiege es. Doch dann bemerke ich, dass es gar nicht sehen kann. Die kleinen Augen sind zugekniffen, wie verklebt, es ist sehbehindert. Ich spüre eine starke Beziehung zu dem Kind, bin sehr besorgt, ob die Augen wohl durch eine Operation noch geöffnet werden können. Ich lege es, in eine warme Decke eingepackt, vorsichtig zur Seite.“

Der Mann war sehr betroffen von diesem Traum, zog gleich die Parallele zu seiner jetzigen Arbeitssituation, in der er unter großem inneren Druck nach einer Lösung der ihn stark belastenden Probleme sucht. Bisher konnte er den Weg dahin noch nicht erkennen – sein Kind ist sehbehindert. Was für eine Operation muss er durchführen, um die Lösung der Probleme sehen zu können?

Der sicherste und schnellste Weg ist der direkte, nämlich der über das innere Kind, das ihn unmittelbar zum Göttlichen Kind führen kann. Und dort liegen alle Antworten der Welt zum Abruf bereit. Mit viel Verständnis für seine elementaren Bedürfnisse, vor allem denen nach Ruhe und Entspannung, nach Wärme und Geborgenheit, Bewegung und Fröhlichkeit kann der Träumer sich unter Weisung des behinderten Kindes einen inneren Raum des Wohlbefindens und damit der Heilung schaffen, einen „Temenos", einen Heiligen Raum, oder, wie ihn die Ägypter nannten, einen „Mamessi", den Tempel, in dem das Göttliche Kind geboren wird. Es bedarf keiner Frage, dass damit ein gefährlicher break-down verhindert werden kann.

Diese Beziehung zum „inneren Kind", wie es auch im Einzelnen theoretisch konzipiert sein mag, ist immer der erste Schritt. Es hat sich praktisch bewährt, bis zu seiner Geburt zurückzugehen, es so ins Leben hinein zu begleiten.

Im zweiten Schritt und den darauf folgenden werden dann seine weiteren Stadien im Leben wiederbelebt und bis in kleinste Einzelheiten der Kleidung, der Erfahrungen im Elternhaus, in Kindergarten und Schule usw. neu angeschaut. Immer kommt es darauf an, die damit verbundenen Gefühle ebenso genau wahrzunehmen wie die optisch vergegenwärtigten Einzelheiten und die körperlichen Empfindungen. Letzteres ist zunächst ungewohnt und etwas schwieriger weil wir, auch im therapeutischen Setting, hauptsächlich auf Vorstellungen und Gefühle eingehen und unsere Patienten dies auch sehr gut lernen. Die „somatischen Marker", die mit den früheren Erlebnissen verbundenen körperlichen Zustände werden oft noch ausgeblendet. Man kann aber genau so erleben, wie weh die Ohrfeigen damals getan haben, als ich vor den Kopfnüssen bei den Schularbeiten wegzuckte, wie dass ich mich einfach daran erinnere, dass es so war.

Ist dann eine gewisse Vertrautheit im Umgang mit dem inneren Kind erreicht, kann ich im weiteren Schritt beginnen, ihm Fragen zu stellen, die mich gerade beschäftigen oder belasten. Und dann geschieht das Erstaunliche: das Kind antwortet und zwar so, als wisse es viel mehr, als mir im Augenblick bewusst ist oder überhaupt bewusst sein kann. Es überblickt einen viel größeren und weiteren Raum, als er meinem Ich zugänglich ist. Dies ist die erste und oft umwerfende Erfahrung mit dem Göttlichen Kind. Ein innerer Raum öffnet sich, den ich immer wieder betreten kann.

Die meist unmittelbar erfolgenden Antworten zeigen, dass das Göttliche Kind darauf wartet, mit mir, mit meiner bewussten Person, über mein wahrnehmendes und empfangsbereites Ich in Verbindung zu treten und mir seine Hilfe, die ich ja meist brauche, zur Verfügung zu stellen.

In der Arbeit mit schwerst traumatisierten Frauen hat sich die Verbindung mit dem „inneren Helfer" bestens und zunächst erstaunlicherweise bewährt. Diese Phänomene sind im Rahmen der bisherigen psychodynamischen Konzepte noch nicht ohne weiteres unterzubringen, aber eben trotzdem sehr wirksam und hilfreich. Ist diese Stufe erreicht, steht der regelmäßigen Verbindung mit dem Göttlichen Kind als einer inneren Wirklichkeit nichts anderes mehr im Wege als unsere Trägheit oder unser erneuter Zweifel.

Auf die alten Erkenntnisse des „Colloquiums cum anima sua" und das Gespräch eines Lebensmüden mit seinem „Ba" hatte ich schon hingewiesen. Die Ba-Seele ist jene wissende Instanz, die in uns wirksam ist, uns führt und anregt. Wir knüpfen mit diesen Erfahrungen und den dazu gehörenden Überlegungen an alte Weisheiten an. In der christlichen Kultur wird die Zwiesprache mit Gott empfohlen und im Chassidismus, um ein anderes Beispiel zu wählen, ist der ständige Dialog mit Gott eine tägliche Angelegenheit.

Die Aktive Imagination

In der Analytischen Psychologie hat C. G. Jung die Technik der Aktiven Imagination entwickelt, an die eben genannten Traditionen anknüpfend. Sie ist also nichts grundsätzlich Neues, neu ist nur, dass sie in das therapeutische Geschehen einbezogen wird. Voraussetzung ist auch hier, dass die Therapeutin und der Therapeut über entsprechende eigene Erfahrungen verfügen. Ausgangspunkt für eine Aktive Imagination ist meist eine Traumfigur: ein Tier, das spricht; ein Landstreicher, der mit mir wandert; eine Katze, die mich beißen, also Verbindung zu mir herstellen will, usw. Die erste Frage, die ich stellen kann, lautet z. B.: „Was willst du von mir, dass du mir hinterherläufst und mich beißen willst?"

Wenn ich nun, wieder einige Übung im Umgang mit dem Unbewussten als einer richtungsweisenden, autonomen Instanz und Matrix der psychischen Prozesse vorausgesetzt, diese Frage gestellt habe, muss ich auf die Antwort oder Reaktion des Angesprochenen warten. Entscheidend ist nun hier das theoretische Konzept der „objektiven Psyche", wie Jung es formuliert hat. Es besagt, dass unser Ich einer Realität der Psyche gegenübersteht, die so real gegeben ist, wie die Außenwelt. Aus der Arbeit mit Träumen, wie mit Heilungsprozessen überhaupt, wissen wir, dass vom Unbewussten viele Informationen kommen, welche der/die Betroffene zur Kompensation seines gegenwärtigen Zustandes braucht. Für Jung ist die Kompensation eine der am besten gesicherten Gegebenheiten der Psyche.

Aber wir gehen auch von der Zeitlosigkeit, von der Zukunftsgerichtetheit, der Finalität der psychischen Prozesse aus. So wie es eine „Wisdom of the body", eine „Weisheit des Körpers" gibt, postulieren und erfahren wir auch eine entsprechende „Weisheit der Psyche". Woher wüssten wir sonst, was der sinnvolle nächste innere Schritt ist, den ich gehen sollte? Wie verstehen wir sonst die beeindruckenden Synchronizitäten, die jeder kennt, auch wenn wir sie in der Regel wenig oder gar nicht beachten? Wie anders begründen wir unser Selbst-Vertrauen und die tiefenpsychologische Arbeit mit Menschen?

Was wir im Traum ohne unser eigentliches Zutun erleben – von Tagesresten abgesehen – erzeugen und gestalten wir in der Aktiven Imagination selbst. Unser Ich, unsere bewusste Person, muss sich selbst völlig treu und an die Gegebenheiten des Lebens, das sie gerade lebt, gebunden bleiben. Ich stelle meine Fragen so, wie sie mir kommen über das, was mir wichtig ist. Mit dieser Technik gelange ich in direkten Kontakt mit der „Inneren Weisheit".

Die ersten Schritte sollten unter Anleitung und Kontrolle geschehen, im weiteren Verlauf gestaltet sich der Prozess von selbst und wird immer vertrauter. Mit der Zeit weiß ich um die Verlässlichkeit des inneren Gegenübers jenseits aller intellektueller Zweifel, welchen Namen ich ihm auch geben mag. Manche bevorzugen den „Inneren Meister", den „Inneren Helfer" oder Freund. In jedem Fall ist es Zwiesprache und die Entwicklung der Kultur des Inneren Dialogs. Eigentlich kann man sich gar kein besseres Geschenk machen, und geschieht es noch im Bezug zum Göttlichen Kind, so eröffnen sich ungeahnte Möglichkeiten. Dass diese Möglichkeiten unvorhersehbar sind, liegt schon im Symbol des Kindes begründet, da es doch die Offenheit in die Zukunft hinein repräsentiert. In diesem Zusammenhang möchte ich noch einige Aspekte des Göttlichen Kindes zusammenfassen, die in den Mythen zu finden sind.

Einige Aspekte des Göttlichen Kindes

Das fast elternlose und bedrohte Göttliche Kind ist ein Aspekt, der immer wiederkehrt. Buddhas Mutter starb kurz nach der Geburt des Kindes (was übrigens auch in vielen Märchen so erzählt wird), Jesus hatte nur eine irdische Mutter, auch von Krishna kennen wir nur die Mutter. Die Kinder werden oft weggegeben – wie in dem noch darzustellenden Wogulenmythos – Mose wurde im Schilf ausgesetzt, gelangte jedoch dann noch zur Königswürde. Er war zwar kein direkt göttliches Kind, aber ein großer, fast göttlicher Held der jüdischen Tradition. Helden- und Götterkinder teilen oft das gleiche Schicksal: sie sind verlassen, aber trotzdem unüberwindlich; sie leben in ihrer Zeit und haben doch die Zeit schon überwunden; sie werden irdisch geboren, sind aber überirdischen, himmlischen Ursprungs. Göttliche und irdische Eltern begegnen sich in ihnen, Maria wird schwanger durch den Heiligen Geist. Trotz aller rationalen Kritik hat sich diese Vorstellung als Dogma über die Jahrhunderte erhalten. Warum? Eine Antwort ist sicher, dass wir um unsere irdische und unsere überirdische Bezogenheit wissen, mögen wir mit rationalen Argumenten auch noch so geharnischt dagegen zu Felde ziehen.

Ich wünsche es unseren Patienten und Patientinnen, dass wir Therapeutinnen und Therapeuten mehr Mut haben, uns mit diesen archetypischen Gegebenheiten der menschlichen Existenz zu konfrontieren und hier auch unsere eigenen lebendigen Erfahrungen zu machen, die über die persönliche Biographie und die konventionellen religiösen Systeme weit hinausgehen, aber mit Sicherheit in ihnen enthalten sind. Wir erleben eine Gegebenheit der Psyche, die wir zwar verleugnen oder wegdiskutieren, aber nicht aus der Welt schaffen können. Die Archetypen sind die unerschütterlichen Elemente des Unbewussten, aber sie wandeln ihre Gestalt ständig.

Das Göttliche Kind ist ausgeliefert, nur durch Flucht konnten Josef und Maria ihr Kind vor der Tötungsraserei des in Panik geratenen Herodes retten. So stellt sich bildlich die Situation der werdenden menschlichen Ganzheit dar, die ständig durch Umgebungseinflüsse gefährdet ist, was wir täglich in den Behandlungen erfahren. Die Geburtssituation ist von eigentümlicher Dialektik: der göttliche Vater erscheint kaum, auch Joseph verschwindet in den Evangelien, das Kind ist bald auf sich selbst gestellt. Der zwölfjährige Jesus spricht im Tempel zu aller Erstaunen. Er steht dort ganz allein und ist ohne Schutz den Angriffen der Schriftgelehrten ausgesetzt. Auch in seiner Todesstunde wehklagt er: „Mein Gott, mein Gott, warum hast du mich verlassen?!" und trotzdem geschieht die Auferstehung, die irdischen Bindungen werden überwunden, seine ewige, seine kosmische Natur wird offenbar, wie vor seiner Geburt vorausgesagt.

Die Göttlichen Kinder zeigen oft hermaphroditische Züge, sind männlich und weiblich zugleich, auch hier die mögliche Ganzheit vorwegnehmend. Und ihr Ewigkeitscharakter sei nur noch einmal vervollständigend erwähnt. Es ist unmöglich, die Fülle dieses Archetyps, des Archetyps des Göttlichen Kindes und der in ihm uns gegebenen Weisheit, auszuloten. Warum auch? Die persönliche Erfahrung in der Begegnung mit ihm wird die vielen möglichen Facetten immer neu aufzeigen und für das Alltagsleben konkret werden lassen.

Wir fühlen uns oft ebenso verlassen wie sie, wir leiden unter der Endlichkeit und Vergänglichkeit all dessen, was wir lieben, leiden unter der Fragmentierung unseres Lebens, darunter, dass wir so Vieles nicht erreichten, was wir gern geschafft oder noch erlebt hätten. In allen diesen Situationen können wir uns über die Aktive Imagination mit der inneren Fülle, wie sie im Göttlichen Kind erscheint, in Verbindung bringen. Dort ist sie, die Fülle.

Ich will in diesem Zusammenhang auch an die „Unio mystica" erinnern, diesen Ausstieg aus der Zeit, bei dem alles endet, ohne zu enden. Es lässt sich nur paradox formulieren: wie kann alles enden, ohne zu enden? In der alten religiösen Sprache und ihrer Weisheit heißt es ja, dass wir von der Zeit in die Ewigkeit hinübergehen. Das ist zwar immer mit der Todesvorstellung verbunden, doch muss es keinesfalls den physischen Tod bedeuten. „Wenn das Weizenkorn nicht in die Erde fällt und stirbt, bringt es keine Frucht" sagt der Christus, uralte Weisheit wiedergebend.

Der Mythos der Ewigen Wiederkehr, den Eliade (1963) so gut beschrieben hat, erscheint immer wieder. Er wird heute in eher wissenschaftlicher Sprache in der Auseinandersetzung von Linearität und Zirkularität, oft mit dem Patriarchat und dem Matriarchat verknüpft. Wir geben dem alten Mythos nur eine neue Gestalt. So ist der Zugang zur Fülle immer möglich, hier aber auch einiges an innerer Übung vorausgesetzt. Doch warum soll es in diesem Bereich anders sein als sonst in Wissenschaft und Kultur? Überall bedarf es des persönlichen Einsatzes, der klaren Entscheidung, der Konzentration und der Ausdauer.

Ich zögere etwas, diesen Ewigkeitscharakter so darzustellen, dass er in die Alltagswelt hineinreicht. Und doch ist es so, wenn wir den Archetypus des Göttlichen Kindes als innere Wirklichkeit und damit Möglichkeit des Erlebens ernst und in unser inneres Tun aufnehmen. Nicht nur Thomas von Aquin, der große Kirchenlehrer, hörte auf zu schreiben, nachdem er dem inneren Licht begegnet war. Wahrscheinlich lässt sich die innere Weisheit nur andeutungsweise in Worte fassen, eine Erfahrung, von der alle Mystiker berichten. So leben wir, auch mit dem Göttlichen Kind, als Bürger wenigstens zweier Welten, aber wir können uns ziemlich sicher unter seiner Führung auf diesem Weg bewegen.

In ihm erblicken wir die ganze Welt

Eine der schönsten diesbezüglichen Erzählungen handelt von Krishna und seiner Mutter Yashoda:

> Die Pflegemutter des Gottessohnes, Yashoda,
> Nahm den Krishna einst auf ihren Schoß,
> Mit süßer Lust und liebevoll gab sie dem Kind,
> Das trinken wollte, ihre Brust.
> Der Knabe trank und öffnete den Mund
> Mit leichtem Gähnen dann,
> Liebkosend sah die Mutter da das schöne Antlitz zärtlich an.
> Und wunderbar! Mit einem Blick sah sie die Welt,
> Luft, Sonne, Mond, das Sternenmeer am Himmelszelt.
> Meer, Erde, Berg, Fluß, alles, was die Erde hegt,
> Helläugig sah sie zitternd alles das im Nu
> Und lieblich lächelnd schloß sie dann die Augen zu.
> (zit. n. Waiblinger, 1986, S. 130)

Nach einer anderen Erzählung berichten seine Spielkameraden der Mutter ganz aufgeregt, Krishna habe Lehm gegessen. Das Kind stritt dies zuerst ab, doch als es auf Geheiß der Mutter seinen Mund öffnen musste, erblickte sie zwischen seinen Gaumen das ganze Universum. Erschrocken nahm sie es in ihre Arme und streichelte es liebevoll und ehrerbietig.

Lehm, Ton und Erde in der Hand des Schöpfers oder als Bilder der Mutter Erde, sind uralte Motive der Weisheit der Psyche, um die Entstehung der Welt oder des Menschen abzubilden. Wenn wir nur auch mit unseren irdischen Kindern so liebevoll und ehrerbietig umgehen würden, wie Yashoda mit Krishna, dem Göttlichen Kind. Warum meinen wir, Unterschiede zwischen dem Göttlichen und Natürlichem, zwischen dem Heiligen und dem Profanen machen zu müssen? Wäre es nicht besser um die Natur mit all ihren Lebewesen bestellt, zu denen ja auch die Menschenkinder gehören, wenn uns alles heilig wäre?

In den Erzählungen von den Göttlichen Kindern werden diese von einer irdischen Mutter geboren, die Väter bleiben jedoch meist im Hintergrund oder sind selbst Götter. In der Bhagavadgita heißt es: Immer, wenn Verbrechen sich erhebt oder Frömmigkeit zu wanken droht, erschafft Gott Vishnu sich erneut und geht durch Seine Wunderkraft Maya in einen menschlichen Mutterschoß ein. Es wird seine wunderbare Geburtsgeschichte erzählt, in der erst Vishnu und dann Krishna mit all ihren göttlichen Symbolen erscheinen, damit er von seinen Eltern als der eigentliche Gott erkannt werden kann. Erst danach nahm er die Gestalt eines gewöhnlichen Kindes an. Der König des Landes wusste von der bevorstehenden Geburt, ließ die Eltern ins Gefängnis werfen, aneinander fesseln und von Wächtern, Löwen, Hunden und Elefanten bewachen. Aber die Wachen fielen in Schlaf und Vasudeva, der Vater, konnte das Kind zu einem Freund in Sicherheit bringen, dessen Frau gerade ein Mädchen geboren hatte. Der König wollte in seinem Zorn das Mädchen gegen einen Felsen schmettern, doch da verwandelte es sich in eine Göttin. In sinnloser Wut ließ der König alle neugeborenen Kinder, deren er habhaft werden konnte, töten. Herodes hat ähnlich gehandelt. Die Bilder der Psyche entspringen der gleichen archetypischen Matrix.

Für die Kindwerdung Gottes in Krishna wie für alle Göttlichen Kinder gilt, dass Gott nicht nur als Kind erscheint, sondern sich im Kindsein als in seinem eigentlichen Wesen erschließt (vgl. Schwarzenau, 1984). Das Wunder dieser Möglichkeit in unserer menschlichen Existenz, in der Realität der Psyche, lässt sich in Worten kaum besser fassen, eigentlich nur feiern, wie wir es alljährlich auch tun. Warum sollte es nicht auch ein Wunder bleiben, vor dem wir staunend stehen, wie die Kindlein, von denen es bekanntlich heißt, dass nur diejenigen, die werden wie sie, in das Reich der Himmel eingehen. War es vorhin der Aspekt der Ewigkeit und des Heraustretens aus der Zeit, so ist es hier der Blick in eine unendliche Weite, die das Göttliche Kind eröffnen kann. Diese Symbolik deutend, heißt das, dass wir einen unendlich erweiterbaren Raum hin zur Ganz-heit erleben und erreichen können, sicher nur Stufe um Stufe, die gesamte Biographie einschließend.

Wilber (1983) unterscheidet den präpersonalen vom transpersonalen Raum der persönlichen Entwicklung. Das Kindmotiv hat zunächst haupt-sächlich mit unserer persönlichen Vergangenheit und unseren früheren Erfahrungen zu tun, es ist erst einmal ein ganz gewöhnliches Kind, viel-leicht noch behindert, krank oder auch misshandelt. Nur selten erscheinen Wunderkinder, wie sie in den Mythen von Hermes und Apoll beschrie-ben sind, aber die Kraft und die Weisheit des Göttlichen Kindes ist immer der Kern seines Wesens. Wer therapeutisch mit Kindern arbeitet, kann stets beobachten, mit welcher Zielsicherheit und innerem Wissen sich der Heilungsprozess vollzieht und im Symbol sich darstellt. Vielleicht haben Sie selbst einmal ein Sandbild gestaltet und dabei erfahren, dass Sie genau wussten, welche Figur Sie zu welcher Zeit an eine bestimmte Stelle des Bildes stellen wollten, ja mussten, und wann es fertig war und in seinen Einzelheiten stimmte. Diese Klarheit und Stimmigkeit ist es, an der wir unsere Verbundenheit mit der alten Weisheit als innere Wirklich-keit erkennen und sie, dies vor allem, erleben. Das Wissen darum ist erst die Vorstufe.

Ein zu schneller Sprung vom präpersonalen in den transpersonalen Raum ist eine Selbsttäuschung, zu der oft mit wohlklingenden verführe-rischen und leider als esoterisch bezeichneten Angeboten eingeladen wird. Viele, oft schmerzliche Einzelschritte sind nötig, bis wir den präpersonalen und personalen Raum mit seinen Bindungen und Fixierungen überwun-den haben, frei geworden sind und wirklich loslassen können, um in die große Weite einzutreten und doch mit der Wirklichkeit unseres Lebens, innen wie außen, fest verbunden zu bleiben.

In jedem Raum zeigt das Göttliche Kind ein anderes Gesicht. Die Fülle der symbolischen Aussagen auch nur der Krishna-Geburt, ihrer Vorge-schichte und dem damit verbundenen Weltverständnis lässt sich höch-stens andeuten. Das bedrohte Mädchen verwandelt sich in ein Göttliches Mädchen, in eine Göttin – ein Thema, dem sich der Mythenforscher Kerényi (1951) besonders gewidmet hat. Meist jedoch sind es Knaben, in denen der Gott erscheint, er realisiert oder inkarniert sich selbst wieder.

Der paradoxe Gott

In den bisher dargestellten Geschichten war die dunkle und zerstörerische Seite in den beteiligten Menschen dargestellt, vor allem in den Königen, den herrschenden Bewusstseinsdominanten. Alle neugeborenen Kinder wurden wahllos getötet. Es gibt aber mythische Geschichten von Göttlichen Kindern, die „das Sichenthüllen der Gottheit in ihrer paradoxen Einheit des Tiefsten und Höchsten, des Allerschwächsten und Allerstärksten" zeigen (Kerényi 1966). Das fügt sich nicht ohne große Schwierigkeiten in unser Gottesbild ein. Meines Wissens hat sich bisher nur C. G. Jung mit der dunklen Seite Gottes vor allem in seiner leidenschaftlichen persönlichen Schrift „Antwort auf Hiob" befasst und auseinandergesetzt.

Das Göttliche Kind der Wogulen wird in einer zwischen Himmel und Erde hängenden Wiege lebensgefährlich hin und her geschaukelt und schließlich auf die Erde herabgelassen.

> *Sein Vater setzte Ihn in eine gebogene Wiege mit silberner Krümmung,*
> *Er ließ Ihn hinunter in die Welt des Menschen,*
> *Aufs Dach Seines menschlichen Onkels, des mit Adlerfedern,*
> *Fiel Er mit der gewaltigen Stimme des Donners.*
> *Sein Onkel war plötzlich draußen, er nahm Ihn hinein.*
> *Tags erzieht er Ihn, nachts erzieht er Ihn.*
> *Als Er so wächst, schlägt Ihn Seine Tante,*
> *Als Er so wächst, schlägt Ihn Sein Onkel.*
> *So werden hart Seine Knochen,*
> *so werden stark Seine Muskeln.*
> *Seine Tante haut Ihn das zweite Mal.*
> *Das dritte Mal haut Ihn sein Onkel.*

Das Leiden des Kindes wird eindrucksvoll geschildert. Es wird mit einem Klopfer aus Mammutknochen fast totgeschlagen, wird auf den Misthaufen geworfen und soll als Opfertier dienen. An diesem Tiefpunkt erfolgt die Wendung. Er gelangt plötzlich in den Besitz göttlicher Kräfte, verfügt über Schneeschuhe, Panzer, Köcher und Schwert. Mit einem Pfeilschuss tötet er sieben Hirsche, durchbohrt sieben Elche. Er zerstört die Städte der Samojeden und der Russen mit dem Druck seines Rückens und seiner Brust. Er tötet seinen Onkel und seine Tante. Er entwickelt eine große zerstörerische Kraft, er ist ein dunkler Gott. Das, aus unserer Sicht, Böse wird externalisiert, doch insbesondere in den nordsibirischen Mythen gehört es zum Uranfang, zum Göttlichen des Ursprungs. Denn was dem Göttlichen Kind angetan wird, woher kommt es, wer veranlasst es? In einer für unser heutiges Verständnis kaum nachvollziehbaren extremen Form zeigt sich das in einem finnischen Ursprungsmythos, in dem das Göttliche Kind furchtbar gequält wird, aber alle Folter und Angriffe auf sein Leben unverletzt übersteht. Einige Verse aus den Gesängen der Kalevala sollen dies verdeutlichen. Nachdem der Knabe nicht im Meer ertrunken war, sollte er verbannt werden.

> *Aufgesammelt und gestapelt wurde trockenes Holz der Birke,*
> *Tannen mit viel hundert Zweigen, Bäume, die mit Harz gefüllet,*
> *Tausend Schlitten voll mit Rinde, hundert Klafter dürrer Eschen;*
> *Feuer auf das Holz geworfen, auf den Haufen ausgebreitet,*
> *Dorthin dann der Knab" geschleudert, mitten in die Glut des Feuers.*
> *Brannte einen Tag, den zweiten, brannte noch am dritten Tage.*
> *Hin ging man, um zuzuschauen; bis zum Knie saß er in Asche,*
> *In der Asche bis zum Arme, in der Hand den Kohlenhaken,*
> *Um des Feuers Kraft zu mehren, um die Kohlen dicht zu schüren,*
> *Nicht ein Härchen war versengt, nicht verletzet eine Locke.*

Nach Kerényi (1966) ist dies „zweifellos der Urstoff der Mythologie und nicht der der Biographie, aus dem das Leben von Göttern und nicht von Menschen sich formt".

Der Ursprung des Bösen bleibt offen, es ist von Anfang an mit da, auch im Göttlichen Raum, nicht erst bei den Menschen, bei Kain und Abel. Die Verfolger und Quäler des Göttlichen Kindes gehören ebenso zu ihm wie die schützenden Kräfte und Mächte, die seine Gottesnatur, seine Unverletzlichkeit zeigen. Und wenn es, wie bei Vishnu, den ganzen Gott repräsentiert, so gehört auch diese paradoxe Polarität, diese Gegensätzlichkeit zu ihm, ein Thema, das auch aus der Bibel des Alten und des Neuen Testaments bekannt ist. Jahwe ist auch ein grausamer Gott, so sehr er sein auserwähltes Volk liebt, und der Gott des Neuen Testaments opfert seinen eingeborenen Sohn am Kreuz. Selbst wenn er nicht getötet werden kann, sein Leid begegnet uns in unserer Kultur bis heute in jedem Kruzifix. Offenbar können wir uns in unserem innersten Erleben dieser Polari-

tät nicht entziehen, sie gehört zur archetypischen Matrix unserer Erlebnismöglichkeiten und wird uns deshalb immer wieder in uns und außerhalb
von uns begegnen. Wir können ihr nicht entrinnen, seit aus dem Tao das
Eine, die Zweiheit und die Dreiheit und aus ihnen die Zehntausend Dinge
geboren wurden, wie Laotse sagte. Uns, die wir in die Vielfalt der Polaritäten der zehntausend Dinge eingefangen sind, bleibt die Kraft der Sehnsucht nach dem Einen, das sich auch im Göttlichen Kind offenbart. Die
alte Weisheit sagt beides, das Eine und die Zwei mit allem, was unserem
Erleben davon zugänglich ist.

Die Straßenkinder von Bombay

Der Fotograf des Fotobandes „Die Kinder von Bombay", Mitidieri (1994)
hat aus seinem Buch mehr als eine Offenbarung der Traurigkeit gemacht,
die ein alleingelassenes Kind auf der Straße empfindet. Er hat diesen
Kindern die Würde gewährt, jene Augenblicke zu zelebrieren, in denen
sie ihre dunklen, ungewaschenen Köpfe zurückwerfen und loslachen. Es
ist der Schall dieses Gelächters, mit dem sie eine Antwort auf ihr Leben
geben, das uns noch in den Ohren klingt, wenn wir dieses Buch wegle-
gen. Und weil wir die Möglichkeiten, die in diesem Gelächter stecken,
vernehmen, trauern wir. Diese Trauer kann eine doppelte sein: einmal,
weil die Kraft des Göttlichen Kindes durch das Elend auf den Straßen von
Bombay und an anderen Orten der Welt verschüttet wird, zum anderen,
weil wir in unserem Wohlstand nichts mehr erleben von diesem unmittelbaren Gelächter der Kraft, das allem Elend spottet, weil seine ihm
innewohnende Kraft ihm überlegen ist. Peter Dalglish, der Gründer von
„Street Kids International" schreibt am Ende seines Vorworts zu dem Bildband über die Straßenkinder folgendes: „Ich bin der Überzeugung, dass
ihre Elastizität und Entschlossenheit erkannt und vermittelt werden muss
und der Gesellschaft zu einer Quelle der Inspiration werden kann. In den
Augen der ärmsten und jüngsten Bürger können wir Hoffnung für die
ganze Welt finden."
    Selbst in diesen Ärmsten der Armen auf unserem Planeten leuchtet der
Strahl des Sterns, doch bedürfen sie derer, die ihn zu sehen und zu fördern
vermögen und dazu willens sind. Wir kennen dieses Phänomen auch aus
der täglichen Arbeit in den Behandlungen: das Unbewusste bedarf, damit
seine lebensfördernden Kräfte wirksam werden können, der kundigen

und wissenden Begleitung. Im Hinblick auf die innerpsychische Dynamik sprechen wir von der Ich-Selbst-Achse, von den dialektischen funktionalen Beziehungen zwischen Ich und Selbst, beide Instanzen sind wechselseitig aufeinander angewiesen. Vom mittleren Punkt zwischen den dynamischen Polen soll ein Bild noch einmal zur hellen Seite zurückführen, nach diesen düsteren Visionen von der Totalität des Göttlichen.

Das Lichtkind

Eine Frau, die sich in einer schwierigen Krisensituation befand – ein alter überholter Lebensabschnitt musste zugunsten eines neuen, jetzt für sie angemesseneren beendet werden – bringt ein Bild mit, das sie spontan gemalt hat. Ein Weg ist darauf zu sehen, der hinaus und hinauf führt, eine Brücke, ein nach oben sich öffnender, unten jedoch tief verwurzelter Baum und groß, das ganze untere Drittel des Blattes einnehmend, ein rotes, uterushaftes Gebilde und mitten darin ein helles leuchtendes Etwas in Form eines Embryos.

„Das ist das Lichtkind", sagte die Frau sichtlich erregt und bewegt. Sie weiß weiter nichts darüber zu berichten. „Es ist einfach das Lichtkind", sagt sie, während sie zu den anderen Motiven ihres Bildes Vieles assoziiert. Dieses Bild war ihr sehr wichtig. Warum? „Weil das Lichtkind darauf erschienen ist." „Erschienen?" „Ja!" Sie hatte nicht vor, ein Lichtkind zu malen, „es hat sich wie von selbst gemalt." Dieses Kind ist der leuchtende Repräsentant der Kraft und des Wissens um ihr Ziel, das ihr vom Unbewussten zur Verfügung gestellt wird, so dass sie den Weg der Erneuerung in ihren neuen Lebensabschnitt gehen kann. Das Kind muss noch wachsen und geboren werden, um ein springlebendiges, seinen Weg laufendes Menschlein zu sein. Es ist noch eingeschlossen im schützenden mütterlichen Raum.

„Nachdem ich das Bild gemalt hatte, ging es mir viel besser", sagte die Frau, „ich spürte eine innere Erregung und wieder neue Energie nach der langen Zeit der Kraftlosigkeit, in der ich mich so hilflos fühlte." Der Hinweis auf das Göttliche Kind in uns hilft, das Selbst-Vertrauen zu bauen und zu verankern.

Auf einem Bild der Geburt Jesu ist, statt des meist dargestellten Stalls, eine Höhle zu sehen, in der Maria sitzt. Die Höhle ist Bild des Eingangs in den Mutterleib der Erde, aus dem wir hervorgehen und in den wir zurückkehren, ein Tor für Geburt und Tod, wie die alten Geschichten und die innere Weisheit berichten. Ich wünsche uns allen, dass wir gewahr werden, wie uns das innere Kind, in dem das Göttliche Kind immer mit erscheint, in jeder Lebenssituation entgegenläuft, seine ganze Fülle mitbringt und uns großzügig zur Verfügung stellt: Es ist immer einfach da.

Die Eschen stehen im Laub
und mit dem Gesang der Vögel
liegt eine Melodie
über dem Hain.
Mein Herz webt sich ein
in den Teppich der Klänge
und wach
ahnt es
das Sprießen der Gräser
und Büsche.
Alle Sinne erwachen
zum Wachsenden hin.
Und in all diesem
drängt sich ein helles
ein klares Lied
durchs Geäst
und singt von der Liebe
und hört nicht auf zu klingen
und will nicht enden.

(Hans Dieter Knoll)

Transparenz[6]

Theodor Seifert

Jeder nachdenkliche Mensch hat sich einmal diese Frage gestellt, was macht mein Leben eigentlich, vielleicht auch noch, lebenswert? Vielfältige Antworten sind möglich, sie haben aber fast immer einen grundsätzlicheren Charakter, sind oft über Jahre hinweg Weg weisend und bilden eine tragende Grundlage in schwierigen Situationen. Sie vermitteln Kraft und Hoffnung, wenn ich zu einer für mich passenden Antwort gefunden habe, die sich natürlich im Laufe des Lebens mehrfach verändern kann.

Viele Menschen leben für ihre Familien, für ihre Kinder, andere für ihren Beruf, für die Erweiterung ihrer Firma oder die Stabilisierung ihres Vermögens und ihrer Karriere, sie sind, wirft man ihnen oft vor, „mit ihrem Beruf verheiratet". Andere Menschen wollen ihren alternden Eltern, die ein mühsames Leben, vielleicht ein Flüchtlingsschicksal hinter sich haben, noch einen angenehmen und friedlichen Lebensabend gestalten. Andere möchten wenigstens noch so lange in ihrer Ehe oder sogar im Leben bleiben, bis die Kinder erwachsen sind, anderen macht möglichst viel Spaß das Leben lebenswert usw.

Für mich war die Vorbereitung dieses Themas eine wichtige Anregung und Herausforderung, die Antwort war gar nicht leicht zu finden. So möchte ich Sie, liebe Leserinnen und Leser, gleich zu Beginn anregen, sich selbst diese Frage einmal und möglichst über längere Zeit immer wieder zu stellen, denn sie entwickelt sich langsam und oft nur Schritt für Schritt.

Jede Antwort ist sehr persönlich aber zugleich von allgemein-menschlicher Natur. Sie hat viel mit dem Wertekontext der Gesellschaft zu tun, in der ich lebe, mit der Ethik, die ich vertrete oder der Religion, die für mich maßgeblich geworden oder geblieben ist, aber auch, und nicht zuletzt, mit meinem bisher gelebten Leben und den vielfältigen Erfahrungen, die ich bisher allein oder zusammen mit anderen Menschen und der mich umgebenden Welt und Natur gemacht habe.

Es war zunächst naheliegend, bei dieser Frage die Antwort in den angenehmen Situationen des Lebens zu suchen, schließlich ist das Leben lebens-

---

6 Dieser Vortrag wurde 2005 gehalten in der C. G. Jung-Gesellschaft Stuttgart in der Veranstaltungsreihe: „Quintessenz. Wofür es sich lohnt zu leben."

wert, wenn ich keine finanziellen Sorgen, eine schöne Wohnung, Freunde um mich herum, eine stabile Gesundheit habe, in einem Land lebe, in dem ich nicht ständig von Terroranschlägen oder Wassernot bedroht bin, in dem Frieden herrscht, soweit dies in einer globalisierten modernen Welt überhaupt noch möglich ist. Das Unglück kann jederzeit über mich hereinbrechen, der 11. September 2001 ist für uns alle zum Symbol plötzlich einbrechender tödlicher Destruktivität geworden. So drängt sich natürlich der Gedanke auf, wann werden Hochhäuser in Frankfurt und damit viele andere auf ähnliche Weise vernichtet werden und entsetzliches Leid über die Menschen kommen?

In meinem Leben nur nach den angenehmen Möglichkeiten und Erlebnissen zu suchen, den vergangenen und hoffentlich noch kommenden, und diese als Antwort zu nehmen, hat mich nur für kurze Zeit befriedigt. Wenn ich mir überlege, dass eigentlich die Fülle des Lebens das Leben lebenswert macht, so kann ich nicht umhin, auch die dunklen und schrecklichen Seiten des Lebens auf Erden mit einzubeziehen. Inwieweit könnten diese aber das Leben lebenswert machen, wo sie doch nur Angst und Leid nach sich ziehen? Hier wurde mir zunächst das Wort und dann das ganze Spektrum der Transparenz immer wichtiger und ich bin für mich zu dem Ergebnis gekommen, dass Transparenz das Leben lebenswert macht.

Mit Transparenz meine ich, „durch die Dinge hindurchzuschauen", uns nicht am Vordergründigen allein zu orientieren, sondern dahinter zu schauen, was eigentlich durchscheint, was in oder hinter den Dingen lebt und wirkt. Und wenn ich diesen „Durchblick" habe oder mir Schritt für Schritt erarbeite, dann erlebe und sehe ich auch die dunklen Seiten des Lebens; sie gehören zur Ganzheit der menschlichen und damit auch meiner Existenz. Hier beginnt schon die paradoxe Situation: Konzentriere ich mich einseitig auf die angenehmen Seiten des Lebens und will allein diese sehen und erleben, so muss ich zwangsläufig die andere Seite des Lebens völlig ausblenden, verdrängen.

Nun wissen wir aber heute, dass das Verdrängte, wie Freud es einmal formuliert hat, „wiederkehrt" und mich gewissermaßen von „hinten" einholt. Und damit geschieht das Merkwürdige, dass ich gerade dadurch, dass ich nur das Angenehme für lebenswert halte, den Weg dafür bahne, dass die andere Seite, die nicht mit leben darf, ihr Recht fordert und mich u. U. bis in eine psychische oder physische Erkrankung führt, die dann das

Leben zunächst nicht mehr lebenswert erscheinen lässt. So ist für mich der Schluss zwingend, dass die Transparenz, die Durchlässigkeit und Durchsichtigkeit für die Ganzheit meiner Existenz die Basis dafür ist, dass mein Leben lebenswert ist. Nur das komplexe Zusammenspiel der hellen und dunklen Seiten, die ja, wie wir inzwischen wissen, auch in hohem Maße von dem sozialen und kulturellen Kontext mit bedingt sind, in dem wir leben, ermöglicht ein lebenswertes Leben.

C. G. Jung hat immer wieder darauf hingewiesen, dass es in der menschlichen Entwicklung nicht um Vollkommenheit, sondern um Vollständigkeit geht. Vollständigkeit heißt aber, dass ich, natürlich nur in kleinen Entwicklungsschritten, die Ganzheit meines Lebens verwirkliche. In der Analytischen Psychologie haben wir hierfür das Konzept der Individuation, der schrittweisen Ausgestaltung meines Lebens, wie es mir nun einmal in die Wiege gelegt wurde.

Das ist angesichts des enormen Drucks der sozialen und kollektiven Mächte und Kontexte, in denen wir leben, leichter gesagt als getan. In der Regel beginnen wir unser Leben ja in der Anpassung an das, was uns notwendigerweise von unseren Eltern oder den Menschen, die für unsere Entwicklung Sorge tragen, lernen und übernehmen. Anders finden wir unseren Weg nicht in die Gesellschaft, in der sich unsere Zukunft gestalten wird.

Andererseits gibt es den Satz, „man wird als Original geboren und stirbt als Kopie", der nun gerade zeigt, welch schwieriges Thema damit angesprochen ist. Aber auch hier ist es eine notwendige, wohl die einzig mögliche Grundlage für den Weg, dass ich immer wieder durchlässig bleibe und werde für die Entwicklungsimpulse und Gestaltungskräfte, die in meiner Seele erwachen und mit wachsen wollen.

Eigentlich ist dieser Weg ein Weg des schrittweisen Erwachens, ein Ausdruck, der mir besser gefällt als der von uns üblicherweise verwendete Ausdruck „Bewusstwerdung". C. G. Jung hat im Anschluss an einen Traum als Symbol für das Bewusstsein das sprechende Beispiel der Kerze im Sturm verwendet, die sehr sehr leicht erlöschen kann und deren Licht wir sorgfältig schützen und bewahren müssen. Die großen Verdunklungen, die gerade in der Deutschen Geschichte uns allen noch sehr lebendig und bewusst sind, geben hierfür ein lebendiges und trauriges Bild. Zeiten furchtbarer Dunkelheit sind über unser Volk hereingebrochen und, wie wir heute wissen, ist der Krieg auch in unserem Lande eigentlich noch nicht zu Ende. Kinder, die im kleinen Leiterwagen im Winter 1945 in klirrende Kälte aus Ostpreußen mit ihren Müttern geflohen sind, haben bleibende Folgen und zum Teil auch schwere Schäden und eine entsprechende Lebensperspektive mitgenommen. Sie werden als Erwachsene einen Lebensstil entwickeln, der sie schützen und ihnen helfen soll, solches Elend, in welcher Form es auch gewesen sein mag, zu vermeiden. Bei vielen älteren Menschen, insbesondere Männern werden erst jetzt die entsetzlichen Kriegserlebnisse virulent. Dass, was für diese Generation das Leben nach dem Krieg liebenswert gemacht hat, umfasst viele sprechende Beispiele.

Als ich über das Thema der Transparenz in meinem Leben nachdachte, fielen mir zwei Erlebnisse ein, die auch im Rückblick wegweisend geworden sind. Das eine betrifft meine ersten Semester des Psychologiestudiums an der Freien Universität Berlin – diese Universität war erst kürzlich im damaligen Westberlin gegründet worden, die Vorlesungen fanden an verschiedenen Stellen in Villen und in Kinos etc. statt. Ich war sogenannter Ost-Student, durfte 70 DM Ost in 70 DM West monatlich umtauschen und war natürlich entsprechend finanziell knapp gestellt. Trotzdem faszinierten mich damals schon Bücher.

Vor dem Dekanat der philosophischen Fakultät in Berlin Dahlem stand ein alter Buchwagen, wie Sie ihn vielleicht noch aus früheren Zeiten kennen, ein großer Handwagen mit einigen aufgebauten Regalen und wie im Traum griff ich nach einem Buch mit dem Titel „Die Psychologie von C. G. Jung" von Jolande Jacobi. Dieses Buch verschlang ich buchstäblich, als junger Student und zumal noch aus der DDR kommend, ich war nach dem Krieg für solche geistigen Inhalte wie ausgehungert. Aber in dem Moment wusste ich, soweit man das nun in dem Alter wissen kann, dass ich irgendwann in meinem Leben eine solche Ausbildung, wie sie darin beschrieben war, machen werde, obwohl ich nicht die leiseste Ahnung hatte, wie das möglich werden könnte. Komplexe und freundliche Schicksalskomponenten und Menschen ermöglichten mir dann dieses Studium, für das ich heute noch zutiefst dankbar bin. Die Psychologie C. G. Jungs ist meine geistige Welt geworden und geblieben und ich finde bis heute im Gesamtwerk Jungs Ideen, die mich immer noch begeistern können.

Für einen West-Studenten war es damals noch möglich, für billiges umgetauschtes Ost-Geld im Ost-Sektor von Berlin billig zu essen und in den wenigen Antiquariaten zu stöbern. Dort fand ich zwei Bücher, einmal die „Deutschen Predigten" von Meister Eckehart und ein Buch was mich schon vom Titel her enorm faszinierte, nämlich die „Dunkle Nacht der Seele" mit Texten des Johannes vom Kreuz. Meister Eckehart begleitet mich seitdem, jetzt also über fünf Jahrzehnte und Johannes vom Kreuz, der große spanische Mystiker, hat sich mir in den letzten Jahren mehr und mehr erschlossen. Mit seiner Sicht wie der Meister Eckeharts ist mir die Welt weiter transparent geworden. Durch das Buch von Frau Jacobi wurden mir Linien meines Lebens transparent, sie sind dadurch im Ansatz sichtbar geworden.

Noch ein kleines Beispiel zur Transparenz, das auch mit der Analytischen Psychologie C. G. Jungs verbunden ist, möchte ich anfügen: Beim Abschluss meines nun dann doch durchgeführten Studiums am C. G. Jung-Institut in Zürich feierten wir nach bestandenem Examen im Sommer 1967 mit zwei Freunden dieses für mich wirklich große und freudige Ereignis. Es war schon am frühen Morgen, die Sonne war über Zürich aufgegangen, ich trat auf den Balkon der Wohnung. Und in dem Moment war mir, ich kann es nicht anders sagen, die Welt transparent. Es war, als hätte ich plötzlich mein Leben und mein Leben in dieser Welt als eine große – und ich wage auch zu sagen – sinnvolle Einheit gesehen, ein Erlebnis, dass mich bis heute trägt und auf das ich keinesfalls verzichten möchte.

Beim Nachdenken über dieses Thema wurde mir wieder deutlich, wie zentral das so schwer beschreibbare Phänomen der Transparenz ist. Dieses Erlebnis gehört ganz sicher zu den Grundlagen, die mein Leben lebenswert gemacht haben, auch in der kritisch rückblickenden Reflexion. Und wie es dann in solchen Situationen oft ist, als ich diesen Vortrag niederschrieb, fand ich im Sinne einer Synchronizität, auch dies ein Transparenz ermöglichendes Thema in meinem Leben, eine Erlebnis von Eugène Ionesco:

> Ich befand mich, diese Geschichte habe ich schon oft erzählt, in einer kleinen Provinzstadt, früh morgens im Juni. Plötzlich wurde das Licht blendend weiß, viel strahlender als die Sonne. [...] Und vor allem spürte ich diese Gegenwart, die mich denken und sagen läßt: „Nie wieder werde ich Angst vor dem Tod haben. Und wenn ich alt bin, werde ich mich an diesen Augenblick erinnern und keine Angst haben." [...]

Solche Erfahrungen sind selten. Voller Licht und Intensität. Genau das bewahrt einen vor dem Sterben, läßt einen hoffen, trotz der Schrecklichkeit der Welt. Manchmal träumt man von einem Tunnel. Am Ende des Tunnels das Licht, und man geht auf das Licht zu. Diesen Traum habe ich Freunden erzählt. Anscheinend ein archetypischer Traum. In den Augenblicken tiefster Verzweiflung taucht dieser Traum auf.

(Ionesco, 1989)

Die drei Worte: Licht, Gegenwart, Intensität geben genau wieder, was mir an jenem frühen Morgen in Zürich widerfahren ist, ich würde sagen, was mir „geschenkt" worden ist. Das Erlebnis wird in seiner Bedeutung noch durch diese Synchronizität, die für mich sinnvolle Verbindung von zwei Ereignisketten, verstärkt und bestätigt. So zeigen sich auch die großen Verbindungslinien im Leben in den Zeit übergreifenden Synchronizitäten, wie es schon bei dem Buchwagen geschah. Mir wird immer deutlicher, welch großes Geschenk in einem Leben der Zugang zur Transparenz ist.

Ich habe mich viel mit erkenntniskritischen und wissenschaftlichen Fragen auseinandergesetzt. Leider steht die Analytische Psychologie immer wieder im Kreuzfeuer der Kritik, man zweifelt ihren „wissenschaftlichen Wert" an. Man verweist sie abschätzend in den Bereich des Mystischen, wobei hier immer eine fundamentale Unkenntnis und Missachtung des Wesens der Mystik die Voraussetzung für diese unsachliche Kritik ist.

Ich erinnere mich, dass mich ein sehr erfahrener Kollege einmal allen Ernstes fragte, ob ich bei Traumdeutungen einen großen alten, vielleicht sogar alchemistischen Folianten aus dem Regal nehme, um herauszufinden, was der Traum bedeutet. Der Kontext, in dem die Analytische Psychologie rezipiert wird, ist in therapeutischen Kreisen oft problematisch, ich hatte immer wieder den Eindruck, dass die Jungsche Psychologie da eher geduldet wird aufgrund des inzwischen berühmten Dreiecks „Freud-Adler-Jung" als den klassischen Begründern der Tiefenpsychologie.

Für mich blieben die geschilderten Transparenz-Erlebnisse eine tragende Grundlage, die mir eine überzeugte Weiterarbeit im Rahmen der Konzepte der Analytischen Psychologie ermöglichte. Vieles, was mein Leben lebenswert macht und meine geistige Entwicklung sehr angeregt und gefördert hat, habe ich der Gesamtkonzeption der Analytischen Psychologie C. G. Jungs entnommen.

Von Anfang an hat mich die Auffassung einer dialektischen Psychologie und Psychotherapie, wie sie von der Analytischen Psychologie vertreten wird, fasziniert. Die Dialektik, wie sie von Hegel ursprünglich formuliert worden ist, vor allem in der Form von „These, Antithese, Synthese", ist für mich als ein Rahmenthema meines Lebensverständnisses Weg leitend geworden. Es ist mir nicht möglich, eine Position zu denken, ohne zugleich das Gegenteil zu formulieren. Dies ist ein persönlicher Ausgangspunkt, der das Leben manchmal sehr belasten kann, aber auch bereichert. Der Blick auf These und Antithese macht, wenn wir von einer Ganzheit des Lebens ausgehen, das Leben eigentlich erst transparent. Und ich habe in der Tiefenpsychologie gelernt, dass jede Form von Einseitigkeit kompensatorisch das Gegenteil hervorruft und dann, wie schon erwähnt, zu das Leben vielfach belastenden und krankhaften Entwicklungen führen kann.

Der ganze analytische Prozess beschäftigt sich ja Schritt für Schritt damit, das aus dem Unbewussten wieder lebendig werden zu lassen und an das Bewusstsein anzuschließen, was bisher am Mitleben gehindert wurde oder überhaupt noch nicht ins Bewusstsein treten durfte, weil verschiedene Faktoren, teils altersbedingt, teils aus persönlichen Gründen oder kulturbedingt grundsätzlich Barrikaden aufgebaut haben. Vor diesem Hintergrund wird das kleine Wörtchen „und" sehr wichtig. Es ist eben immer das Eine und das Andere, es ist hell und dunkel, es ist heiter, leicht, fröhlich und traurig und belastend. Will ich nur das Eine, und damit bin ich wieder bei der Anfangsformulierung des lebenswerten Themas, provoziere ich automatisch, dass mir nach und nach an genau diesem Punkt mein Leben nicht mehr lebenswert erscheint.

Das Wörtchen „und" ist eigentlich der Schlüssel zur Transparenz. Jung verweist immer auf die von der Natur uns auferlegte Aufgabe der Individuation und der Anerkennung der Ganzheit bzw. der Vollständigkeit.

> Wie unerträglich sich der Mensch ist, erlebt nur der Vollständige. Man könnte daher [...] nichts Wesentliches dagegen einwenden, wenn jemand die von der Natur uns auferlegte Aufgabe der Individuation und der Anerkennung der Ganzheit beziehungsweise der Vollständigkeit für sich verbindlich erachtet. Tut er es bewußt und absichtlich, so vermeidet er alle die üblen Folgeerscheinungen einer verdrängten Individuation, das heißt, wenn er die Vollständigkeit freiwillig auf sich nimmt, so muß er es nicht erleben, daß sie ihm

wider seinen Willen und dann in negativer Form zustößt. Damit will gesagt sein, daß einer, der die Bestimmung hat, in einen tiefen Schacht hinunter zu steigen, besser daran tut, mit allen Vorsichtsmaßnahmen an dieses Unterfangen heranzugehen, als daß er es darauf ankommen läßt, rücklings in das Loch hinunterzufallen.

(Jung, GW, 9/2, §125)

Hier ist wieder die Paradoxie: Wenn ich dem Erlebnis der Unerträglichkeit meines Lebens oder meiner Existenz entfliehen will und zur Einseitigkeit des Guten meine Zuflucht nehme, so geschieht genau das, was ich vermeiden möchte. Das Unangenehme, sogar das Böse wird mich einholen und sei es nur in Form von schlimmen Fantasien oder belastenden Träumen. In diesen psychischen Phänomenen der Fantasie und des Traumes zeigt sich die Möglichkeit und Notwendigkeit, die Ganzheit schrittweise herzustellen bzw. der sich eröffnenden Transparenz zu folgen.

C. G. Jung hat sich zeitlebens mit der Thematik der Gegensätze und der damit verbundenen Belastung des menschlichen Lebens beschäftigt, so ist auch für mich das von ihm formulierte Gegensatzprinzip ein zentrales Thema meines Denkens geworden. Die religiöse Spekulation ist sogar so weit gegangen, Gut und Böse als rechte und linke Hand Gottes zu sehen oder anzunehmen, Gott habe zwei Söhne, einen älteren, Satan, und einen jüngeren, Christus (vgl. Jung, GW 9/2, §52).

Aufgrund vielfältiger Studien, vor allem in seinem Werk „Aion" (GW 9/2), in dem er sich mit der Psychologie des Selbst befasst, kommt er immer wieder zu dem Ergebnis, „Licht und Schatten bilden im empirischen Selbst eine paradoxe Einheit". (GW, 9/2, §25) Das „empirische Selbst" bezieht sich aber auf den Menschen und seine Lebenssituation oder Lebensgrundlage und ist die Basis der Konflikte, die das Leben kennzeichnen und in ihrer Dynamik aufregend und lebenswert machen.

Ausgehend von der theoretischen Beschäftigung mit der mittleren Position des Ichs zwischen den großen kollektiven Kräften, dem kollektiven Unbewussten und dem kollektiven Bewusstsein, ist für mich der von Gautama Buddha empfohlene „mittlere Weg" ein Leitbild geworden. Ich habe es für mich so formuliert, dass der mittlere Weg aus einer endlosen Reihe von mittleren Punkten besteht. Von jedem Punkt aus ist der Blick offen nach rechts und nach links, wobei rechts und links durchaus als gegensätzliche Positionen gedacht werden können bis hin zur rechten und linken Hand Gottes.

In gewissen Phasen des Lebens richte ich freiwillig oder gezwungenermaßen meinen Blick mehr in die eine Richtung oder mehr in die andere Richtung: Ich bin überzeugt von den Schönheiten der Welt, von der Güte des Menschen, der Barmherzigkeit Gottes usw. Oder: Ich kann nur noch die traurigen Schicksale der Menschen sehen, wie sie gequält oder gefoltert, wie Kinder von ihren betrunkenen Vätern misshandelt werden usw. Um die zum Teil kaum erträgliche Spannung zwischen diesen Gegensätzen – ist die Welt nun so oder so? – auszuhalten, bleibt mir die Rückkehr auf den mittleren Punkt.

Der mittlere Punkt ist aber nur der Ausgangspunkt, das Leben wird mich immer wieder dahin führen, nach rechts oder nach links zu schauen. Vom mittleren Punkt aus wird das Leben transparent, ich kann seiner Ganzheit gewahr werden, sehe auch die Gefahren, wenn ich mich mit der einen oder anderen Hälfte zu lange identifiziere, habe aber immer wieder die Chance, den kompensatorischen Ausgleich zu finden. Insofern war für mich der dialektische Ansatz der Analytischen Psychologie eine maßgebliche und in vielen praktischen Situationen Wegweisung ermöglichende Grundlage. Buddha hat es mit extremer Askese versucht, ist aber zu dem Ergebnis gekommen, dass auf diesem Weg die Erleuchtung nicht möglich war. Erst nach diesen z. T. extremen Erlebnissen – er war bis zum Skelett abgemagert – war ihm die Erkenntnis der „Vier edlen Wahrheiten" und der „Edle achtfache Pfad", die die Grundlage der buddhistischen Lebensführung bilden, möglich.

Wer die Unerträglichkeit der Vollständigkeit des Lebens erlebt und sich z. B. als Psychotherapeut damit beschäftigt, wird Jungs Standpunkt zustimmen müssen: „Die Paradoxie gehört sonderbarerweise zum höchsten geistigen Gut; die Eindeutigkeit aber ist ein Zeichen der Schwäche. Darum verarmt eine Religion innerlich, wenn sie ihre Paradoxien verliert oder doch mindert; deren Vermehrung aber bereichert, denn nur das Paradoxe vermag die Fülle des Lebens annähernd zu fassen, die Eindeutigkeit und das Widerspruchslose sind einseitig und darum ungeeignet, das Unerfaßliche auszudrücken." (Jung, GW 12, §18)

Das Wort „Paradoxon" kommt vom griechischen „das Unerwartete" und bezeichnet eine der allgemeinen Meinung entgegenstehende Aussage oder eine unlogische unsinnige und widersprüchliche Behauptung, die aber bei genauerer gedanklicher Analyse auf eine höhere Wahrheit hinweist. Soweit das Lexikon.

Für mein Thema heißt das, dass die Transparenz den Umgang mit Paradoxien und damit auch den Zugang zu den eben zitierten höheren Wahrheiten ermöglicht und eröffnet. Das mag zunächst befremden, da wir ja Eindeutigkeiten wünschen und im Alltag auch brauchen, aber das ist nur die eine Seite. Schon in so alten und heiligen Texten wie der Bhagavad Gita stehen wir vor dem unlösbaren Widerspruch, dass Ardjuna im Auftrag Krishnas gegen seine Familie kämpfen und seine Verwandten töten soll. Auf seine Zweifel antwortete der Gott, er habe sie schon alle getötet, also muss er nur noch vollziehen, was längst geschehen ist. Dafür gibt es keine uns gewohnte Erklärung, die Paradoxie bleibt bestehen und verhüllt ihre höhere Wahrheit. In diesem Sinn sind Paradoxien häufig Symbole im Sinne der von Jung vorgeschlagenen Definition.

Im Leben sind es jedoch zunächst nicht höhere Wahrheiten, die sich uns eröffnen. Die Transparenz hat mir auch den Zugang zu einer Lebenshaltung eröffnet, die als „Toleranz" bekannt ist. Nun hat Toleranz mindestens zwei Seiten. Da ist einmal das Anerkennen der verschiedensten menschlichen Verhaltensweisen, im Sinne von das eine und das andere sehen und zunächst zulassen und anerkennen. Da ist zum anderen aber auch die Gefahr einer Standpunktlosigkeit im Sinne von „everything goes", womit Tür und Tor geöffnet wären für alle Formen menschlicher Destruktivität, die dann im Sinne einer allgemeinen Toleranz zuzulassen wären.

Insofern ist, wie so oft, ein einzelnes Konzept ungeeignet, die Fülle des Lebens einzufangen, weshalb zur Toleranz notwendigerweise die ethische und moralische Frage gehört, der Wertekanon und die Realisierung allgemein anerkannter Werte, wenn Toleranz ein hilfreiches Konzept zur Lebensführung werden soll.

Andererseits ist aus meiner Sicht wirkliche Toleranz ohne den Zugang zur Transparenz im Sinne, wie ich es hier formuliert habe, nicht möglich. Transparenz und Toleranz gehören notwendigerweise zusammen und bedingen sich gegenseitig. Aber gerade wenn die Welt transparent wird, zeigt sich auch die unbedingte Notwendigkeit klarer lebenserhaltender Wertsysteme, z. B. im Sinne einer Ehrfurcht vor dem Leben.

Sie kennen wahrscheinlich alle die Weisheit, an die ich mich in vielen Situationen erinnere. Sie lautet: „Gott schläft im Stein, atmet in der Pflanze, träumt im Tier und erwacht im Menschen."

Gott schläft im Stein [...]

Jeder, der einmal in den Bergen gewandert ist, wird hier und da einen Stein gesehen haben, der ihn besonders ansprach. Ich musste mich oft beherrschen, damit der halbe Rucksack am Ende der Wanderung nicht mit solchen schönen Steinen gefüllt und sehr schwer geworden war. Was ist an diesen Steinen so faszinierend? Einmal ist es die Schönheit, der Reichtum an Formen, Farben, Mustern, Proportionen. Es ist, als ob sich in einem noch so kleinen Stein in seiner Besonderheit die Schönheit dieser Welt gewissermaßen punktförmig offenbart und von diesem Punkt ausgehend die Schönheit der ganzen Schöpfung.

Erwähnen möchte ich die symbolische Verbindung des Steines mit der Zeit, die sich ganz besonders in den Grabsteinen zeigt. Er verweist auf die Möglichkeit einer Unendlichkeit, einer Ewigkeit und Zeitlosigkeit. Wir wissen natürlich heute, können es sogar sehr genau berechnen, dass und wann die Sonne ihre Energie verbraucht haben und explodieren wird. Für das unmittelbare Erleben sind diese Perspektiven zwar mathematisch genau berechenbar, aber nicht zugänglich. Da bleibt der Stein ein Bild der Ewigkeit und der Satz „Hier ruht in Frieden" wird von dieser Erkenntnis der Vergänglichkeit nicht angetastet. Ähnliches gilt für unsere Knochen, die auch die Zeiten überdauern, und sei es in Form von Asche. Bei der Urnenbestattung bestatten wir diesen Rest unseres Menschseins, den wir zwar über die Landschaft oder übers Meer verstreuen können, der dadurch aber nicht vernichtet wird, sondern sich nur, wenigstens fast, in einem größeren Ganzen auflöst.

[...] atmet in der Pflanze [...]

Die Blume war schon immer transparent für in Worten Unsagbares. Ein Zen-Spruch lautet: Ein Ding ist das Ganze, das Ganze ist ein Ding. In der Koan-Sammlung „Die torlose Schranke" (Mumonkan, 2004, S. 55) heißt es folgendermaßen:

> Einst, zu alter Zeit, als der Welt-Erhabene auf dem Geierberg weilte, hielt er eine Blume hoch, drehte sie und zeigte sie der Versammlung. Da verharrten alle im Schweigen. Nur der ehrwürdige Kashyapa begann zu lächeln.

Der Welt-Erhabene sprach: „Ich habe das kostbare Auge des wahren Dharma, den wunderbaren Geist des Nirvana, die wahre Form der Nicht-Form, das geheimnisvolle Dharma-Tor. Es hängt nicht von Buchstaben ab, sondern wird auf besondere Weise außerhalb aller Lehren übermittelt. Jetzt vertraue ich es dem Mahakashyapa an."

In der Blume erscheint die ganze Fülle der Leere. Bei Angelus Silesius können wir beispielsweise lesen (Silesius, 1, 289, zit. n. Wehr, 1977):

> *Die Ros ist ohn warum, sie blühet, weil sie blühet,*
> *Sie acht nicht ihrer selbst, fragt nicht, ob man sie siehet.*

In schwierigen persönlichen Situationen, in denen wir uns nicht genug beachtet oder gewürdigt fühlen – und wer kennt solche Situationen und Erlebnisse nicht? – hat mir dieses von Angelus Silesius beschriebene Bild sehr geholfen. Wenn ich auch nicht sagen konnte, worin die eigentliche Hilfe bestand – plötzlich wurden die Umstände des Lebens wieder transparent, ich konnte Sinn darin entdecken und fand mich wieder in einer Form von neuer Geborgenheit.

Lama Anagarika Govinda hat den Klang der Silbe OM mit dem Öffnen der Arme verglichen, die alles umfangen, was da lebt. Er sah darin nicht einen Ausdruck der Selbstvergrößerung oder der Selbstausdehnung, sondern der Aufnahmebereitschaft und der Hingabe: – einer Blume (hier: dem Lotus) vergleichbar, die ihren Kelch dem Lichte öffnet und alle, die an ihrer Lieblichkeit und an ihrem Duft teilnehmen wollen, willkommen heißt. Es ist ein Geben und Nehmen zu gleicher Zeit: ein Nehmen, das frei ist von Gier und ein Geben, das nicht versucht, sich anderen aufzuzwingen.

> So wie in der Pflanze der Drang nach Sonne und Luft den Keim veranlassen, durch die dunkle Erde zu brechen, so bricht der Keim der Erleuchtung durch die zweifache Verhüllung, durch die von der Illusion der Ichheit erzeugte Leidenschaftsverhüllung und durch die von der Illusion der Objektwelt erzeugte Gegenstandsverhüllung. Der Weg der Erleuchtung ist der Weg der Ganzwerdung.
>
> *(Govinda, 1999, S. 46)*

Es klingt sehr einfach, und das gilt im Grunde für alle großen mystischen Erlebnisse und Zugänge, dass eine Blume den Horizont unseres Bewusstseins so bis ins Unendliche, bis hin zu den ewigen Wahrheiten erweitern kann. Und dass eine Blume vergänglich ist, mindert ihre Schönheit keinesfalls, im Gegenteil.

Mir ist es immer sehr wichtig, Blumen auch am Strauch oder in der Vase verwelken zu lassen, als wollten sie mir tröstlich zuwinken und sagen: „So wie ich gekommen bin, so gehe ich, ganz leise ohne große Dramatik, ich blühe ohne warum, auch du blühst ohne warum." Diese Möglichkeit der Transparenz kann jede Blume eröffnen, für mich sind es besonders die Gänseblümchen, der Hibiskus, die Mohnblume und die Sonnenblume. Gerade der Hibiskus ermöglicht ja das Erleben und die Erkenntnis des immer wieder neuen Erblühens und Vergehens in verhältnismäßig raschem Wechsel. In der Zwischenzeit zeigt sich eine Blüte von großer Schönheit.

Gott atmet in der Pflanze. Wenn wir die Betrachtung einer Blume dann noch mit einer Atemübung, wie sie heute vielfach bekannt sind, verbinden, so ist dies ein perfekter Weg zur Transparenz, der täglich offen steht. Dann vergisst man auch nicht, seine Pflanzen zu gießen, sei es im Garten oder im Zimmer.

[...] träumt im Tier [...]

Jeder Mensch, der mit einem Tier zusammen gelebt hat, weiß von diesem Traum und dem Zugang zum Göttlichen in den Augen eines Tieres, dort allerdings noch unerlöst und auch seufzend, wie Paulus es in seinem Brief an die Römer beschreibt. An dieser Welt, bis hin zum Göttlichen, haben wir über unsere persönlichen und die Träume und Fantasien der Menschheit teil. Über sie wird ein Teil des Kosmos transparent. Das Tier ist in der unendlichen Vielfalt seiner Gestalten und Lebensmöglichkeiten ein Höhepunkt der Evolution und ein Ausgangspunkt für das Erwachen des Göttlichen im Menschen, das sich mit jeder Geburt neu vollzieht. Aus dem Traum erwacht das Bewusstsein, vielleicht ein Aspekt der Bewusstwerdung Gottes, die Jung in seiner „Antwort auf Hiob" vermutet.

In der Analytischen Psychotherapie haben wir es gelernt, dass über die Träume nicht nur der Zugang zum persönlichen Unbewussten, zur eigenen Biografie und der Vergangenheit möglich wird, sondern auch zu den großen Themen des kollektiven Unbewussten und der Archetypen. Traumarbeit macht Zusammenhänge des eigenen Lebens bewusst und damit transparent, die für die Gesundung, die persönliche Weiterentwicklung, die Überwindung von Schwierigkeiten oder die Lösung von Konflikten wichtig und wegweisend sind. Theoretisch und konkret fassbar ermöglicht das von Jung formulierte Konzept des Archetypus Einblicke in Grundstrukturen des Lebens. Mit den Archetypen ist Inhalt und Dynamik der kollektiven Unbewussten gekennzeichnet.

Für mich hat das von C. G. Jung vorgeschlagene und im Gesamtwerk ausdifferenzierte Konzept der Archetypen immer eine besondere Rolle gespielt, und zwar nicht nur, weil im Zugang zu den archetypischen Motiven der oft vereinsamte Mensch wieder zu den Grundlagen seines und des Menschseins findet, sich in große Zusammenhänge eingebettet und eingeordnet wissen kann, sondern auch, weil hier Erkenntnisse möglich werden, die zumindest primär nichts mehr mit dem persönlichen Leben zu tun haben.

Dies ist natürlich immer mit zu denken, weil die Archetypen den kollektiven Kontext an Ideen und Bildern darstellen, in dem sich mein Leben abspielt. Für mich war die Idee der Archetypen immer eine der selbstverständlichsten. Sie ermöglicht Zugänge zum menschlichen Leben und zur menschlichen Entwicklung, sei sie nun individuell oder kollektiv. Ich habe es nie verstanden, wie man dieses Konzept unberücksichtigt lassen kann bzw. es in den Bereich der unwissenschaftlichen Spekulationen verweist. Der Satz von Jung, dass die Archetypen die „Menschenart des Menschen" darstellen, blieb für mich eine überzeugende Definition. In der Vielfalt der archetypischen Bilder und Motive wird die Welt transparent, ich schaue durch die Fülle hindurch und kann wesentliche Grundlagen erkennen. Das Archetypuskonzept stellt für mich eine theoretische Basis für die Transparenz dar.

Ein Kriterium, um ein Phänomen als „archetypisch" zu bezeichnen, ist seine allgemeine fast weltweite Verbreitung, auch hier wieder die Möglichkeit eines Durchblicks. Ich möchte nur an zwei archetypische Motive erinnern, die zunächst nichts mit dem persönlichen Leben zu tun haben.

Da ist einmal der Archetyp der Zahl. Dass Zahlen weltweit verbreitet sind, von den ersten Anfängen menschlichen Denkens bis in hoch komplizierte mathematische Zusammenhänge, ist selbstverständlich geworden. Jung hat die Zahl als den Archetyp der Ordnung bezeichnet, eine Bezeichnung, die den Sachverhalt genau trifft, ob ich nun über Koordinatensysteme die Geografie ordne oder mir Gedanken darüber mache, ob jeweils drei oder vier Götter eine Gottesvorstellung bestimmen, ob ich berechnen kann, dass sich Mars und Sonne derzeit so nah sind, wie seit fast 60000 Jahren nicht mehr, ob ich genau weiß, an welcher Stelle sich ein Satellit im Augenblick befindet und über Wellenlängen ganz bestimmte Zugänge zu ihm finde etc.: In allen Fällen wird doch nur im Einzelnen ausgearbeitet, dass über Zahlen in allen Zusammenhängen des Lebens und des Kosmos Ordnung erkannt werden kann.

Und die Zahl ist deswegen auch so bedeutsam, weil sie letztlich nicht empirisch gefunden ist, sondern, wenn man genau hinschaut, ein reines Geistprodukt ist. Und wenn man dann, wie es ja heute selbstverständlich ist, feststellt, dass mit diesen Zahlen die Welt beschrieben und fast erklärt werden kann, so stehen wir vor einem großen Geheimnis, wie klar das Phänomen der Zahl selbst auch sein mag.

Für mich ist die Zahl immer ein Bild und auch ein Beweis für die große Einheit der Welt gewesen, die von den Mystikern zu allen Zeiten erlebt und beschrieben worden ist. Was eine Zahl letztlich ist, wissen wir auch heute noch nicht, auch wenn wir mit ihr rechnen können. Sie ist für mich eins der ganz großen Symbole, das heißt, in ihr wird etwas ausgedrückt, was derzeit noch nicht besser gesagt werden kann. Auch wenn sie in allen Rechenoperationen den Stellenwert eines Zeichens hat und Zusammenhänge darstellt wie eins und eins ist zwei, so ist doch das Wesen der Zahl selbst noch unbekannt. Sie ist damit ein echtes Symbol und es wird sicher noch Generationen dauern, bis es sein Geheimnis preisgegeben hat. Vor diesem Hintergrund ist es auch fast selbstverständlich, dass es seit Jahrhunderten eine Zahlensymbolik gibt, dass zu dem Nennwert der Zahl ein umfangreiches symbolisches Wissen assoziiert worden ist. Das hat Annemarie Schimmel z. B. sehr ausführlich und kompetent dargestellt. Vielleicht ist heute sogar das Gottesbild mit all seinen Attributen in die Zahl eingewandert, ist sie doch allwissend und allmächtig.

Ein anderer Aspekt des Archetypus, der meines Wissens in der Analytischen Psychologie bisher noch nicht formuliert worden ist, ist die Symmetrie. Nach meinem Verständnis wäre es an der Zeit, einen Archetypus der Symmetrie darzustellen. Die Symmetrie gehört zu den Grundgegebenheiten der Natur, die Möglichkeiten des Vogelfluges bis hin zu den technischen Fortschritten in der Flugtechnik, der Flossenschlag eines

Wals usw. sind gekennzeichnet durch Symmetrie. Die meisten Blüten, die wir beobachten können, sind symmetrisch, allerdings nicht starr symmetrisch sondern im Sinne einer lebendigen Symmetrie. Schauen wir uns ein Gänseblümchen oder eine Hibiskusblüte an, so entdecken wir die Symmetrie. Und in der Symmetrie wird ein Grundgesetz der Welt lebendig und damit eine Verbindung zu diesen großen Zusammenhängen.

In der Kosmologie, so nimmt man heute wenigstens an, bestand anfangs eine absolute Symmetrie zwischen Materie und Antimaterie, und solange diese absolute Symmetrie bestand, war das Universum gewissermaßen ewig, es veränderte sich nicht. Dann entstand aber aus noch unbekannten Gründen ein kleiner Überhang und ein kleiner Symmetriebruch. Und dieser Symmetriebruch ist wahrscheinlich der Anfang des kosmischen wie des späteren biologischen Lebens überhaupt. Aber das Leben kreist immer wieder um die Symmetrie oder um die Gegensatzspannung von Symmetrie und Symmetriebruch.

Das vorhin erwähnte Bild von den zwei Söhnen Gottes oder Seiner rechten und Seiner linken Hand verweist ebenfalls auf eine angenommene symmetrische Struktur. Das Gegensatzprinzip und die Dialektik der inneren Prozesse ist ohne die Annahme einer grundlegenden Symmetrie im Lebendigen nicht denkbar.

Für mich war die Beschäftigung mit der Symmetrie ein Weg, mir die Welt transparent zu machen. Ich habe auch den Eindruck, dass wir eine Entwicklungslehre und eine Theorie der Heilung vor dem Hintergrund der Symmetrie entwickeln können. Alles, was über die Einseitigkeiten und über die Abspaltungen gesagt wurde, kann man als Symmetriebruch verstehen. Es muss ein Gleichgewicht wieder hergestellt werden, z. B. zwischen Extraversion und Introversion oder zwischen Steuerung und Spontaneität.

Die Dialektik von Herstellen der Symmetrie und erneuten, kleinen Symmetriebrüchen ist ein Modell der Entwicklung. Es entsteht etwa aus der These, die vielleicht etwas sehr Harmonisches hatte, die Antithese des Zweifels und aus dieser Spannung entwickelt sich die Synthese, dies ist auch das schon erwähnte dialektische Modell der Analytischen Psychologie. Ich schaue bei Behandlungen also immer nach Symmetrien und Symmetriebrüchen, bei Krankheiten auch danach, wo, im Sinne der schon erwähnten Einseitigkeiten, eine Symmetrie überhaupt nicht entstehen konnte.

[...] und erwacht im Menschen

Als C. G. Jung durch Afrika reiste, beschreibt er ein entsprechendes Erlebnis:

> Auf einem niedrigen Hügel in dieser weiten Savanne erwartete uns eine Aussicht sondergleichen. Bis an den fernsten Horizont sahen wir riesige Tierherden: Gazellen, Antilopen, Gnus, Zebras, Warzenschweine usw. Langsam strömend, grasend, die Köpfe nickend, bewegten sich die Herden – kaum das man den melancholischen Laut eines Raubvogels vernahm. Es war die Stille des ewigen Anfangs, die Welt, wie sie schon immer gewesen, im Zustand des Nicht-Seins; denn bis vor Kurzem war niemand vorhanden, der wusste, dass es „diese Welt" war. Ich entfernte mich von meinen Begleitern, bis ich sie nicht mehr sah und das Gefühl hatte, allein zu sein. Da war ich nun der erste Mensch, der erkannte, dass dies die Welt war und sie durch sein Wissen in diesem Augenblick erst wirklich erschaffen hatte. Hier wurde mir die kosmische Bedeutung des Bewusstseins überwältigend klar [...]
> Der Mensch, ich, gab der Welt in unsichtbarem Schöpferakt erst die Vollendung, das objektive Sein [...]
> Der Mensch ist unerlässlich zur Vollendung der Schöpfung, ja er ist der zweite Weltschöpfer selber, welcher der Welt erst das objektive Sein gibt, ohne dass sie ungehört, ungesehen, lautlos fressend, gebärend, sterbend, Köpfe nickend durch Hunderte von Jahrmillionen in der tiefsten Nacht des Nichtseins zu einem unbestimmten Ende ablaufen würde. Menschliches Bewusstsein erst hat objektives Sein und den Sinn geschaffen, und dadurch hat der Mensch seine im großen Seinsprozess unerlässliche Stellung gefunden.
> *(Jung/Jaffé, 1962, S. 260)*

Man hat Buddha ja nicht nur den Erleuchteten, sondern, und das scheint sachlich korrekter, den Erwachten bezeichnet. Die grundlegende und berühmte Lehrrede, das „Sutra vom in Gang setzen des Rades der Lehre" stellt in der buddhistischen Welt dieses Erwachen dar. Gleich in den ersten Zeilen heißt es, dass der Tathagahta erkannt hat, „dass es der Mittlere Weg ist, der zu Einsicht und Verstehen führt. Diese Einsicht und dieses Verstehen sind die Grundlage für Frieden, Wissen, vollkommenes Erwachen und Nirvana." (Thich Nhat Hanh, 2003, S.11 ff.)

In dieser Lehrrede wird aber auch seine Erkenntnis über den Edlen Achtfachen Pfad dargestellt. Er sagt da von sich: „Als ich erkannte, dass ich den edlen Pfad, der zur Aufhebung des Leidens führt, beschritten hatte, da ging mir bei diesen nie zuvor gehörten Dingen das Auge auf, und ich gewann Erkenntnis, Verstehen, Einsicht und Weisheit, da erfüllte mich Licht." (Thich Nhat Hanh, 2003, S. 13) Dies alles wird transparent, erwacht im Menschen, der damit eine besondere Stellung im Kosmos hat.

C. G. Jung hat sich zeitlebens darum bemüht, die komplexe Phänomenologie des Selbst als mittleren Punkt zwischen der großen Idee des kosmischen Selbst und der persönlichen Verwirklichung einzuordnen. Für mich war es immer wichtig, um diesen inneren Goldkeim, ein Symbol des Selbst, zu wissen.

In vielen Träumen oder Fantasien von Menschen in Not wurden mir die mitgeteilten Bilder transparent hin zu diesem Zentrum, zu dem „Goldkeim" der alten Schöpfungsmythologie. Das hat mir immer Mut und Kraft und vor allem auch Toleranz ermöglicht, mit der Zeit zu gehen, die der jeweilige Mensch brauchte und, wie C. G. Jung es einmal ausdrückte, dem „Gefälle der Libido" zu folgen. Man kann den „Goldkeim" im Auge behalten.

Dass durch unsere gesetzlichen Regelungen und die notwendigerweise begrenzten Möglichkeiten im Rahmen der Krankenkassenbehandlung zeitlich nicht jede Entwicklung so lange begleitet werden kann, wie es wünschenswert wäre, ist eine unumgängliche Tatsache. Aber auch im Rahmen einer solchen Behandlung dem Menschen den Blick auf den „Goldkeim" zu eröffnen, aus der Überzeugung des eigenen Erlebens – denn dazu soll ja letztlich die Selbsterfahrung des Therapeuten dienen – auch die Theorie, die ich für meine Behandlungen verwende, so abzustützen und zu verankern, bedeutet, dass ich die Hoffnung und die Möglichkeit, den Goldkeim zu erkennen, weitergebe. Damit wird auch die Brücke hin zum Selbstvertrauen geöffnet.

Die Schöpfungsmythen bieten eine Fülle von Bildern, die dieses Vertrauen rechtfertigen. So wird z. B. vom kleinen Krishna Folgendes berichtet:

Die Pflegemutter des Gottessohnes, Yashoda,
nahm den Krishna einst auf ihren Schoß
mit süßer Lust und liebevoll gab sie dem Kind,
das trinken wollte, ihre Brust.
Der Knabe trank und öffnete den Mund,
mit leichtem Gähnen dann,
liebkosend sah die Mutter da,
das schöne Antlitz zärtlich an.

Und wunderbar! Mit einem Blick
Sah sie die Welt,
Luft, Sonne, Mond,
das Sternenmeer am Himmelszelt.
Meer, Erde, Berg, Fluss, alles, was die Erde hegt,
jedwedes Ding, das in der Erde sich ruht und regt.
Helläugig sah sie zitternd alles das im Nu,
und lieblich lächelnd
schloss sie dann die Augen zu.
     (zit. n. Waiblinger, 1986, S. 130)

Es gibt auch eine andere wunderbare Erzählung, die „Geschichte vom kleinen Vögelchen":

Auf einem Baum sitzen zwei Vögel, einer auf der Spitze und der
andere auf einem Zweig ganz unten, nahe der Erde. Der Vogel auf der
Spitze ist ruhig und majestätisch, er ist in seine eigene Herrlichkeit
versunken und schweigt. Der Vogel auf den unteren Zweigen dagegen
hüpft unruhig von Ast zu Ast, isst abwechselnd von den süßen und
bitteren Früchten und ist bald glücklich, bald unglücklich. Nach
einiger Zeit gerät er an eine ungewöhnlich bittere Frucht und fühlt
sich angeekelt. Er blickt hinauf und sieht den anderen Vogel mit dem
goldenen Gefieder, der weder süße noch bittere Früchte isst, der weder
glücklich noch unglücklich ist, sondern ruhig und selbstbewusst. Der
untere Vogel möchte auch diesen Zustand erreichen und beginnt Zweig
um Zweig nach oben zu flattern. Doch bei den süßen Beeren, die
er erwischt, vergisst er es aber bald und wendet sich wieder nur den
Früchten zu.

Doch abermals stößt er wieder auf eine ungewöhnlich bittere Frucht, die ihn unglücklich macht, und er blickt hinauf und versucht, dem oberen Vogel näher zu kommen. So geschieht es mehrmals, bis er endlich dem oberen Vogel sehr nahe ist und das Licht von dessen Gefieder seinen eigenen Körper umhüllt. Er spürt einen Wandel und scheint sich aufzulösen. Er kommt noch näher, und alles um ihn herum scheint zu verschwinden. Schließlich begreift er den wunderbaren Wandel. Der untere Vogel war nur ein Schatten, eine Reflexion des oberen. Er war in Wirklichkeit immer der obere Vogel gewesen. Sein Kosten der süßen und bitteren Früchte, sein Weinen und Glücklichsein waren nur ein Traum.
Der wirkliche Vogel war da oben, ruhig, herrlich und majestätisch, jenseits von Kummer und Leid.

In der Dialektik zwischen Bitter und Süß, die das kleine Vögelchen mit seiner Freude an den verschiedenen Früchten immer wieder erleben musste, zeigt sich der Weg hin zum großen Einen. Der lebendige Bezug zu den Früchten, auch die Neugier des kleinen Vögelchens, lassen die Welt transparent werden und führen letztlich zu dem Ziel, dass wir wohl alle erstreben und ersehnen.

Ich möchte noch zwei kleine persönliche Beispiele einfügen: Wenn morgens im Frühling schon um etwa halb fünf die Amsel zu singen beginnt und mit der Zeit andere Vögel in diesen Gesang einstimmen, so sind das für mich Augenblicke, in denen über den Klang und damit auch letztlich über die Musik, die Welt transparent wird. Ich kann nicht sagen, was mir in dem Augenblick geschieht oder auch bewusst wird, es ist wieder das Unnennbare und Unsagbare, das sich aber trotzdem ereignet. Das Gleiche geschieht am Abend, und ich bin diesen kleinen Vögeln und ihrem schier unermüdlichen Eifer, zu singen, sehr dankbar.

Überhaupt ist die Dankbarkeit für mich ein Weg zur Transparenz geworden. Wenn uns, z. B. beim warmen Duschen am Morgen, neben der Selbstverständlichkeit, dass das Wasser in einer angenehmen Wärme fließt, deutlich wird, was uns, unverdientermaßen, damit jeden Tag neu geschenkt wird, so wird vielleicht nicht die Welt transparent. Es eröffnet sich über die Dankbarkeit aber ein Bezug zu dieser Welt. Und eben auch zu der dunklen Seite, denn ich weiß natürlich, dass viele Menschen sich einen Eimer Wasser am Wasserwagen mühsam holen und über lange Strecken bis in ihre Hütten schleppen müssen. Also wird über die warme Dusche auch die Gesamtheit unserer Welt transparent, sowohl im Hinblick auf die Dankbarkeit, dass mir dieses alles möglich ist, wie auch auf die Bewusstheit, vielleicht auf eine mir gerade noch mögliche Weise an der Linderung dieses Elends teilzunehmen.

Ein andermal stand ich an einem See, ich war mit meinem Hund unterwegs und schaute aufs Wasser. Es fing langsam und vorsichtig an zu regnen, sodass ich die einzelnen Tropfen noch beobachten und zusehen konnte, wie sich aus dem Punkt, aus der punktmäßigen Berührung des Tropfens mit dem Wasser des Sees, ein Bild immer größer werdender Kreise entfaltete, die sich dann in der Wasseroberfläche auflösten.

Die alte indische Vorstellung von dem Vergehen des menschlichen Bewusstseins als Tropfen im Ozean kam mir, aber ich brauchte nicht diese alten mythologischen Bilder zu bemühen, sondern war unmittelbar berührt und konnte eine innere Verbindung zu diesem Wassertropfen herstellen. Zum Glück regnete es nicht sehr stark, sodass ich lange am See stehen bleiben und mich diesem Erleben hingeben konnte.

Es ist wirklich möglich, in vielen kleinen Alltagssituationen die Transparenz der Welt zu erleben. Der Zugang ist überall möglich. Voraussetzung hierfür sind Bereitschaft, Offenheit, Achtsamkeit, es ist immer alles schon da, es kommt allein auf die Einstellung, die Bewusstwerdung und den Beobachter an. Die Transparenz existiert nur durch den Beobachter, aber sie ist immer möglich. Für mich ist sie eine Brücke zu dem, was eben sprachlich nicht mehr formuliert werden kann, aber trotzdem unmittelbare Gegenwart ist.

In der Liebe zweier Menschen gibt es immer wieder Augenblicke, in denen nicht nur ihre persönliche Welt, sondern die Welt überhaupt transparent wird. Es ist, als wird mir das Ganze, das große Eine zugänglich. Es lässt sich nicht besser sagen als mit dem Satz: „Die Welt wird transparent". Schauen Sie in die Augen eines Kindes, auch die Augen der hungernden Kinder, die uns heute immer häufiger über die Medien anschauen. So wird auch hier die Welt transparent, hier in ihren dunklen Aspekten, für die wir als Menschen verantwortlich sind. Krieg beginnt in den Köpfen der Menschen, aus den Fantasien und Gedanken werden die Taten, die Entwicklung der Waffen und die kriegerischen Handlungen.

Vielleicht kennen Sie den Bildband „Die Kinder von Bombay", dessen Bilder mit großer Eindrücklichkeit transparent machen, wie nahe Glück und Hoffnung auf der einen Seite und verzweifeltes Elend auf der anderen Seite beieinander liegen. Die Zweiheit unserer Welt erscheint. Vielleicht haben Sie auch einmal in die Augen einer Kuh geschaut, die aus den schmalen Fenstern des Tiertransporters herausschaute, als Sie diesen Wagen auf der Autobahn überholt haben. Es war mir manchmal fast nicht möglich, weiter zu fahren, so tief hat mich der Augen-Blick dieses Lebewesens, dieses Mitgeschöpfs berührt.

Es ist ja leider nicht immer so, dass die Erkenntnis der dunklen Seite der Welt, die in solchen Erlebnissen sich buchstäblich aufdrängt, schon dazu führen kann, dass mir Möglichkeiten zur Verfügung stehen, dieses mich unmittelbar berührende Elend zu verändern. Andererseits differenzieren wir dadurch unsere Einstellung, und die immer wieder betonte Einheit von Gedanke, Wort und Tat wird angeregt. Habe ich es erkannt, werde ich auch darüber nachdenken und sprechen. Spreche ich darüber, so setze ich zumindest einen kleinen Prozess in Gang, der zu einer Änderung hier oder da führen wird.

In solchen belastenden Augenblicken nehme ich meine Zuflucht zum Atem. Der Zen-Meister und Lehrer Thich Nhat Hanh hat viele Vorschläge gemacht, wie wir über den Atem ganz in das Hier und Jetzt und damit in die Transparenz des Augenblicks kommen oder dorthin zurückkehren können. Schon die einfache Formel „Ich atme ein und weiß, dass ich einatme, und ich atme aus und weiß, dass ich ausatme" ermöglicht einen guten Einstieg in meine unmittelbare Gegenwart. Oder:

„Ich atme ein und bin ganz in meinem Körper, ich atme aus und lächle ihm zu". Oder: „Während ich einatme, lächle ich und während ich ausatme, lasse ich los." Dieses Lächeln kann man lernen, es erleichtert das Leben wirklich. Im Grunde ist der Weg zum Loslassen einfach und damit auch der zum inneren Frieden. Und nur aus diesem inneren Frieden heraus werde ich immer wieder handlungsfähig, vermeide Depression und Resignation, die ja oft so nahe liegen.

Damit bin ich wieder bei einem paradoxen Punkt: Über das Hineinschauen in einen Viehtransporter wird mir ein Aspekt der Ganzheit unserer Welt bewusst. Über den Atem finde ich wieder zum Frieden, und aus dem Frieden und seinem Lächeln werde ich handlungsfähig. Es ist schon so, wie Jung es formuliert hat, dass der Mut und der Blick auf die Vollständigkeit bis an die Grenze des dem Menschen Erträglichen führen kann. In dieser enormen Gegenwartsspannung wird auch der Friede transparent.

Für mich hat die Arbeit mit dem alten chinesischen Weisheitsbuch I Ging immer sehr viel bedeutet. Ich habe es in vielen Lebenssituationen befragt und bin, das kann ich ohne Übertreibung sagen, nie enttäuscht worden. Manchmal war das Ergebnis für mich schwer zu interpretieren, dann lasse ich es halt stehen, aber in der Regel konnte ich wichtige Wegweisung übernehmen. Dass ich Zugang zu diesem Buch gefunden habe, verdanke ich meiner Lehranalytikerin, Frau Dr. Marie-Louise von Franz. Bei ihr habe ich auch gelernt, mit diesem Buch nicht spielerisch oder nur neugierig umzugehen, wie es heute oft geschieht. Ihr Standpunkt war, das I Ging nur dann zu befragen, wenn ich auch bereit bin, die Antwort ernst zu nehmen und mich danach zu richten.

Mir war im I Ging immer das Zeichen Nr. 11, der Frieden, sehr wichtig. Die 64 Zeichen des Buches enthalten die gesammelte Weisheit unserer Welt. Bei dem Zeichen „Der Frieden" handelt es sich darum, dass der Himmel unten und die Erde oben steht; sie stehen gewissermaßen verkehrt herum zueinander, denn die Erde sinkt normalerweise mit der Schwerkraft nach unten und der Himmel steigt nach oben, so aber können sie sich vereinen. „Unten" und „Oben" bezieht sich auf die Anordnung der Striche in dem Zeichen – die Strichkombinationen wie auch die Bilder. Himmel und Erde sind Grundkomponenten der Zeichen des I Ging. Hier ist die ganze Gegensatzspannung oder die umfassende und weit gespannte Polarität von Himmel und Erde enthalten, die sich im Kosmos und in der menschlichen Seele abbildet, aber auch ihre Vereinigung, nach der wir uns sehnen und die zum Frieden führt. Sie werden eins, das Eine wird transparent, wir treten in eine große innere Ruhe ein.

Ähnliche Gedanken finden sich im Tao Te King des Laotse. Auch dies ein Text umfassender Weisheit, bis heute aktuell. Ich schätze da ganz besonders den Gedanken: „Aus dem Tao wird die Eins, aus Eins wird Zwei, aus Zwei wird Drei und aus Drei entstehen die zehntausend Dinge."

Das beschreibt in prägnanter Kürze, was uns immer widerfährt: Aus dem großen Einen treten wir heraus in die unendlich weite Welt möglicher Polaritäten, in die Zwei, und aus dieser Spannung entstehen die Drei und die zehntausend Dinge, mit denen wir uns pausenlos beschäftigen und in die wir uns verwickeln mit allen Freuden und Leiden, aus denen wir dann wieder zurückkehren werden: von der Drei und den zehntausend Dingen zur Zwei und von der Zwei zum Einen und dann dem Tao, das nicht mehr formulierbar ist, aber eben immer wieder über die Transparenz der Welt in und um uns zugänglich bleibt. Denn dieser Prozess spielt sich in unserem Leben ständig ab.

Mit diesem Bild kann auch die persönliche Entwicklung des Menschen beschrieben werden, wenn er den Mutterleib verlässt, aber auch seine gesamte Weiterentwicklung bis hin zum Tod, in dem wir uns wieder mit dem Großen Einen verbinden, dort wieder ankommen, jenseits aller Dualität und Gegensatzspannung, mit allen Freuden und Leiden, aus denen wir dann wieder zurückkehren können und müssen: von der Drei zur Zwei und von der Zwei zum Einen und dann zum Tao, das nicht mehr formulierbar, aber eben immer wieder über die Transparenz der Welt zugänglich ist. Rainer Maria Rilke hat das sehr schön formuliert:

> *Du bogst mich langsam aus der Zeit,*
> *in die ich schwankend stieg;*
> *ich neigte mich nach leisem Streit:*
> *jetzt dauert deine Dunkelheit*
> *um deinen sanften Sieg.*
> (Rainer Maria Rilke, 1889)

Nach dem Ende des letzten Krieges hatten viele von uns einen unmittelbaren Zugang zu der These des vor allem von Sartre vertretenen Existenzialismus. Eine Hauptthese kennzeichnete das Leben als ein „Geworfensein ins Dasein" womit die Verzweiflung dieser Generation treffend gekennzeichnet war. Vor diesem Hintergrund war mir das von Jung formulierte und gut begründete Individuationsprinzip so wichtig und hilfreich. Das Wissen, dass nicht nur das, sondern auch mein persönliches Leben ein Zentrum hat und trotz allem weiter gehen wird, half mir immer und tut es noch heute, die Stunden der Verzweiflung durchzustehen und das Leben weiterhin und trotzdem als lebenswert zu sehen.

Jung sprach auch von einer „Individuation der Menschheit". Ich gehe davon aus, dass die uns Menschen zur Verfügung stehenden Möglichkeiten sich weiter differenzieren und uns über die gewesenen und wohl auch noch kommenden Katastrophen hinaus führen und tragen. Jung hoffte, dass zum Schluss der Sinn überwiegt. Das macht mein Leben bis heute lebenswert und gibt Freude, Kraft und Hoffnung. Ich möchte mit zwei Zitaten von Albert Schweitzer abschließen.

Dem Menschen, der zur Ethik der Ehrfurcht vor dem Leben gelangt ist, ist jedes Leben als solches heilig. Er hat eine Scheu davor, ein Insekt zu töten, eine Blume abzureißen. Den Wurm, der auf der gepflasterten Straße verschmachtet, errettet er, indem er ihn ins Gras legt.

(Albert Schweitzer, Quelle: Internet)

Dieser Hinweis war mir besonders wichtig und tröstlich, weil ich Regenwürmer, die am Morgen nach regenreicher Nacht auf den asphaltierten Wegen liegen, oft zurück ins Gras lege und mich dabei manchmal ängstlich umschaue, ob mich auch keiner sieht. Und das zweite Zitat:

Und Du vertiefst Dich ins Leben, schaust mit sehenden Augen in das gewaltige, belebte Chaos dieses Seins, dann ergreift es Dich plötzlich wie ein Schwindel.

Der Käfer, der tot am Weg legt – er war etwas, das lebte, um sein Dasein rang wie du, der Sonne sich erfreute wie du, Angst und Schmerzen kannte wie du und nun nichts mehr ist als verwesende Materie – wie du über kurz oder lang sein wirst. In allem findest Du Dich wieder [...] überall wo Du Leben siehst – das bist Du!

(Albert Schweitzer, Quelle: Internet)

In der Ehrfurcht vor dem Leben deutet sich ein ganz besonderer Bezug zum Leben an. Für mich ist heute die Bereitschaft zur Transparenz der Weg oder das Tor hin zur mystischen Einheit des Seins, zur „Unio mystica", zum „Unus mundus", wie Jung ihn formuliert hat, und zu einem entsprechenden Eingebettetsein meines persönlichen Lebens in eine umfassende, sicher auch liebevolle Ordnung, zu der mir auch der Regenwurm immer wieder den Weg weist.

Geh ich aufwärts in den Bächen
meiner Kindheit.
Schritt für Schritt hinein
in altes leichtes Leben.

Schnell umspielt das Wasser
mir die Stiefel
hat den Stein verlassen erst
und das Gras gegrüßt.

Hängt die Birke ihre Blätter
tastend in die muntren Wellen
spielt ein Lied
in ihre Rinde ein.

Vorwärts gehend Stück für Stück
komm ich immer mehr zurück
zu der Freude, zu dem Lachen
dieser alten jungen Bäche.

(Hans Dieter Knoll)

Über Theodor Seifert

Es ist der Träumer
der die Sprache erfand
die Gedichte schrieb
die Lieder sang.

Der Träumer
der lacht
liebt
und weint.

Er ist meiner Seele Acker
meines Lebens Grund.

Natürlich: er ist es auch
der mich in die Irre geführt
mich von Bergeshöhen
in dunkle Täler gestürzt.

Doch ohne ihn
bin ich nichts.
Ohne ihn
ist auch sonst nur ein Nichts.

(Hans Dieter Knoll)

Lieber C. G. Jung[7]

[...] nur das Paradoxe vermag die Fülle des Lebens annähernd zu
fassen, die Eindeutigkeit und das Widerspruchslose
aber sind einseitig und darum ungeeignet,
das Unerfaßliche auszudrücken.
(Jung, GW 12, §18)

Sehr verehrter, lieber Carl Gustav Jung,
schon oft habe ich innerlich Zwiesprache mit Ihnen gehalten und freue
mich deshalb besonders, jetzt einiges davon in Briefform zusammenzu-
bringen, was sich in vielen Jahren in mir gestaltet hat. Ich habe mich gleich
gefragt, in welchem Sinn ich Ihnen schreiben mag. Drei Themen kamen
sofort herbei: Dank – Bilanz – Abschied.

Dank in dem Sinne, dass Sie Ihr großes Werk geschaffen, sich dem
Auftrag voll zur Verfügung gestellt und dem Menschen damit Zugänge
eröffnet haben, die vor Ihrem Opus noch weitestgehend verschlossen
waren.

Bilanz in dem Sinne, dass ich noch einmal vor meinem inneren Auge
vorbeiziehen lasse, was mir besonders wichtig und Weg leitend geworden
ist bis zum heutigen Stand, und Bilanz einer fünfzigjährigen Verbindung
und Verbundenheit – ich bin jetzt achtundsechzig Jahre alt, und mein Weg
mit Ihnen begann mit achtzehn.

Abschied in dem Sinne, dass Sie es trotz der Faszination, die von Ihrem
Werk für mich bis heute ausgeht, immer wieder ermöglichen, so viel
Abstand zu gewinnen, dass die eigene Form sich entfaltet, angeregt und
sehr bereichert durch Ihre vielfältigen Studien und Arbeiten.

Vor fünfzig Jahren stand ich als junger Psychologiestudent vor einem,
vielleicht dem letzten, Buchwagen in Berlin, der einzigen Buchhandlung,
die antiquarische Bücher zu einem mir erschwinglichen Preis anbot. Wie
es kam, dass ich die „Einführung in die Psychologie von C. G. Jung" von
Jolande Jacobi herausgriff und für DM 10,- erstand, weiß ich nicht, aber es
sollte das wegweisende Buch der kommenden Jahre für mich werden. Und
– was entscheidend war – ich nahm mir vor, die dort beschriebene Ausbildung in Zürich einmal zu machen, natürlich ohne die geringste Ahnung,

---

7   Beitrag zu Marianne Schiess (Hrsg.): Lieber C. G. Jung. Was ich Ihnen schon immer
    sagen wollte. Patmos: 2000

wie das je möglich werden könnte. 1961 war es dann so weit. In Ihrem Todesjahr begann mein Studium am Institut in der Gemeindestraße in Zürich.

Das Buch von Jolande Jacobi faszinierte mich ungemein und war für meine junge, suchende Seele eine Offenbarung, so geschrieben, dass ich jede Zeile verstand, jede Zeichnung nachvollziehen und jedes Bild mit Staunen einfühlend aufnehmen konnte. Ich vermute, dass es vielen Ihrer Schüler so oder ähnlich ergangen ist. Noch heute bin ich – wem auch immer – von Herzen dankbar, dass gerade dieses Buch an dem Tage in dem kleinen Buchwagen im Regal stand. Es war und bleibt ein Schicksalsaugenblick.

Da möchte ich gleich einen Sprung machen: Als es dann 1961 soweit war, dass ich von Schweden aus meine Ausbildung beginnen konnte, war es wieder die kraftvolle Besonderheit Ihrer Psychologie, die es letztlich ermöglichte. Ich war darauf angewiesen, mit Unterbrechungen zu studieren, da ich jeweils längstens fünf bis sechs Monate im Jahr der Ausbildung widmen konnte, in der anderen Jahreshälfte musste ich den Lebensunterhalt für mich und meine Familie als Industriepsychologe in Schweden verdienen. Kein Institut in Deutschland war bereit, ein solches Studium zu ermöglichen. Verschiedene Gründe wurden angeführt, vor allem die Unterbrechung der Übertragung.

Nur das Zürcher Institut war bereit, meinen Weg mitzugehen. Sätze wie „Wir werden sehen, ob es im Sinne des Unbewussten ist" oder „Wir werden sehen, was Ihre Träume dazu sagen" sind mir noch heute im Gedächtnis, vor allem aber die Wahrhaftigkeit der Lehre: Ich habe am eigenen Leib erlebt, dass persönliches Lebensschicksal, dass Individuation für die Lehrenden in Zürich keine leeren Worte waren.

Der Individuationsweg ist für mich aus diesen Erfahrungen heraus für meine eigene Tätigkeit als Therapeut und heute auch als Lehranalytiker eine zentrale Richtschnur geblieben. Mir ist zudem an keinem anderen Institut außerhalb Ihrer Schule ein solcher Respekt vor dem ganz persönlichen Weg eines Menschen begegnet. Ihre Gedanken sind Wirklichkeit, denn wirklich ist nur, was wirkt, wie Sie sagten.

Dass dann die äußeren Lebensumstände, die unterstützende Einstellung meines Arbeitgebers, die Freundlichkeit einer Jungschen Kollegin bei der Wohnungssuche – einer großen Schwierigkeit in Zürich damals – „mitspielten", eröffnete mir erste Eindrücke des „ursachelosen Angeordnetseins", obwohl ich diesen Begriff damals noch nicht kannte. Aber nicht nur das: Diese Erfahrungen bahnten den Weg zu einem Vertrauen in die Psyche in dem umfassenden Sinn, wie Sie sie verstehen. Dies ist heute eine wesentliche Grundlage meiner Behandlungen.

Das Thema des Vertrauens stellt sich in jedem Leben, und Ihre Gedanken und Forschungen ermöglichen hierfür eine solide Basis, die gerade in Behandlungen nicht verwörtert werden muss, sondern im persönlichen Ausdruck erscheint. Diese „wissende Seite" des Unbewussten dem Patienten nahebringen zu können, verdanke ich Ihrem Werk. Und genügend empirische Belege dafür haben Sie erbracht. Dies war und bleibt für mich die Grundlage der Glaubwürdigkeit Ihrer Gedanken: Sie verbinden umfangreiche empirische, anthropologische und historische Studien mit klinischem Material, immer bezogen auf das Individuum, von dem alle schöpferischen Kräfte ausgehen. Für mich war die Glaubwürdigkeit einer Theorie immer nur dann gegeben, wenn sie sich nicht nur auf Zahlen stützt. Und dies habe ich in einem Ausmaß in Ihrem Werk gefunden wie sonst nirgends, und dafür bin ich Ihnen und dem Himmel immer wieder dankbar.

Auch wenn Sie es nicht systematisch dargestellt haben, Sie haben ein Modell für wissenschaftliches Arbeiten entworfen, das der Psyche meines Erachtens außerordentlich gut entspricht. Vor diesem Hintergrund ist mir auch Ihr Grund-Satz, „dass die Seele den physikalischen Vorgang in Bilderfolgen übersetzt", in Ihrer Arbeit „Über den Archetypus mit besonderer Berücksichtigung des Animabegriffes" (vgl. GW 9/1) sehr wichtig geworden, verweist er doch weit über die Psychologie hinaus und schließt die Naturwissenschaft ein, wie es ja der Fülle der Psyche entspricht. Sie haben viele entsprechende Folgerungen in Ihrem Gesamtwerk gezogen.

Dass Sie Ihre Psychologie immer wieder als eine „dialektische" bezeichneten, hat mich besonders fasziniert, überzeugt und angeregt. Ihre Ausführungen in der Einleitung in die „Religionspsychologische Problematik der Alchemie" über die große Bedeutung der Paradoxa passt für mich genau dazu. Nur zu oft stehen wir in unserem Beruf den paradoxen Situationen des Lebens gegenüber, stehen vor unvereinbaren Gegensätzen, bei denen mit aller Härte das «tertium non datur" gilt, worauf Sie immer wieder hingewiesen haben. Gerade in diesen schwierigen Situationen war mir Ihre Psychologie äußerst hilfreich: Das Aushalten der Gegensätze, das Gegensatzprinzip als Grundprinzip des Lebens, die Möglichkeit, ja die archetypische Gegebenheit einer möglichen Vereinigung der Gegensätze

– unter Einbeziehung der reichen Welt der Symbole und ihrer Dynamik –, das sind nur einige Grundlinien, die für mein therapeutisches Handeln und für meine analytische Arbeit grundlegend und Weg leitend geworden sind. Einfach um die Vereinigung der Gegensätze als einer im Menschen angelegten archetypischen Möglichkeit zu wissen, gibt mir die Kraft, mit dem Betroffenen die Gegensatzsituation auszuhalten. Ich spreche heute zwar lieber von Polaritäten und nicht von Gegensätzen, aber das ändert nichts an der grundlegenden, von Ihnen meines Wissens erstmalig für die Psychotherapie beschriebenen Dynamik der Psyche.

Hier schufen Sie auch die Grundlage zu einem Verständnis des schöpferischen Prozesses, denn aus der Vereinigung der Gegensätze entfaltet sich das Neue, wie bei der Entstehung des menschlichen Lebens. Diese Sichtweise wurde grundlegend für mein Verständnis der Tiefenpsychologie und der von uns vertretenen Neurosenlehre: die Dynamik der polar angeordneten psychischen Kräfte, von denen der eine Pol – verdrängt und vom Mitleben ausgeschlossen – sich störend bemerkbar macht, bis er angemessen berücksichtigt wird.

Sie selbst sind mit Ihrer „Antwort auf Hiob" noch viel weiter gegangen, bis hin zur inneren Gegensätzlichkeit unseres Gottesbildes. Dass Sie die „dunkle Seite Gottes" nicht nur ansprechen, sondern persönlich aushielten, ist für mich der Beweis, dass Sie bis an die leidvolle Grenze menschlicher Erlebnismöglichkeiten gegangen sind, bis dorthin, wo eine Vereinigung der Gegensätze noch nicht erkennbar ist.

Aber nicht nur haben Sie damit eine erkenntnistheoretische Grundlage der Psychotherapie geschaffen, sondern Sie eröffneten noch ganz andere Zugänge, für die ich Ihnen sehr dankbar bin. Ich weiß nicht, ob die Psychotherapeuten den Zugang zum I Ging gefunden hätten, wenn Sie sich nicht diesen Erfahrungen ausgesetzt hätten. Ich bin sicher, dass Sie noch in vielen anderen Bereichen außerhalb unserer rationalen Erfahrungswelt gearbeitet haben, es jedoch vorzogen, darüber zu schweigen, hat Ihnen doch Ihr Mut, über das Außersinnliche zu forschen und zu schreiben, schon genügend Verdruss eingebracht.

Ich erwähne nur die kritischen Besprechungen Ihrer Biografie. Ich vertrete heute die Ansicht – die natürlich nicht von allen Kolleginnen und Kollegen geteilt wird –, dass jede Lehranalysandin und jeder Lehranalysand eines Jungschen Instituts persönliche Erfahrungen mit dem I Ging gesammelt haben sollte. Danach bleibt es ihm oder ihr überlassen, diese

Erfahrungen in der Arbeit mit sich selbst oder den Klienten zu verwenden. Für mich wurde das I Ging seit meinen ersten Semestern in Zürich eine äußerst wertvolle Informationsquelle, dies um so mehr, als es eng mit dem Konzept der Synchronizität verbunden ist. Auch hier haben Sie Tore geöffnet, von denen ich nur hoffen kann, dass sie in unseren Kreisen genutzt werden.

Wichtig wurde mir in diesem Zusammenhang auch die Weisheit Laotses: „Aus dem Tao wird die Eins, aus Eins wird Zwei, aus Zwei wird Drei, und aus der Drei entstehen die zehntausend Dinge." Diese zitiere ich öfter – ich hätte ihn wohl ohne Ihre Führung und Forschung nie entdeckt. Genau das ist es ja: Es ist die Ureinheit, auch im heutigen entwicklungspsychologischen Sinn, aus der unmittelbar die Zweiheit entsteht. Damit sind wir mitten im Gegensatzprinzip und zugleich an dem Punkt, an dem wir erkennen müssen, wie schwer der Weg zur Einheit, zur „Unio mystica", ist, wenn es nicht eine Regression in den apersonalen Raum der Symbiose sein soll – was leider oft verwechselt wird. Auch hier haben Sie Bahnbrechendes geleistet; aber wird es an unseren Instituten gelehrt?

„Etwas mehr Meister Eckhart täte manchmal gut", schreiben Sie in der schon erwähnten Einleitung zu „Psychologie und Alchemie". Auch hier waren Sie für mich ein freundlicher Wegweiser: Ich hatte mich mit Meister Eckhart schon als Jugendlicher befasst und fand über Ihr Werk einen vertieften Zugang und wechselseitige Bereicherung. Die Analytische Psychologie und mein Verständnis der Mystik haben über die vielen Jahre dadurch sehr gewonnen. Gerade diese Möglichkeit, so verschiedene Lebens- und Erkenntnisbereiche miteinander zu verbinden, habe ich an der Analytischen Psychologie immer mehr schätzen gelernt, je mehr ich sah, wie heftig die Abgrenzungskämpfe andernorts geführt werden.

Über diese Fragen, besonders über die Trennung und Vereinigung der Gegensätze, haben Sie Ihr großes letztes Werk, das „Mysterium Coniunctionis", geschrieben. Es blieb mir lange schwer zugänglich, wohl aufgrund der ausführlichen Zitate aus alchemistischen Schriften. Ich gehe davon aus, dass auch dieses Opus ein lebenslanges Studium erfordert und, je nach dem erreichten persönlichen Erkenntnisstand, neue, vielleicht grundlegend neue Einsichten und Erlebnismöglichkeiten eröffnet, ist doch die Transformation der Materie ihr Thema. Wie ich höre, wird es von unseren Studierenden während des Studiums leider kaum gelesen, sicher aus ganz verschiedenen Gründen, die ich gut verstehen kann.

Ihre Schriften eröffnen dem Leser mit jedem Lebensalter neue Perspektiven. Und nimmt man noch Ihre Briefe hinzu, so steht man vor einer faszinierenden Fülle. Gerade diese kann jedoch leicht zum Missionieren verführen und dazu, auch andere für Ihre weitreichenden Gedanken und Visionen zu begeistern. Immer wieder habe ich es versucht, immer wieder, und jetzt endgültig habe ich es aufgegeben. Zu Ihrem Werk muss jeder seinen eigenen Zugang finden, ich kann andere auf diesem Weg begleiten und tue es stets gern, aber die einzelnen Schritte kann nur jeder für sich selbst gehen.

Ein Brief wie dieser ermöglicht zugleich einen Rückblick auf viele Jahre beruflicher und persönlicher Entwicklung und Erfahrung und das Werden und Wachsen der eigenen Person. Eines der ersten Bücher von Ihnen, das ich las, war „Psychologie und Alchemie". Ich erinnere mich nicht mehr, wie ich gerade darauf kam, wahrscheinlich hatte ich in der Bibliothek des Psychologischen Instituts der Freien Universität Berlin darin gelesen. Ich wünschte es mir jedenfalls gleich zu Weihnachten und las es dann in einem Zug durch. Es war wie ein Rausch. Heute denke ich, dass ich kaum etwas davon verstanden habe, und dennoch: Als sehr christlich erzogener und lebender junger Mann begegnete ich wohl damals erstmals der von Ihnen oft beschriebenen kompensatorischen Unterströmung zu der das Bewusstsein prägenden christlichen Haltung. Wahrscheinlich hat mich das an Ihrem Werk so gefesselt: Ihr Mut, die andere Seite zu artikulieren, und dies nicht nur anhand theoretischer Überlegungen, sondern entscheidend geprägt durch Ihr persönliches Erleben. Das wird in Ihrer so ehrlichen Biografie besonders deutlich.

Nun kann man sagen, dass solche persönlichen Prägungen in der Wissenschaft keinen entscheidenden Platz haben sollten. Aber Ihre Erfahrungen sind ehrlich und nachvollziehbar, sie gaukeln keine objektiven Wahrheiten vor und verleugnen ihren subjektiven Ursprung nicht.

Sind es nicht gerade die Einfälle und Intuitionen der großen einzelnen, die Generationen von Wissenschaftlern beschäftigen und die Ausarbeitung neuer Paradigmen ermöglichen? Sie gehören zu denen, die vorangegangen sind. Sie sind weiter vorangegangen, als viele Ihnen zu folgen vermögen. Wenn man als „Jungianer" von Alchemie spricht, gerät man rasch ins Zwielicht. Aber wem schreibe ich das! Nur zu oft hat man Ihr Werk verächtlich kommentiert. Aber jetzt scheint es so weit zu sein, dass anhand alter chinesischer Texte die Alchemie als „innere und äußere Alchemie" auch aus westlicher Sicht erforscht wird. Die neuesten Studien hierzu sind sehr spannend und die innere Vorbereitung durch Ihr Lebenswerk einmal mehr ein Grund zur Dankbarkeit.

Für mich schließt sich damit ein Kreis, ein Zeitkreis von fast fünfzig Jahren, und wieder habe ich den Eindruck – wie so oft bei Ihrem Werk –, dass ich am Anfang stehe, dass ich weiterbauen kann an einem Fundament, dass Bekanntes in Neuland führt und nicht in ständige Wiederholungen desselben mit anderen Worten und dass Sie diesen Weg erkenntnis- und erlebnismäßig gegangen sind. Wir können ihn probeweise mitgehen oder auch nicht. „Komm und sieh selbst", hatte Buddha ja empfohlen.

Ihre Einleitung in die religionspsychologische Problematik der Alchemie habe ich schon mehrfach erwähnt. Dort fand ich auch die Verbindung zu Meister Eckhart. Sie bleibt für mich zusammen mit Ihrer psychologischen Einführung in das Geheimnis der Goldenen Blüte und Ihrer grundlegenden Arbeit „Theoretische Überlegungen zum Wesen des Psychischen" die beste Einführung in Ihr Verständnis der Psyche. In diesen drei Arbeiten wird deutlich, welch weite Perspektiven Ihr Werk umfasst. Für mich ist es deshalb noch lange nicht an der Zeit, „darüber hinauszugehen", wir haben es doch noch kaum vollständig rezipiert. Viele Aspekte machen eben einfach Angst. Die heute zumindest hier in Deutschland populäre Kritik an Ihrem Werk berührt mich angesichts dieser Weite immer seltsam. Warum kritisiert man so heftig, was noch kaum ganz verstanden ist? Will man Ihr Werk auf eine Größenordnung zusammenschneiden, die besser zu überschauen, weniger vom Gegensatzprinzip geprägt und damit scheinbar eindeutiger ist? Halten wir die Spannung nicht aus, den möglichen Widerspruch der Ideen, aus dem doch so viel Energie fließt? Ich erinnere hier nur an Ihre Gedanken über Physik, Zahl und Zeit, die von Marie-Louise von Franz aufgegriffen und ausgearbeitet wurden.

Nur beiläufig möchte ich hier erwähnen, dass Sie mit Ihren Ideen zur psychischen Energie auch Brücken ermöglichen bis hin zu Wilhelm Reich und den modernen energetischen Schulen, wird doch heute vieles im Sinne von „Energie" verstanden, was Sie schon vor mehr als fünfzig Jahren in diesem Sinne formulierten.

Die Möglichkeit, Brücken zu schlagen, scheint mir ein, wenn nicht das wesentliche, Kennzeichen Ihres Werkes zu sein. Trotz des eindeutigen Fokus „Psyche" sind die Pforten geöffnet hin zur Theologie, zur Völkerkunde, zur Erkenntnistheorie und zum Strukturalismus, zu Biologie und

Physik. Ich habe mir überlegt, ob Sie sich, lebten Sie heute, nicht gründlich mit dem Konstruktivismus auseinandersetzen würden. Er bietet meines Erachtens eine moderne Grundlage zum Verständnis vieler psychischer Phänomene in dem Sinne, wie Sie diese sehen. Die Seele erschafft die Welt, wie wir sie kennen. Die Welt der Bilder ist der Kernbereich des Psychischen, Bilder sind, wie alles andere auch, eben Konstruktionen der Psyche. Sie konstruiert sich selbst, es fehlt der archimedische Punkt außerhalb, wie Sie oft und meines Erachtens bedauernd bemerkten. Vielleicht verfügen Sie ja jetzt darüber, können ihn uns aber leider nicht mitteilen.

Ich habe nie verstanden, warum man gerade die Archetypen so kritisiert und manchmal lächerlich gemacht hat. Die „Menschenart des Menschen", wie Sie sie nannten, ist doch so selbstverständlich, fast schon banal. Die Archetypen sind die Rahmenbedingungen unserer Weltbilder. Sind es die großen und energetisierenden Bilder, die in den Köpfen nicht ausreichend Platz haben?

Für mich bedeutete der Zugang zu den Archetypen eine ganz wesentliche Erweiterung meines Bewusstseins und meiner therapeutischen Möglichkeiten. Wenn es gelingt, zum Beispiel anhand eines Traumes, der Patientin oder dem Patienten zu vermitteln oder sich für das eigene Leben erneut klarzumachen, dass wir eingebettet sind in den großen Raum menschlicher Erlebnismöglichkeit, so hat das immer eine grundlegende, eine befreiende oder wenigstens eine ermutigende Wirkung. Und gerade heute, da wir so viel von „one world", von Globalisierung sprechen, ist dieses Konzept eine psychologische Basis, die einzige, die ich bisher in der Psychologie erkennen kann.

Meine Hoffnung, mein Wunsch, nicht nur für die Analytische Psychologie, ist, dass sich der Archetypus des Göttlichen Kindes immer wieder energisch zu Wort meldet und zu schöpferischem Tun aufruft, um ein lebendiges Gegengewicht zur kritischen Nörgelei darzustellen. Aus eigener Praxis weiß ich, dass die Aktive Imagination mit konstellierten Archetypen eine fantastische und andere Zugänge ergänzende Möglichkeit darstellt, sich mit den Energien der Psyche zu verbinden, sie zu erleben und erneut einen persönlichen Zugang zu ihnen zu finden. Man braucht nicht erst ein Lebensmüder zu sein, um mit dieser Ba-Seele, mit dieser urmenschlichen, eben archetypischen Möglichkeit, in Verbindung zu treten. Natürlich ist auch dies ein Zugang zur Psyche, der vielen Leuten und vor allem Fachkolleginnen und -kollegen noch fremd oder gar suspekt ist – leider.

Wer die Möglichkeiten der Verbindung mit dem Unbewussten kennt, weiß, von welchen inneren Quellen wir uns durch eine negative Einstellung abschneiden. Für mich gilt auch hier, dass in jeder Lehranalyse dieser Zugang vermittelt und geübt werden sollte.

Der Bezug zum Unbewussten eröffnet auch das spannende Erlebnisfeld der Synchronizität, ein Thema, das mich zunehmend beschäftigt und von dem ich annehme, dass gerade wir Jungianer wesentliche Beiträge und Brücken zu anderen Wissenschaften – hier wieder besonders zur Physik –, aber auch zu sinnstiftendem Erleben vermitteln können. Jede synchronistische Erfahrung hat numinose und damit überzeugende Qualität. Wer damit vertraut ist, lächelt amüsiert oder traurig über das rationale Hin und Her, weiß sie oder er doch, welch wunderbare Möglichkeiten außerhalb der vertrauten Rationalität noch verborgen liegen.

Ich vermute, dass es mit „Ihrer" Psychologie vor allem im Bereich der Aktiven Imagination, der Synchronizität und der Zahl, in die vielleicht unser Gottesbild eingewandert ist – ist sie doch allwissend und allmächtig in Wissenschaft und Wirtschaft –, weitergehen wird, neben allen therapeutischen und persönlichen Anwendungen, die wir in der Traumanalyse sowie der Analyse des kollektiven Bewusstseins und unbewussten kennen.

Und ich hoffe, dass mir noch einige aktive Jahre bleiben, um daran mitzuarbeiten.

In Dankbarkeit,
Ihr Theodor Seifert

Baum
will ich sein
für euch.
Zu lagern
in seinem Schatten
nach langem Wandern
in den Kurven des Alltäglichen
zu schauen das Ewige
droben im Himmelsgeäst
und tief drunten
im Grund der Seele.
Und gut gebettet im milden Moos
mich hinzugeben der Flut
und dem Feuer der Liebe.
Und dann zu folgen
den fallenden Träumen
fallend vom Geäst der Jahrtausende
in den Augenblick des Schlafs.
So ein Baum
will ich sein.

(Hans Dieter Knoll)

Der gute Hirte[8]

Theodor Seifert

Lange habe ich für diesen Buchbeitrag nach meinem Lebensthema gesucht, wohl ahnend, eigentlich schon wissend, dass es in mir lebendig, aber noch nicht recht formulierbar ist. Und dann war es plötzlich ganz klar da: Es ist „der gute Hirte". Dieses Thema begleitet und führt mich seit vielen Jahren, aber das wurde mir erst relativ spät genauer bewusst. Wenn ich jetzt zurückschaue, so kann ich es wie einen roten Faden in vielen Abschnitten und Entscheidungen meines Lebens erkennen.

Deutlich wurde es mir erstmalig, obwohl ich schon viele Jahre mehr oder weniger danach gelebt hatte, in einem Selbsterfahrungsseminar mit Bert Hellinger. Zu dieser Zeit hatte er die Thematik der Familienaufstellungen erst ansatzweise entwickelt. Wir arbeiteten damals am Lebensskript und an den Botschaften, die unsere Entwicklung und unser Selbstverständnis beeinflussen und steuern. Es gehört dazu, dass man nach Geschichten sucht, die einem im Leben als Kind, als Pubertierender und auch später als Erwachsener wichtig und Maß gebend gewesen und entsprechend auch im Gedächtnis geblieben sind. Da tauchte er nun auf, der gute Hirte. Ich erinnerte mich an den Kindergottesdienst in der Gemeinde, zu der meine Eltern gehörten, in der die Geschichte vom guten Hirten aus dem Johannesevangelium erzählt wurde. Der Kernsatz, der damals geblieben ist, war, dass der gute Hirte sein Leben für seine Schafe lässt. Bert Hellinger war bei der Besprechung sehr nachdenklich und sagte, er wisse nicht, ob er mich zu diesem Lebensthema beglückwünschen oder bedauern sollte.

Da wurde mir erstmalig die Ambivalenz und auch Ambitendenz dieses Themas richtig deutlich. Während ich jetzt darüber nachdenke, verstärkt sich dieser Eindruck, denn es ist mir immer wichtig gewesen, den Blick nach beiden Seiten hin offen zu haben, mich sowohl der einen wie der anderen gleichermaßen zuzuwenden. Diese Doppelrichtung des Blickes hat mich im Leben immer wieder angeregt, hat meine Perspektiven erweitert, aber schwierig war es auch, da ich bei einer Sache immer gleichzeitig das Gegenteil dazu sehen und denken kann. Auch die entsprechenden

8 Beitrag zum Buch: T. und A. Seifert (Hrsg.) (2004): Sinn erleben: Improvisationen
   über das Lebensthema. Berlin: Pro Business.

gegensätzlichen Gefühle waren mir zugänglich und waren oft sehr belastend. Es erschwert selbst kleine Entscheidungen im Leben, wenn man immer beide Seiten sieht, die Vorteile und die Nachteile genau abwägen kann und erkennen muss, dass sie sehr häufig ziemlich gleichgewichtig sind. So bleibt immer die Notwendigkeit, sich zwischen zwei meistens ziemlich bewussten gegensätzlichen oder polaren Positionen zu entscheiden.

Später hat sich mir das in dem alten indischen Ausspruch „Neti-Neti" noch einmal in ganz anderer Sicht verdeutlicht. Übersetzt heißt es: „Nicht dies und nicht das". Genau das kann es sein. Sich bei Entscheidungen zwischen zwei Möglichkeiten klarzumachen, es ist nicht dies und nicht das. Dieser Standpunkt stimmt zwar aus einer philosophischen Perspektive, denn weder das Eine noch das Andere ist das Ganze, es ist nicht dies und das. Andererseits stehe ich im Leben in vielen kleinen konkreten Situationen, die eben doch in sich ziemlich klar definiert, lustig oder auch traurig, belastend oder erfreulich, schlimm oder heilsam sind und eine oft rasche Entscheidung erfordern.

In Psychotherapien begegnet mir die Frage immer wieder, weil die meisten Menschen unter dem Druck stehen, sich für das eine und gegen das andere meinen entscheiden zu müssen. „Ist es nun so oder so?" lautet die Frage. Es gibt hierauf eine meistens gültige Antwort und die heißt: es ist so und so, das „oder" bringt die Menschen in große Schwierigkeiten. Selbst bei der Frage, ob etwas gut oder böse ist, kann das Wörtchen „und" eine erlösende Funktion haben, denn, wie wir inzwischen wissen, sind gewisse Handlungen in einer Familie gut, in einer anderen böse, in einer Kultur ganz normal und auch gut, in einer anderen verwerflich. Gerade in der Völkerkunde, beim Studium vieler verschiedener Menschengruppen hat sich immer wieder herausgestellt, dass für die eine Gruppe absolut gültige Maßstäbe für die andere sehr problematisch sind und zu drastischen Strafen führen können.

Aber zurück zum „guten Hirten". Er sorgt für seine Schafe, er lässt sie nicht im Stich, er opfert notfalls sein Leben für sie. Ich denke an mich als kleinen Jungen, vielleicht drei oder vier Jahre alt, als ich kurz vor einem schweren Gewitter in unserem großen Garten stand und so schnell es irgend ging, alle Gänseblümchen, die da auf der Wiese blühten, in die Tasche meiner kleinen Schürze sammelte, um sie vor dem Gewitter zu retten. Für mich waren die Blümchen kleine Lebewesen, die ebenso viel Angst vor dem Gewitter hatten, wie ich selbst und die ich noch schnell in Sicherheit bringen musste. Ich weiß zwar nicht, wie meine Mutter darauf damals reagiert hat, aber mir ist nicht erinnerlich, dass meine kleine Rettungsaktion lächerlich gemacht worden wäre. Schon damals war der kleine Junge ein guter Hirte für alle Gänseblümchen.

Hier muss ich ergänzen, dass Gänseblümchen noch heute für mich zu meinen Lieblingsblumen gehören und dass es mir im späteren Frühjahr immer sehr schwer fällt, den Rasen zu mähen und damit alle Gänseblümchen, die ja großenteils noch schön blühen, zu vernichten. Ich muss mich immer damit trösten, dass sie ja wieder wachsen, was aber nie mehr so und eigentlich erst im nächsten Jahr der Fall ist, wie kurz vor dem Mähen. Im Frühjahr gehören die Gänseblümchen zu denen, die schon sehr zeitig blühen, fast so früh, wie die Schneeglöckchen. Da ist es mir immer eine besondere Freude, jede einzelne Blume und ihr Wachstum zu beobachten und persönlich kennen zu lernen. Was dann bei der größeren Wiese nicht mehr möglich ist.

Es ist mir überhaupt nie schwer gefallen, mir die Gegenstände meiner Umgebung als irgendwie belebt oder beseelt vorzustellen und eine Beziehung zu ihnen aufzunehmen. Das galt natürlich besonders für meine Teddybären. Es ist mir auch heute noch ein Vergnügen in einem Geschäft der Firma Steiff diese kleinen Stofftiere als Wesen mit Seele zu sehen. Ich bin mir natürlich darüber im Klaren, dass das eine animistische Position ist, die eigentlich im Sinne der rationalen Bewusstseinsentwicklung des Menschen überwunden sein sollte, ich habe aber immer noch selbstverständlichen Zugang dazu. Und darüber bin ich froh, es bereichert mein Leben sehr. In früheren Zeiten waren Wald und Flur mit Geistern und Elfen bevölkert. Wir brauchen auch in Europa nicht all zu weit zu gehen, um z. B. in Skandinavien statt der Weihnachtsgruppe mit Engeln und Hirten eine Ecke mit Moos, Baumrinde und Steinchen zu finden, in der Trolle hausen, jene Zwergen ähnliche Wesen, die mit zauberhaften Kräften ausgestattet sind und in der Natur leben. Dass die Trolle draußen in der wilden Natur noch lebendig sind, ist für viele Menschen selbstverständlich, auch wenn sie nicht darüber reden. Das beliebte Kinderbuch von Astrid Lindgren „Tomte Tummetott" ist ein schönes Beispiel dafür und auch Chansons wie „Mein Freund der Baum" erwachsen aus diesen inneren Beziehungen zur Natur.

Von Kindern wissen wir, dass der Gedanke an solche Figuren Angst machen kann, was jedoch den Eltern zugeschrieben werden muss, die dieses magisch-animistische Denken der Kinder dazu benützen, Gewalt über sie auszuüben. Pfiffige Kinder denken sie sich aber als kleine Helfer und meinen, dass sie irgendwo im Kinderzimmer stehen oder sich versteckt halten und nur heimlich mit ihnen in Verbindung treten. Der Teddybär oder die Maus, das Kaninchen, der Kasper oder welches Wesen auch immer sitzen ja meistens mit im Bett, wenn nicht ein lebendiges Tier, wie z. B. eine Katze, dort mit schlafen darf.

Als Psychotherapeut ist es mir auch in den klinischen Behandlungen nie schwer gefallen, es den Patientinnen und Patienten einfach zu lassen, wenn sie erzählen – zunächst eher vorsichtig – dass es ihnen wichtig war, ihren Teddybären mit ins Bett zu nehmen. Ich habe das nur selten als infantile Haltung verstanden und gedeutet, geschweige denn verboten, diese Tiere mit ins Bett zu nehmen.

Natürlich ist das kindlich, aber gerade der Zugang zu diesen Quellen der Kindheit kann helfen, eine neue lebbare Grundlage für die Zukunft zu schaffen. Das Leben wird wieder ein Ganzes und damit heil. Wir wissen ja auch aus dem Neuen Testament, dass wir nicht das Reich der Himmel erreichen werden, wenn wir nicht werden wie die Kindlein. Es ist eben immer nur ein Bezug zu dem Teil unserer Seele, der über viele Jahre unser Lebens- und Weltbild geprägt hat. Aus diesem Grunde wünschen sich ja auch fast alle Kinder ein Tier. Sie leben mit dem Tier wie mit einem Freund.

In diesem Zusammenhang erinnere ich mich an den Kanarienvogel meiner Tochter, mit dem sie eine besondere Beziehung verband. Wenn sie mit ihren Eltern ärgerlich oder von ihnen enttäuscht war, setzte sie sich vor den Vogelbauer und sprach mit dem Vogel, erzählte ihm von ihrem Kummer. Er hörte ihr auch immer sehr aufmerksam zu. Manchmal legte sie Körnchen oder Kuchenkrümel auf ihre Zunge und ließ sie von ihm dort abpicken. Es war immer eine ganz rührende Szene zu sehen, wie intensiv der Bezug des Mädchens zu dem Tier war.

Ich glaube, dass meine Vorstellung vom guten Hirten und dem entsprechenden Bezug zur Natur aus diesen Quellen bis heute lebt. In meiner Kindheit hatten wir einen sehr großen Garten um unser Haus. In der Kriegszeit und auch danach war es wichtig, möglichst viel Land zu bearbeiten und für die Ernährung zu nutzen. Seitdem habe ich wohl eine persönlich Beziehung zu Pflanzen, mit denen ich einen selbstverständ-lichen und lebendigen Kontakt aufnehmen kann. Ich hatte damals auch drei Schafe zu versorgen, mit überall gesammelten Kartoffel- oder Obst-schalen, Heu und auch mit Laub, das im Herbst getrocknet wurde, damit im kleinen Stall im Winter das nötige Streu vorhanden war, da es Stroh für uns nicht zu kaufen gab.

Eins nun meiner schlimmsten Erlebnisse aus dieser Zeit war, dass ich eines Tages mit einem der Schafe im Handwagen – es wurde dort aufgela-den und mit einer Decke zugebunden – zum Schlachthof fahren musste, um es schlachten zu lassen. Nun hatte man zu jener Zeit Tiere nur aus dem Grund, eine Zusatzernährung zu gewährleisten. Für mich ist dieses Erleb-nis aber bis heute ein innerer Schock geblieben. Ich kann mich noch heute ganz lebendig und schmerzhaft daran erinnern, was es für mich bedeutet hat, das Tier dorthin zu bringen und dann die entsprechenden Fleisch-teile wieder mit nach Hause zu nehmen. Ich verstehe bis heute nicht, wie meine Mutter – mein Vater war damals schon gestorben – mir das einfach so überlassen und damit auch aufbürden konnte. Ich glaube, wie es ja wohl in der damaligen Generation üblich war, sie hat sich über die Seele des kleinen Jungen überhaupt keine Gedanken im heutigen Sinne gemacht.

Zu der damaligen Zeit hatte man ebenfalls aus Ernährungsgründen auch Kaninchen. Ich fütterte sie regelmäßig, sorgte dafür, dass die Häsin Junge werfen konnte und putzte ihren Stall. Ein besonderes und nicht ganz so dramatisches Erlebnis wie das Schlachten des Schafes war, dass ich einmal, da sonst niemand in der Lage war es zu tun, ein Kaninchen schlachten musste. Der Schlag mit dem Wetzstahl hinter die Ohren, um das Tier zu betäuben, das Abziehen der Haut und so weiter, war für mich im Rückblick eine entsetzliche Tätigkeit, die ich aber damals recht gut bewältigte.

Hier wurde ich in beiden Fällen auch mit der Gegensätzlichkeit des Daseins konfrontiert, mit der Notwendigkeit zu überleben und die entspre-chenden Schritte zu tun, wie auch der schrecklichen Taten des Tötens. In diesen beiden, ich möchte heute sagen „Urerlebnissen" wurde mir wohl zum ersten Mal, ohne dass ich es so benennen konnte, die unmittelbare Ehrfurcht vor dem Leben, die Albert Schweitzer als Grundlage seiner Ethik formuliert hatte, zugänglich.

Ich habe bis heute noch eine sehr intensive Beziehung zu Schafen. Wenn ich sie auf der Weide sehe, nehme ich eine innere Verbindung zu ihnen auf, so als müsste ich selbst noch ihr Hirte sein. Meine ganze Bezie-hung zur Natur ist von diesem Grunderlebnis des guten Hirten geprägt.

Am Allerschlimmsten ist es für mich, wenn ich auf der Autobahn an einem Tiertransporter vorbeifahre und sehe die Augen der Tiere aus den kleinen Luken schauen. Es ist für mich immer an der Grenze des Erträglichen. Ich kann es gut verstehen, dass im tibetischen Buddhismus dadurch gutes Karma erworben werden kann, dass man ein Tier vom Schlachter loskauft und damit seine Tötung verhindert.

Während ich über dieses Thema nachdachte, kam mir das ethische Prinzip von Albert Schweitzer „Ehrfurcht vor dem Leben" wieder einmal in den Sinn, das mich über viele Jahre bewegt hat. Er schreibt: „Dem Menschen, der zur Ethik der Ehrfurcht vor dem Leben gelangt ist, ist jedes Leben als solches heilig. Er hat eine Scheu davor, ein Insekt zu töten, eine Blume abzureißen. Den Wurm, der auf der gepflasterten Straße verschmachtet, errettet er, indem er ihn ins Gras legt."

Hierzu möchte ich ergänzen, dass ich von unserem Haus aus Spaziergänge durch Felder und Wiesen machen kann, die allerdings inzwischen nicht mehr von sandigen, sondern von asphaltierten Wegen durchkreuzt werden. Auf diesen Wegen sehe ich an besonders regenreichen Tagen unter Umständen viele Regenwürmer liegen, manche von ihnen schon von den zwar nicht häufig, aber doch immerhin regelmäßig durchfahrenden Autos getötet. Da ist es mir nun seit Jahren ein Bedürfnis, die noch verbleibenden Regenwürmer vor diesem Tod zu bewahren.

Ich denke dabei, dass wir Menschen ja eigentlich ihren Lebensraum, indem wir die Wege asphaltieren, zerstören, sodass sie keine Chance mehr haben, sich in den ihnen gemäßen Lebensraum der Erde und des Feldes zurückzuziehen. Ähnlich geht es mir mit den Igeln, die oft auf dem Wege liegen und überfahren werden. Wenn es geht, fahre ich an keinem toten Igel vorbei, ohne ihn, allerdings mit meinen entsprechenden Handschuhen, wenigstens in den Straßengraben zu legen, damit er ein ihm gemäßes „Begräbnis" hat.

Über längere Zeit fand ich das eher ein bisschen lächerlich und scheue mich auch heute noch manchmal, wenn ich einen solchen Weg gehe, im Angesicht anderer Spaziergänger Regenwürmer aufzusammeln und sie in das Feld und die Wiese rechts und links des Weges zu werfen. Da wird mir immer wieder bewusst, wie schwierig es doch ist, diese im Grunde einfache Ehrfurcht vor dem Leben auch im Alltag zu verwirklichen. „Vertiefst du dich ins Leben, schaust du mit sehenden Auge in das gewaltige belebte Chaos dieses eines, da ergreift es dich plötzlich wie ein Schwindel. In allem findest du dich wieder. Der Käfer, der tot am Wege liegt – er war etwas, was lebte, um sein Dasein rang wie du, an der Sonne sich erfreute wie du, Angst und Schmerzen kannte wie du und nun nichts mehr ist als verwesende Materie – wie du über kurz oder lang sein wirst."

Auch dieser Satz von Albert Schweitzer gehört zu meinem Thema „der gute Hirte". Wenn ich es recht bedenke, so ist es eigentlich gar nicht schwierig, in diesem umfassenden Sinne ein guter Hirte zu sein. Aber ich merke eben auch, wie schwierig es ist, vor sich selber und vor anderen Menschen dazu zu stehen. Eigentlich macht man sich lächerlich, denke ich oft. Hier ist auch wieder der Blick nach beiden Seiten, es ist mir eben nicht möglich, das eine zu tun, ohne gleichzeitig das Gegenteil davon wenigstens zu denken.

Es gibt eine alte indische Lebensweisheit, die mir in dieser Hinsicht immer wieder hilfreich und bedeutsam wird:

> Gott schläft im Stein,
> atmet in der Pflanze,
> träumt im Tier,
> und erwacht im Menschen.

Genau das ist es. Wenn es mir gelingt, in den verschiedenen Formen der Natur die Möglichkeit eines Gotteserlebnisses zu finden, so ist es nicht mehr schwierig, für diese ganzen Wesen ein „guter Hirte" zu sein. Wenn ich es rückblickend bedenke, so glaube ich auch, dass meine Berufswahl, Psychotherapeut und Psychoanalytiker zu werden, wesentlich von diesem Lebensthema mit bestimmt war.

Im Grunde ist es ja gar nicht schwer, in jedem Mann und in jeder Frau den ängstlichen, verzweifelten, wütend um sich schlagenden kleinen Jungen oder das enttäuschte, sehnsuchtsvolle und ebenso wütende kleine Mädchen zu sehen. Schaut man einem sogenannten Patienten lange genug in die Augen, so erkennt man es.

Es gibt heute theoretische Positionen, die mit dem „inneren Kind" arbeiten, ein Weg, der fast jedem Patienten und jeder Patientin zugänglich ist. Wenn Menschen ihre Kinderbilder in die Behandlung mitbringen, und seit vielen Jahren vielleicht zum ersten Mal wieder anschauen, so ist dies immer ein besonders eindrückliches Erlebnis, sowohl für sie als auch für mich als Therapeuten. Es ist, als sind wir in dem Moment beide

„gute Hirten" für die Kleinen, die auf dem Foto in ihrem Stühlchen, oder dem Schoß eines Menschen sitzen, oder wie immer das Bild auch gestaltet sein mag.

In solchen Situationen bedaure ich es, dass in den theoretischen Konzeptionen unserer Psychotherapie solche symbolischen Bilder wie „der gute Hirte" keinen Platz haben und man sich auch als Therapeut natürlich fragen muss, ob man sich zu sehr mit dem Bild einer guten Mutter oder dem positiven Aspekt des Mutterarchetyps identifiziert.

Hier ergeben sich sehr diffizile Probleme der Selbstanalyse, die im Rahmen einer therapeutischen Ausbildung durchgearbeitet werden sollten. Ich glaube, dass das große für mich archetypische Bild eines „guten Hirten" für jede Therapie Weg leitend sein kann. Das schließt nicht aus, dass man auch sehr klar, streng und rational, oder was es auch immer sein mag, in den jeweiligen Situationen handelt. Ein „guter Hirte" zu sein bedeutet nicht, dass man alles gut heißt oder nur lahm und nachgiebig ist. Aber aus dieser Position ist es auch keine Schwierigkeit, in jedem Menschen die positiven Entwicklungsmöglichkeiten zu sehen und ihnen nachzugehen.

Angesichts dieser Sichtweise bin ich sehr dankbar, dass ich meine Weiterbildung und auch meine geistige Heimat im Bereich der Analytischen Psychologie C. G. Jungs gesucht und gefunden habe. Es sind die symbolischen Bilder, die lebendige Einheit der Psyche, die genau zu kennen und mit ihnen zu arbeiten zum Rüstzeug jedes analytischen Therapeuten gehören. Vor dem Hintergrund dieser Psychologie spreche ich auch gerne vom Archetyp des Hirten. Ich glaube, wenn es gelingt, jedem Menschen bewusst zu machen, dass er über diese archetypischen Kräfte und Ressourcen verfügt, dass er Lebenskrisen leichter und mutiger bewältigt.

Heute sprechen wir von einer ressourcenorientierten Psychotherapie, eigentlich ein versachlichter und wissenschaftlicher Ausdruck dafür, dass ich als „guter Hirte" mit den Menschen, die mir in der Therapie ihr Leben zumindest teilweise anvertrauen, umgehe. Für mich ist es nie eine Schwierigkeit gewesen, immer auch die positiven Aspekte zu sehen. Es war für mich manchmal eher eine Schwierigkeit, Situationen so kritisch zu sehen und zum Teil auch zu beurteilen, wie sie beurteilt werden müssen. Es gibt eben nichts, was nicht auch eine gewisse Einseitigkeit der Blickrichtung mit bedingt. Dies ist mir auch völlig bewusst, so gerne ich mich an dem Bild des „guten Hirten" in meiner Tätigkeit orientiere und auch in meinem Selbstverständnis dabei bleibe.

Wir sagen heute, dass uns Menschen die Erde mit ihren vielen Möglichkeiten, der wunderbare blaue Planet, anvertraut ist. Insofern ist die ganze Erde die Herde, für die wir wie ein „guter Hirte" sorgen müssen. In der biblischen Geschichte geht der Hirte dem einen verlorenen Schaf nach, bis er es wieder findet. Das ist für mich immer ein sehr anregendes Bild für die Therapie von Menschen gewesen, die in großen persönlichen Schwierigkeiten sind und in endlosen Verwicklungen ihr Leben kaum noch erkennen können. Vor diesem Hintergrund finde ich es eine großartige Leistung der Psychoanalyse, dass sie Methoden entwickelt hat, den bis ins feinste gehenden Verästelungen der menschlichen Psyche nachzugehen und hier auch Heilungschancen zu ermöglichen und die dafür notwendige Zeit anzubieten.

In den letzten Jahren ist mir noch beim Nachdenken über unsere Möglichkeiten, das Leben gut zu bewältigen, das Phänomen der Transparenz deutlich geworden. Wir haben die Fähigkeit, gewissermaßen „durch die Dinge hindurchzuschauen", uns nicht am Vordergründigen allein zu orientieren, sondern „dahinter zu schauen". Wenn wir versuchen, einen Sinn in Phänomenen zu erkennen, so ist dieser in der Regel nicht offensichtlich, wir beobachten nur bestimmte Abläufe und Tatsachen. Das Sinnerleben liegt in diesen Abläufen einerseits verborgen, ist aber trotzdem zugänglich und erkennbar. Voraussetzung ist allerdings, dass wir bereit sind, die Phänomene der Natur als transparent zu sehen. Das heißt jedoch, dass wir eine Idee davon haben müssen, was durch die Phänomene hindurch scheint. Und hier ist noch einmal an den indischen Vers zu erinnern, der diese Transparenz und das, was in den Phänomenen erlebbar und erkennbar wird, beschreibt. Eigentlich ist es letztlich ein mystisches Erlebnis, uns in die Einheit mit der Natur oder dem Kosmos hinein zu begeben.

Ich glaube, dass die Erlebnismöglichkeiten, die der „Archetyp des guten Hirten" uns bietet, wenn wir sie im persönlichen wie auch im umgebenden Leben mit anderen Menschen und der Natur verwirklichen, einen Weg zu diesem tiefen mystischen Schauen und Erkennen bietet. Für den nicht nur bei Patientinnen und bei Patienten, sondern auch bei uns Therapeuten und Therapeutinnen immer wieder neu zu reflektierenden Umgang mit uns selbst, ist die Weise des „guten Hirten" sehr hilfreich.

Es ist leider so, dass gerade im ärztlichen Bereich wie auch unter Psychiatern und Psychotherapeuten relativ viele Selbsttötungen zu beobachten sind. Das heißt, es fällt selbst den Professionellen schwer, sich selbst ein guter Hirte zu sein. Es ist heute fast schon selbstverständlich geworden, von einem „Burn-out-Syndrom" zu sprechen, als sei es fast normal und selbstverständlich in diesen Berufen. Im Sinne einer persönlichen und so dringend notwendigen Psychohygiene ist es aber viel sinnvoller, sich darüber ernsthaft Gedanken zu machen, wie ich für mich selbst „der gute Hirte" sein oder wieder werden kann, wenn mir der Weg dazu verloren gegangen ist.

Ich meine, aus den genannten Gründen sollte dieses Thema an zentraler Stelle der Weiterbildung stehen. Gerade im Verlauf einer wie auch immer methodisch oder theoretisch begründeten Form der Selbsterfahrung eröffnen sich jeder Teilnehmerin und jedem Teilnehmer sinnvolle Möglichkeiten hierzu. Am Ende eines solchen oft sehr tief gehenden Prozesses sollten eben nicht nur wesentliche Einsichten und Neuentscheidungen stehen, sondern ein klares Programm, wie ich für mich selbst „der gute Hirte" sein kann und wie ich im Alltag dann entsprechend handeln und mit mir umgehen muss.

Dieses wirklich gute „Für-sich-selber-Sorgen" im umfassenden Sinne des Wortes ist meines Erachtens eine Aufgabe, die bis ins hohe Alter erhalten bleibt. Mögen die Themen, die dieses Sorgen meinen, vielleicht in meinem Alter andere sein, als wenn ich als 30- oder 40jähriger noch mutig auf das Leben zugehe, aber es bleibt immer eine Aufgabe des „Gutehirteseins" das Notwendige und im Augenblick Richtige zu erkennen und zu verwirklichen.

Rückblickend bin ich dem kleinen Jungen sehr dankbar, dass er schon damals für die Gänseblümchen sorgen wollte, damit sie im Gewitter keine Angst haben, der seine Teddys versorgte, der später bei seinen Patientinnen und Patienten auch immer danach fragt, ob sie denn einen Teddybär haben oder hatten und der so auch immer wieder einen Weg findet, gut für sich selber zu sorgen, seine „innere Herde" zu hüten. Es fällt mir auch gar nicht schwer, Menschen in Not zu raten, sich doch noch einen Teddybär zu kaufen. Warum soll das Kind in ihnen nicht zeitweilig ein „guter Hirte" für sie sein?

Es ist für mich ein großer Trost gewesen, angesichts meiner freiwillig übernommenen Verantwortung für Regenwürmer, die ich ja selbst auch öfters etwas lächerlich fand, von meiner Lehranalytikerin zu hören, dass sicher ein Zen-Meister, wenn ich ihm davon erzählen würde, meinte, das sei ein gutes Stück des Weges.

Im therapeutischen Beruf besteht die große Gefahr, sich mit dem einen oder dem anderen Pol zu identifizieren. Entweder sieht man nur das Pathologische und das Zerstörerische, ich nenne dies das pathologische Vorurteil beim Verständnis der Symptomatik eines Menschen, oder man sieht nur die dringende Notwendigkeit zu helfen. Die Wahrheit und wirkliche Weisheit liegt in der Mitte. Ich würde heute sagen, dass „der gute Hirte" für mich die führende Kraft war hin zum mittleren Weg, den der Buddha empfahl, weil er ihn über intensive und leidvolle Erfahrungen zwischen den Gegensätzen erlitten und erkannt hatte. Für mich ist es nicht nur der mittlere Weg, sondern der mittlere Punkt, von dem aus ich nach rechts und nach links schauen kann, hin zu den Polen, zu den Gegensätzen, ohne mich damit zu identifizieren, um immer wieder in die Mitte zurückkehren zu können.

Die Kraft des „guten Hirten" in sich zu spüren, ist eine gute Basis für die Wanderung durch das Leben. Beim Ausgespanntsein zwischen den Gegensätzen, die und das ich ein Leben bei mir beobachtet und erlebt habe, war mir die Fantasie des „guten Hirten" besonders nötig und hilfreich. Die Gegensätze immer mit zu sehen, bedeutet auch einen Zugang zur leidvollen Dimension des menschlichen Lebens, die mir gerade im psychotherapeutischen Handeln ständig begegnet. Ich bin jetzt, nachdem ich mir über dieses Kapitel Gedanken gemacht habe, doppelt froh zu wissen, dass jeder diesen Archetypus in sich beleben und erfahren kann.

Zusammenfassend hoffe ich, mit diesen doch sehr persönlich gehaltenen Ausführungen, den Leserinnen und Lesern Mut gemacht zu haben, über ihr Lebensthema nachzudenken, aus ihm die darin enthaltenen für mein Verständnis wirklich hilfreichen und wichtigen Ressourcen zu entnehmen und das Leben Schritt für Schritt glücklich und gut zu bewältigen.

Ich möcht am Glück sterben.
Im Augenblick heiligster Liebe
möcht ich niederknien
Buße tun
für alle liebesleeren Stunden
die ich verbracht.
Möcht für die Liebe leben
ihr nur noch dienen
und keiner anderen Macht
Ehre erweisen
ihr aber huldigen.

(Hans Dieter Knoll)

Theodor Seifert –
Ein Leben im Spannungsfeld der Gegensätze.

Ang Lee Seifert[9]

> [...] nur das Paradoxe vermag die Fülle des Lebens annähernd zu
> fassen, die Eindeutigkeit und das Widerspruchslose
> aber sind einseitig und darum ungeeignet,
> das Unerfaßliche auszudrücken.
> *(Jung, GW 12, §18)*

Als ich Theodor Seifert im April 1973 kennenlernte, saß er mit baumeln-
den Beinen auf dem Schreibmaschinentisch seines Sekretariats in der
Forschungsstelle für Psychotherapie, Stuttgart, und begrüßte mich freund-
lich mit den Worten: „Schön, dass Sie da sind." Dann deutete er auf einen
Stapel eng beschriebenen Papiers und sagte: „Es gibt viel zu tun. Hier, zum
Beispiel, mit meiner Dissertation, an der ich gerade arbeite."

Ich war ein wenig verwundert über die leichte, lockere Art, mit der er
mich begrüßte, so als kennen wir uns schon. Er vermittelte mir das angenehme Gefühl „willkommen zu sein". Der unkonventionelle, anregende
Forschungsgeist in diesem Haus, in dem Wissenschaft mit Leidenschaft
betrieben wurde, begeisterte mich sofort. Man zählte, rechnete, verteilte
Fragebögen, sammelte sie wieder ein, wertete sie aus; ich testete Patienten
der angeschlossenen psychotherapeutischen Klinik mit dem Jungschen
Assoziationsexperiment, das mich immer wieder staunen ließ, weil es stets
präzise die Punkte „triggerte", die für die Betreffenden schwierig waren;
eine analytische Gruppe, deren Mitglieder mit EEG-Ableitungen und
Pulsfrequenzmessgeräten versehen waren, wurden hinter Einwegschei-
ben beobachtet und ihre Ausdrucksweisen dokumentiert; in regelmäßigen
Wissenschaft+skonferenzen diskutierten wir die zur Forschung gehörenden Theorien, Konzepte und Arbeitsmodelle. Es gab aber auch fröh-
liche Gespräche in der kleinen Kaffeeküche, in der oftmals Theodor Seifert
spontan die Tassen spülte, die einfach stehen gelassen waren und irgendje-
mand hatte immer eine Flasche Tullamore Dew im Schrank – heute trinkt
Theodor Seifert, wenn, dann schottischen Single Malt Whisky.

---

9 Ang Lee Seifert, Transaktionsanalytikerin für Psychotherapie

Die Forschungsstelle für Psychotherapie wurde von Prof. Dr. Helmut Enke geleitet, der es in einzigartiger Weise verstand, jeden Mitarbeiter, jede Mitarbeiterin nach seinen und ihren ganz eigenen Gegebenheiten und Fähigkeiten zu fördern. Für ihn war die Individuation eines jeden Gesetz. Wie oft hörte ich von Theodor Seifert: „Ich verdanke Helmut Enke so viel!" Später erzählte er mir auch von seinem früheren Chef in Schweden, Lennart Bergström, dass er auch diesem sehr viel verdanke, denn er ermöglichte ihm, die Arbeit am Psychologischen Institut in Saltjöbaden/Schweden immer wieder zu unterbrechen, um in Zürich am C. G. Jung-Institut seine Ausbildung zum analytischen Psychotherapeuten zu absolvieren. Dankbarkeit gehört ganz wesentlich zur Persönlichkeit von Theodor Seifert. „Mein Schicksal hat mir so viele Möglichkeiten, dieses und jenes zu leben, geschenkt. Dafür bin ich ihm dankbar – aber auch mir, dass ich das, was sich mir bot, ergriffen habe – wenn auch manchmal ein wenig zögernd und zitternd."

Theodor Seifert ist kein Kämpfer, das sagt er oft und erzählt, welche Erleichterung es für ihn war, als Ellynor Barz, eine Jungsche Kollegin, die sich u. a. mit Astrologie beschäftigt, in seinem Horoskop den Planeten Mars, den „Krieger", im Zeichen der Jungfrau entdeckte. „Theo," meinte sie, „deine Stärke liegt nicht in der Aggression, deine Art, dich zu behaupten, ist das klare, scharfsichtige Denken und die für deine Zwecke geeignete verbale Ausdrucksweise."

Das hat er oft bewiesen, wenn er zum Beispiel in Konferenzen oder Mitgliederversammlungen lange, auch hitzige Diskussionen damit beendete, dass er eine ruhige Bemerkung machte, die sowohl die gegensätzlichen Meinungen zusammenfasste und anerkannte, als auch eine klare freundliche Aussicht auf deren zukunftsfähige Überwindung andeutete.

Ein Kämpfer ist Theodor Seifert nicht, doch er hat Mut. Und es macht ihm Freude, gelegentlich unübliche Wege zu gehen oder auch gekonnt zu provozieren. Zum Beispiel mit seiner Doktorarbeit. Sie heißt: „Operationalisierung einiger Aspekte des Übertragungsgeschehens." Damit tastete er eine „heilige Kuh" der Psychoanalyse an. Lässt sich das, was der Kernpunkt psychoanalytischer Theorie und Technik ist, was sich streng geheim im „Kämmerlein" des Analytikers ereignet, „operationalisieren"?

Theodor Seifert ist es mithilfe eines Messinstruments, dem Eindrucksdifferenzial von Ertel, gelungen, eine in sich schlüssige und überzeugende Arbeit abzugeben, die sein „Doktorvater" Prof. Enke ein „Glanzstück" nannte. „Die Fakultätsmitglieder waren nicht nur von der herausragenden Qualität seiner Promotionsschrift überzeugt, sondern auch von der Fundiertheit und Souveränität des wissenschaftlichen Diskurses." (Helmut Enke beim Symposion anlässlich des 75. Geburtstages von Theodor Seifert).

Trotz seines klaren, scharfsinnigen Denkens ist er aber kein kühler Mensch. Dies wurde mir auf eindrückliche Weise bei folgendem Erlebnis bewusst. Eines Tages fragte er mich, ob ich Lust hätte, ihn in die Schweiz zu begleiten, wo er für fünf Tage eine Selbsterfahrungsgruppe leiten sollte. Ich hatte gerade meine Ausbildung in Transaktionsanalyse begonnen und war höchst erfreut über sein Angebot, mich als Co-Therapeutin zu betätigen. So fuhren wir ins schöne Berner Oberland, wo die Gruppe in einem der stilsicheren Schweizer Seminarhäuser stattfand. Es trafen sich dort 15 Frauen und Männer, die BerufsberaterIn werden wollten, wozu in der Schweiz obligatorisch auch das Absolvieren einer Selbsterfahrungsgruppe gehörte.

Voller Freude auf die bevorstehende Arbeit saß ich am Morgen im Gruppenkreis und lauschte Theodor Seifert bei seiner Begrüßungsrunde. Doch danach schlug meine Freude in helle Panik um, denn ich verstand kein Wort von dem, was die Gruppenteilnehmer sagten. Da sie aus unterschiedlichen Schweizer Kantonen kamen, parlierten sie in ihrer Herkunftssprache. Wie sollte ich mit diesen Menschen arbeiten, wenn ich absolut nichts verstand? Völlig geknickt saß ich auf meinem Stuhl und hörte nur stumm zu, wie Theodor Seifert freundlich die Gruppe führte. Mit dem, was er zu den Einzelnen sagte – natürlich in „richtigem Deutsch" – schien er immer genau das zu treffen, was bei diesen Menschen ankam, denn sie reagierten nachdenklich, betroffen, manche weinten, andere strahlten.

Nach der Sitzung klagte ich ihm mein Leid und fragte, ob er denn die verschiedenen Dialekte verstehe. „Nein", antwortete er lachend, „ich verstehe auch ihre Sprache nicht sehr gut, aber ich verstehe, was ihre Seelen sagen." Ich staunte. „Weißt du," fuhr er fort, „wenn ich therapeutisch arbeite, dann gibt es nicht nur mich und den Menschen mir gegenüber, dann gibt es noch ein Drittes, was das Wesentliche ist, was die Verständigung zwischen uns ausmacht. In der jungschen Psychologie nennen wir dieses Dritte das „Selbst". Dort begegne ich den Menschen und wir verstehen uns."

Mir fiel ein, dass Prof. Enke einmal sagte: „Theo, du bist die Seele der Forschungsstelle." Er ernannte ihn wohl deswegen auch zu seinem Stellvertreter dort. Was ihn allerdings bekümmerte, war, dass Theodor Seifert sich nicht entschließen konnte, bei ihm zu habilitieren. „Du hast doch so ein wunderbares Thema, das immer wieder bei dir auftaucht: das Bild, die Bildersprache der Seele, wie sie in der Analytischen Psychologie verstanden wird."

Aber Theodor Seifert wollte sich nicht festlegen, weder auf eine ständige Unterrichtsverpflichtung, die er mit der Habilitation eingegangen wäre, noch auf ein Thema – auch wenn dieses ihn sehr fasziniert. Er wollte immer wieder Neues aufgreifen, das, was sich ihm jeweils sowohl vom Unbewussten, als auch von außen stellte. Wohlwollend scherzhaft sagte deshalb Helmut Enke eines Tages zu ihm: „Na ja, du bist eben keiner, der immer in dieselbe Ecke pinkelt, bis alle es riechen."

Nein, so „einer" war und ist Theodor Seifert nicht. Was für „einer" ist er dann? „Schon als Kind wollte ich Seelsorger werden", erzählte er mir am Abend meines Schreckentages in der Schweiz. Bei einem Glas Rotwein – Dole du Valais –, Bündnerfleisch und Gruyère ließen wir den Tag ausklingen und er versicherte mir: „Vergiss deine Angst, nichts zu verstehen, schau dir nur genau die Menschen an, die mit dir sprechen, sage einfach, was du siehst und wie du es verstehst, sage es in deiner Sprache und du wirst sehen, es wird gut." Genau so war es.

Das Stichwort war gefallen: die Seele – und der Zeitpunkt war gekommen: für intensive Gespräche, die wir seither miteinander führen. In der Bibliothek der Forschungsstelle gab es jede Menge Lesestoff für meinen wissbegierigen Geist und aufgrund der Großzügigkeit von Helmut Enke, der sich immer über das wissenschaftliche Interesse seiner Mitarbeiter freute, lernte ich Vieles kennen. Und es fanden dort auch Vorträge oder Vorlesungen aus dem C. G. Jung-Institut statt, u. a. eine Einführung in die Neurosenlehre der Analytischen Psychologie, gehalten von Theodor Seifert. Er war ein brillanter Redner. Seine methodisch gut strukturierten Texte trug er mit so viel Lebendigkeit und Leidenschaft vor, dass die Zuhörenden immer ganz mitgerissen waren. Und bei aller Theorie, die er ganz klar beherrschte und ausführte, spürte man sein Engagement für den einzelnen Menschen, der ja in seinem jeweiligen Sosein verstanden werden will.

Mir war nie vorher ein Mensch begegnet – und ist es bis heute nicht –, der über so eine seelisch-geistige Spannweite verfügt, wie Theodor Seifert sie hat. Er wollte Seelsorger werden, er ist es geworden; er wollte die Tiefen des Geistes erforschen und hat sich die Wissenschaft in vielen Bereichen angeeignet, ist ihr bis heute treu geblieben. Er hat sich mit Religionen und Philosophien befasst und liebt besonders die des Tibetischen Buddhismus und darin das großartige Bild der fünf Dhyani-Buddhas; er befasste sich gründlich mit dem I Ging, vertiefte sich aber auch immer wieder in die Texte von Meister Eckehart; ihn interessiert die theoretische Physik genau so wie die Mathematik und das Phänomen der Zeit. „Jung sagte", zitierte er Marie-Louise von Franz, „das Numen wird in die Zahl einwandern". Er sollte recht behalten, allein die täglichen Börsenberichte beweisen es. Eines der vielen Bücher, die Theodor Seifert mehrmals gelesen hat, ist neben „Erinnerungen, Träume, Gedanken von C. G. Jung" und den „Briefen" von Jung, das von Marie-Louise von Franz: „Zahl und Zeit", in dem auch das faszinierende Phänomen der „Synchronizität" viel Raum einnimmt.

Obwohl Theodor Seifert mit ganzem Herzen, wirklich aus Berufung „Jungianer" ist, musste er von einigen seiner Kollegen am Jung-Institut Stuttgart Schelte einstecken, weil er für die Zeitschrift „Analytische Psychologie" einen Artikel mit dem Titel „Archetypus und inneres Modell der Welt – Ein Beitrag zur Integration von Analytischer Psychologie und empirischer Verhaltenswissenschaft" geschrieben hatte. Es waren wohl enge Grenzen in der Jungschen Psychologie gesetzt worden – was unsinnig ist, weil doch gerade Jung selbst ein Vordenker war und sich ebenfalls von einigen seiner Zeitgenossen nicht verstanden fühlte.

Dennoch bestimmt das Intellektuelle das Leben von Theodor Seifert nur teilweise. Er weiß, dass Theorien und Konzepte lediglich ein Baustein der Wissenschaften sein können. Ohne entsprechende Erfahrungen nützen sie wenig. Deshalb hat er sich nie gescheut, in vielen verschiedenen Gruppen und Retreats unter Anleitung der entsprechenden Lehrer seine eigenen Seelentiefen auszuloten. Zum Beispiel fahndete er bei dem Arzt und Transaktionsanalytiker Rüdiger Rogoll nach seinem Lebensskript; besuchte Meditationswochen, die der Benediktinerpater und Abt von Niederaltaich, Emmanuel Jungclaussen, veranstaltete; er ließ sich von der buddhistischen Nonne Ayya Khema in die Praxis des Theravada-Buddhismus einweihen; bei dem Schweizer Arzt und Psychotherapeuten Samuel Widmer Nicolet erlebte er, wie Psycholyse wirkt; und solange seine Lehranalytikerin Dr. Marie-Louise von Franz lebte, bis 1998, fuhr er immer wieder zu ihr nach Küsnacht, um seine Träume mit ihr zu bearbeiten.

Nicht nur er selbst fühlte sich bereichert durch das vertiefte Erleben dessen, was ihm seine eigene Seele vermittelte, es half ihm auch beim Bemühen, die Seelentiefen und Verirrungen der Patienten, mit denen er arbeitete, besser zu verstehen. Und es floss nicht zuletzt in seine Tätigkeit als Gutachter für Psychotherapieanträge ein. Dieser Arbeit widmet er sich sehr sorgfältig, er liest jeden Antrag genau durch und reagiert oft berührt und betroffen auf die leidvollen Schicksale, die da beschrieben sind. Und er ist voller Achtung für die Kollegen und Kolleginnen, die da draußen „in freier Wildbahn" mit den manchmal fast aussichtslosen „Fällen" betraut sind. In seinen Stellungnahmen wird dies immer deutlich. Inzwischen gibt es eine dicke Mappe mit Briefen, in denen die betreffenden Kollegen ihm für seine warmherzigen, unterstützenden und ermutigenden Empfehlungen danken.

Theodor Seifert hat sehr viel gearbeitet im Laufe seiner jetzt 80 Lebensjahre – er tut es heute noch. Aber er lebt auch. Als im Tierkreiszeichen „Krebs" Geborener ist er ein Genießer. Nicht nur was gutes Essen und Trinken anbelangt. Er kann auch stundenlang irgendwo sitzen, den Himmel und die Blumen anschauen, den Amseln zuhören und dabei ganz glücklich sein. Unvergessen ist mir ein Sommertag im oberbayrischen Burghausen – ich verbrachte dort meine frühe Schulzeit nach dem Krieg und weil es ein besonders schön gelegener Ort ist, fuhren wir ab und zu in diese Gegend, verbanden das oft mit einem Besuch bei unseren Freunden Laura und Claus Riemann, der dann stets auch in unsere Horoskope schaute. An diesem Tag nun saßen wir vom Vormittag bis zum Abend auf einer Bank am Wörthsee, schauten den Spaziergängern zu und sprachen über dieses und jenes. Die Zeit verging wie im Flug, wir bemerkten erst bei aufsteigender Abendkühle, dass wir in unser Hotel zurückgehen sollten. Das ist ein Merkmal für unsere Beziehung: dass wir unser Zusammensein genießen – still oder mit Gesprächen – dass die Zeit miteinander nie zu Lang ist.

Nach der ersten Selbsterfahrungsgruppe mit den Schweizer Berufsberatern – es folgten noch viele – verabredeten Theodor Seifert und ich uns zu einem gemeinsamen Frühstück, bei dem wir über das „A priori" nachdenken und sprechen wollten. Wir tun dies seither noch immer, nicht nur über das „A priori" und nicht vor jedem, aber doch vor dem Frühstück an Wochenenden, Feiertagen und Ferien. Die frühen Morgenstunden, noch ein wenig vom Mysterium der Nacht und der Träume eingehüllt, in Begleitung von Eos oder Aurora, der Göttin der Morgenröte, greifen wir auf, was das Unbewusste gerade so frei lässt und bereiten es auf für neue Einsichten in das unglaublich reiche und fantasievolle Spiel der Seele.

Besonders intensive Gespräche führten wir auch in unserem Bauernhaus im Hohenlohischen, das Theodor Seifert als ganz große Bereicherung seines Lebens betrachtet. Dort saßen wir dann entweder in der gemütlichen Stube auf der Eckbank oder, im Sommer, auf der Bank vor dem Haus, immer mit Terry, dem geliebten Airdaleterrier an der Seite, oft halbe Nächte lang, Theodor rauchte seine Pfeife, wir lauschten auf die Geräusche der Nacht – Eulen und Käuzchen waren fast immer zu hören – und folgten unseren Intuitionen und den Gedankenspielen, die sie auslösten.

Wir genossen auch sehr die Tage und Abende mit Gästen – Gabi und Paul Schmidt gehörten dazu; Rosmarie und Rudolf Bog sowie Gabriele und Walter Volk – sie hatten eigene Bauernhäuser in der Nähe – saßen oft an unserem Tisch; Ute und Helmut Remmler sowie Marianne und Peter Buchheim kamen aus München; Astrid und Manfred Cierpka aus Heidelberg; selbst aus Bremen reiste unser naher Freund Wolfgang Hofsommer mit seiner Frau Erika an und aus Stuttgart kam Pfarrer Helmut A. Müller aus dem Hospitalhof mit seiner Frau zu einem ausgedehnten Frühstück; Rosemarie Ahlert und Ursula Eschenbach gehörten ebenfalls zu unseren Gästen. Die warmen Sommerabende verbrachten wir oft unter einem großen Birnbaum, der nicht nur ein ganz gewöhnlicher Baum, sondern ein „Baum mit einer alten Seele" für Theodor Seifert war. Wir konnten von dort weit in die Landschaft, auf reife Kornfelder blicken und sahen, wie die Sonne darin langsam versank. Diese Stunden waren nicht nur voller Glück, sie bargen ein Mysterium in sich.

„Weißt du", sinnierte Theodor Seifert, „für mich ist die Seele wie ein weites Land, das wir mit unserem Verstand zu fassen versuchen. Das Bewusstsein ist das Gefäß, um sie erfahrbar werden zu lassen."

In diesem Sinne fühlte er sich im Geist mit dem chilenischen Kognitionswissenschaftler, Biologen und Philosophen, Francisco Varela, verwandt. Das Buch „F. Varela, E. Thompson, E. Rosch: Der mittlere Weg der Erkenntnis: die Beziehung von Ich und Welt in der Kognitionswissenschaft – der Brückenschlag zwischen wissenschaftlicher Theorie und menschlicher Erfahrung" gehört zu Theodor Seiferts Lieblingslektüre. Er bekennt immer wieder seine Liebe zur Dialektik, zu seiner Suche nach Synthese – über These und Antithese – und damit zum „mittleren Weg", wie dieser auch im Buddhismus verstanden wird. Deswegen sind Gespräche für ihn wichtig, Austauschmöglichkeiten, die er stets als Erweiterung seines Horizonts sieht – und dieser kann für ihn nicht weit genug sein. Auf unseren Reisen durch Kalifornien, auch mit unserem Freund Gottfried Fabriz, bekam er fast nicht genug vom „Highway-Fahren". Im geliehenen Buick über viele Kilometer auf auto- und menschenfreien Straßen im gemäßigten Tempo zu fahren, bereitete ihm große Freude.

„Die Weite" und darin „der mittlere Weg" sind Metaphern, die gut zur Persönlichkeit Theodor Seiferts passen. Und last, but not least kennzeichnet ihn, nicht nur der Begriff, sondern das Bewusstsein und das Gefühl, „Dankbarkeit". Ohne die ihn liebenden Menschen – dazu gehört seine erste Frau, Sigrid Löwen, gehören seine Töchter mit ihren Familien, gehört meine Familie, dazu zählen seine und unsere, ihn wertschätzende Freunde und Freundinnen, Kollegen und Kolleginnen – stellvertretend für diese möchte ich Lutz und Anette Müller erwähnen – und dazu seien auch seine Analysanden und Analysandinnen genannt, die ihn immer wieder herausgefordert haben, sich mit den verschiedenen Themen, die sie in die Analyse brachten, auseinanderzusetzen. Ohne alle diese Menschen wäre er nicht der Mensch, der er heute ist, der von sich sagt: „Ich bin dankbar und glücklich für alles, was mir geschenkt ist, für alle, die mir begegnet sind."

Und auch ich sage danke für das Glück mit diesem Mann, Theodor Seifert, mein Leben teilen zu dürfen, sowohl das ganz alltägliche, profane, als auch das innige, in seelische Tiefen tauchende und das anregende, in geistige Weiten schweifende. Ich wünsche ihm und uns allen, dass wir noch viel Jahre miteinander wandern können, so wie es einer seiner geistigen „Lehrer", Lama Anagarika Govinda, beschrieb in dem Buch „Der Weg der weißen Wolken".

Lieber Theo!

Rosemarie Ahlert[10]

Lieber Theo,

als Du Dich im August 1986 beim internationalen Kongress der IGFAP in Berlin neben mich setztest, kannten wir uns schon von einigen Begegnungen in der DGAP und durch das Sandspiel mit Dora Kalff in Deinem Hause. 1986 begann dann eine Zeit des intensiven Austauschs auf fachlicher und persönlicher Ebene.

Bei Deiner Frage damals, ob ich mir vorstellen könnte, nach Stuttgart in die Sonnenbergklinik zu kommen, musst Du von Deiner Intuition geleitet gewesen sein. Denn ich war zu jener Zeit damit beschäftigt, mein Leben neu zu ordnen und sagte Dir, dass die Frage zum passenden Zeitpunkt käme.

Ich bewarb mich, es gab Vorstellungsgespräche. Nach meiner Übersiedlung lernte ich Dich bei der gemeinsamen Arbeit in der Klinik kennen, deren Ton Du als Stellvertreter des ärztlichen Direktors ganz wesentlich prägtest. Dabei fiel mir Deine offene und direkte Art auf, mit der Du auch manche unangenehmen Zusammenhänge klären konntest, ohne verletzend zu sein. Dieses vermittelnde, freundlich zugewandte Interesse am Menschen half vielen, die oft schwierige Arbeit trotz bestehender Konflikte zu leisten. So manchen Konflikt konntest Du auch lösen helfen. Du warst ein Brückenbauer, wenn es darum ging, freudianische und jungianische Positionen einander verständlich zu machen oder wenn es um die Indikation für Einzel oder Gruppentherapie ging.

Als Du 1994 mit Anfang sechzig die Klinik verlassen hast, tat sich eine Lücke auf, die nicht mehr zu schließen war. Denn Du hast die kleinen Dinge im täglichen Umgang wertgeschätzt, und Deine taktvolle Umsicht fehlte uns allen nun sehr. Du warst Geburtshelfer für kreative und körperorientierte Behandlungsansätze, und besonders bemerkenswert fand ich auch, wie sehr Du Dich in Frauen und die weibliche Psyche einfühlen konntest. Wir bewunderten schon damals Deinen liebevollen und erfolgreichen Einsatz in der Arbeit mit den essgestörten Patientinnen, die sehr viel Einfühlungsvermögen und Geduld verlangt.

---

10 Rosemarie Ahlert, Fachärztin für psychotherapeutische Medizin, Psychoanalyse

Neben dieser langjährigen Tätigkeit in der Klinik und Forschungs-stelle für Psychotherapie, in der Du zum Dr. rer. biol. hum. promovier-test, waren von 1978 bis 1998 auch die Lindauer Psychotherapiewochen ein Feld, auf dem Du mit schöpferischer Energie vieles zum Blühen brach-test. Mit Deiner Fähigkeit, auch zunächst ungeahnte Ressourcen eines Menschen wahrzunehmen, hast Du im Team bereichernd gewirkt und oft ungewöhnlichen Therapieansätzen zu Anerkennung verholfen. Dabei war Dir als einem Psychologen, bei dem sich die Organisatoren einer damals überwiegend ärztlichen Weiterbildungsveranstaltung zunächst nicht die gewünschte Fachkompetenz vorstellen konnten, zunächst Skepsis entge-gengeschlagen. Es ist Helmut Remmler zu verdanken, dass er seinen Wunsch zur Zusammenarbeit mit Dir durchsetzte.

Du hattest es nicht nur in Lindau als Psychologe schwer: Du kamst aus einem religiösen, pietistischen Hause in Zwickau, also Sachsen, nach Westberlin, wo die Sachsen unangenehme Volkspolizisten an den Grenz-übergängen waren. Es war 1949 eine Zeit des kärglichen Wiederaufbaus und politischer Auseinandersetzungen. Dein Elternhaus war von Russen besetzt worden und Du verdientest Dir Geld als Gepäckträger, ein Fahrrad und Bücher waren das Ziel.

Nach Deinem Studium, in dem Du Dich besonders für Grafologie interessiert hattest, gab es kaum Stellen. Die „Heeres-Psychologie", für die im Rahmen der Wehrmacht Stellen geschaffen worden waren, war über-holt. Das führte Dich nach Schweden, wo Du als konsultierender Arbeits-und Industriepsychologe graphologische Gutachten erstelltest und viele Bevölkerungsschichten kennenlerntest. Auch die Sprache lerntest Du. Dein Satz „Der Pietismus hat mir den Blick für die Seele und das Seelen-heil geöffnet" wirkt sich bis heute aus.

Deine Intuition führte Dich an den Bücherwagen in der Boltzmann-straße auf dem Gelände der FU Berlin, wo Du nach dem Buch „Die Psychologie von C. G. Jung" von Jolande Jacobi griffst. Du hattest den Einstieg gefunden. Deine Initiation konnte beginnen. Mit Deiner damals schon europäischen Seele war es Dir – begleitet von Deiner Familie – möglich, in Schweden zu arbeiten und ab 1961 am C. G. Jung-Institut in Zürich zu studieren. Zu dieser Stadt hast Du eine große Liebe entwickelt.

Auf Deinem analytischen Weg begleitete Dich Marie-Louise von Franz, und 1967 hast Du dort mit einer Arbeit über die Aggression abge-schlossen. Es war gerade rechtzeitig, um die Eröffnung der Sonnenberg-

klinik mitzugestalten. Auch Du wurdest damals gefragt und sagtest „Ja!"
Bei der Gründung des C. G. Jung-Instituts Stuttgart bewährtest Du Dich
von 1972-1979 mit unermüdlicher Gestaltungskraft bald als 1. Vorsitzender. Auch in der Internationalen Gesellschaft für Tiefenpsychologie führte
Dich Dein unerschöpflicher Ideenreichtum in den langjährigen Vorsitz.

Deine Beständigkeit im Freundes- und Kollegenkreis ist ein wichtiges
Merkmal Deiner Persönlichkeit. Zwei Beispiele möchte ich erwähnen:

1. Die „Donnerstags-Gruppe" besteht seit 35 Jahren! Sie entstand
zunächst aus dem kollegialen Interesse an der Gruppentherapie in der
Klinik und führte verschiedene Therapeuten wöchentlich zusammen. Die
Gruppe besteht auch über den Ruhestand der Kollegen hinaus weiter.
Kontakt und Austausch sind allen bis heute wichtig.

2. Die „Suchwanderung" findet seit 1994 in der Gruppe in meinem
Hause statt. Der Gedanke dazu stammte aus der Zusammenarbeit mit
dem Philosophen Dr. Klaus Bernath in Berlin. Er öffnete uns dort den
Zugang zu philosophischen Schriften über die Seele von der Antike bis
in die Gegenwart. Das wollte ich gerne in Stuttgart fortsetzen. Ermuntert
dazu wurde ich durch den guten Kontakt, den Du mir zu den Kollegen des
C. G. Jung-Instituts von Anfang an ermöglicht hast. Es war Deine Initi-
ative, sich zunächst im privaten kleinen Kreis kennenzulernen. Wir lasen
und lesen heute noch Seelengeschichten von Gilgamesch bis Parzival und
versuchen dabei, auch den philosophischen Hintergrund C. G. Jungs zu
erfassen. Zur Zeit befassen wir uns mit Jungs „Antwort auf Hiob".

Das half mir, mich allmählich eingebunden und beheimatet zu fühlen
und mir scheint, auch Du bist im Stuttgarter Raum nicht nur auf der
Suchwanderung, sondern angekommen!

Du hast Bücher geschrieben über Mythen, Märchen, die Synchronizität, die Aktive Imagination und die Intuition, die uns Kollegen sowie interessierten Laien wertvolle Hinweise gaben und geben. Es sind unerschöpf-
liche Themen, zu denen Du uns in den letzten Jahren gemeinsam mit
Deiner Frau den Zugang erweiterst und zu eigenen Veröffentlichungen
anregst. Die Mystik und das I Ging sind Lieblingsthemen von Dir, wie
auch die Zeit. Der Gedankenaustausch darüber ist bewegend, weil er über
die Dimension der eigenen aktuellen Existenz hinausweist.

Die Konfrontation mit Konflikten und schwierigen Entwicklungen in
Deinem Leben, auch mit Deiner Krankheit 1998, hast Du genutzt, um

immer wieder neue Erfahrungen in ganz verschiedenen religiösen Weiten und Seelen-Zuständen zu machen.

In der Freude über viele wertvolle gemeinsame Jahre wünsche ich Dir, dass Du weiter neue Energiequellen in Dir entdecken und erschließen kannst. Uns allen wünsche ich, dass diese gemeinsame Zeit noch lang bemessen sein möge.

Für die bisherigen 25 Jahre wachsender Freundschaft danke ich Dir.
Rosemarie Ahlert

Für Theodor Seifert

Kinder sehen
die Welt des Möglichen.
Voll des Unmöglichen
sind die Erwachsenen.
Lass mich träumen,
heitere Stunden und Tage erfinden
und freundliche Wiesen
zum Tanz ladend
in der Herbstsonne
und lass mich
im Meer der Freude baden
bis zum Anfang
des Mondes.

(Hans Dieter Knoll)

Zur Symbolik und Psychologie des Struwwelpeters

Klaus-Uwe Adam[11]

Vor einigen Jahren legte ich Theodor Seifert einen Versuch der tiefenpsychologischen Interpretation des Struwwelpeters vor, um seine Meinung über diesen Text zu hören, der eventuell als Teil einer anderen Veröffentlichung erscheinen sollte. Theodor Seifert, der mich schon bei anderen Projekten sehr gefördert und Kontakte zu Verlagen hergestellt hatte, reagierte begeistert auf die Auseinandersetzung mit dem uralten Kinderbuch und war dann enttäuscht zu hören, dass mein Verlag aufgrund von generellen Kürzungen diese Illustration deutscher Psychologie nicht mit in die damalige Buchpublikation hineinnahm.

Als ich jetzt nach einem Beitrag zur Festschrift gefragt wurde, ergab sich die Chance, die – deutlich umgearbeitete – Niederschrift meinem Lehrer vom Stuttgarter C. G. Jung-Institut zu widmen und seinem spontanen Wunsch, sie veröffentlicht zu sehen, doch noch zu entsprechen. Sie passt auch zur Hauptinteressensrichtung von Theodor Seifert, denn schließlich ist er Herausgeber von Märchen- und Mythen-Reihen und hat den bildhaften Zugang immer in erster Linie geschätzt.

Die Bildergeschichten des „Struwwelpeters" entstanden 1844, als der Arzt Heinrich Hoffmann nach einem geeigneten Kinderbuch für seinen dreijährigen Sohn suchte, nichts Passendes fand und daraufhin beschloss, selbst solch ein Bilderbuch zu malen und zu schreiben. Die Vater-Sohn-Beziehung, die ja auch Thema von vielen „Struwwelpeter"-Episoden ist, steht hier schon bei der Geburt des Werks Pate. Heinrich Hoffmann arbeitete auch eine Zeitlang in einer „Irrenanstalt" und ist damit einer der ersten Ärzte, der sich für das damals noch unerschlossene psychiatrische Fachgebiet interessierte, was auch in den „Struwwelpeter" einfloss. Er brachte die Urfassung dieser erzieherischen Schrift bereits 1845 heraus, eine etwas veränderte und weiterentwickelte Druckversion erschien 1859. Seither wurde diese immer wieder aufgelegt und in viele Sprachen übersetzt. Beispielsweise gibt es neben anderen englischen Übersetzungen eine von Mark Twain.

---

11 Dr. med. Klaus-Uwe Adam, Facharzt für Psychotherapeutische Medizin, Psychiater, Psychoanalytiker (C. G. Jung)

In einem ersten interpretatorischen Zugang könnte man den „Struwwelpeter" als ein Produkt der schwarzen Pädagogik jener über 150 Jahre zurückliegenden Ära betrachten, in dem entsprechend drakonische Erziehungsmaßnahmen dargestellt werden. (Dabei bezeichnet der Begriff „schwarze Pädagogik" den unterdrückenden Erziehungs- und Schulstil der Vergangenheit.)

Darüber hinaus ist dieses illustrierte Kinderbuch aber auch symbolisch und psychologisch hoch interessant und aussagekräftig, und zwar einmal für die westliche Kultur insgesamt und für unsere deutsche Psychologie insbesondere. Wenn man tiefer in die „Mythologie" des „Struwwelpeters" eindringt, kann man über das Zeitbedingte hinaus einige Wirktendenzen und typische Linien gerade unserer deutschen Psychologie feststellen, die bis in die Gegenwart hinein gültig sind. Der Vater-Sohn-Konflikt oder allgemeiner die Eltern-Kind-Problematik sowie weitere konflikthafte Aspekte der Psyche des modernen Menschen und speziell von uns Deutschen kommen in dem Buch zum Tragen. Die darin geschilderten Charaktere sind zwar überzeichnet, aber sie enthalten viel Typisches und stellen oft sogar Störungsbilder im Sinne der heutigen psychiatrisch-psychotherapeutischen Diagnostik dar. Nicht nur der „Zappelphilipp" als Urbild des ADHS-Syndroms und der „Suppen-Kaspar" als ein männlicher Anorektiker sind solche Vorwegnahmen heutiger Krankheitsentitäten, auch andere Figuren sind typologisch gut getroffen und können heutzutage mit unserer tiefenpsychologischen Terminologie gefasst werden.

Ich konzentriere mich im Folgenden auf Ausführungen zur eben aufgestellten These, dass neben allgemeingültigen psychologischen Dispositionen und Konflikten, die im „Struwwelpeter" aufscheinen, gerade die Besonderheiten der deutschen Psychologie anschaulich werden. Vieles davon, wie die in den Bildgeschichten drastisch dargestellte Vater-Sohn-Thematik, ist in modifizierter Form bis heute gültig und bildet nach wie vor ein Spannungsverhältnis in unserer Psyche.

Dieser Vaterkomplex oder -konflikt – mit „Vater" im Sinne der elterlichen Autorität – steht in dem Büchlein ganz im Vordergrund und ist immer noch, wenn auch inzwischen etwas abgemildert, eines der zentralen Themen in der deutschen Seele. Im Struwwelpeter wird dieser Konflikt als scharfer Gegensatz mit Einfordern von Disziplin, extremem Moralisieren und drakonischen Strafen auf der einen Seite sowie Ungehorsam, bewusste Übertretung, Aufbegehren und Böses-Tun auf der anderen

Seite illustriert. Der „Zappelphilipp", der „böse Friederich", der „Große Niklas", der „Struwwelpeter" selber sowie die „Geschichte vom Daumenlutscher" zeigen alle die zugespitzte Vater-Sohn-Kontroverse und wie sie damals „gelöst" wurde. Die Lösungsversuche haben sich inzwischen verändert, doch das Urproblem besteht in weiten Teilen noch unerlöst fort.

In den sechziger und siebziger Jahren des letzten Jahrhunderts wurden die überkommenen Traditionen von Zucht und Züchtigung im Gefühl der Befreiung wie ein beschwerendes Joch abzuwerfen versucht. Provozierende Ausdrucksformen nahmen Gestalt an. Die Kommunarden Teufel und Langhans jener Zeit jedenfalls wirkten wie aus dem „Struwwelpeter"-Buch herausgetreten. Nach einer Phase des Antiautoritären – hierzu gilt die Spruchweisheit „les extrèmes se touchent" – sind wir Deutschen heute weiterhin auf der Suche nach einer Integration des Vater- und Autoritätsproblems, wobei eine positive Verantwortungsübernahme erst teilweise erreicht ist, wie manche Familiensituation im Kleinen und die zumeist unsichere Art des internationalen politischen Engagements im Großen demonstrieren.

Nun zu den einzelnen Bilderzählungen im „Struwwelpeter": Die dargestellten Kinder sind praktisch alle verhaltensgestört, was man zu einem Großteil der rigorosen repressiven Erziehung der damaligen Zeit zuschreiben kann. Aber auch die antiautoritäre Erziehung hat ähnliche Syndrome geschaffen. Der Mittelweg wäre eine durch Liebe und Wohlwollen geprägte Führung, die aber feste Grenzen setzt und diese mit innerer Klarheit vertritt. Dies ist im vollen Sinne jedoch erst dann erreichbar, wenn die diesbezüglichen Konflikte und Komplexe in unserem kollektiven Unbewussten gelöst sind.

„Der böse Friederich" („das war ein arger Wüterich") tut alles mögliche Böse und quält z. B. Tiere. Die schlimme Strafe folgt auf den Fuß, und er wird von dem Hund, den er getriezt hat, tief ins Fleisch gebissen. In diesem Konflikt – der Hund symbolisiert ja die Tier- und Triebnatur des Menschen – wird der Antagonismus zwischen dem die „Herrschaft" missbrauchenden „Herrchen" und den unterdrückten Impulsen, die dann bösartig werden, noch einmal porträtiert. Zuletzt sitzt der Doktor, auch eine Vater-Figur, mit der Peitsche(!) am Bett des lädierten Sohnes. Die Auseinandersetzung ist zugunsten patriarchaler Gewalt entschieden. Dies sollte – innen wie außen – bis 1945 auch so bleiben; dann funktionierte die Unterdrückung so nicht mehr, und der Konflikt stellte sich fortan in anderer Weise dar.

Die zweite Geschichte zeigt „Paulinchen", das zündelt. („Der Vater hat's verboten.") Der Eltern-Kind-Konflikt ist also nicht auf den männlichen Part begrenzt. Das Mädchen fängt Feuer, verbrennt zu Asche und die Katzen trauern. Die Katzen symbolisieren die weiblichen, weicheren und gefühlvolleren Seiten unseres Wesens. „Die Moral von der Geschichte" besteht hier in der Androhung eines noch fürchterlicheren Endes als in der ersterwähnten Szene. Es klingt darin das Mythologem des Endes im Feuer an, was auf die globale Ebene übertragen den Weltenbrand mit der völligen Vernichtung bedeutet. Das „Ende im Feuer" hat ja in der deutschen Geschichte mehrfache Konnotationen.

Die schwarzen Buben in der nächsten Kinderfabel, „Der Große Niklas", müsste man heute als rassendiskriminierend bezeichnen; sie lachen über den „kohlpechrabenschwarzen Mohr". Dies wird sofort durch den „Nikolas" sanktioniert. (Der Nikolaus, der am 6. Dezember mit Zuckerbrot und Rute zu den kleinen Kindern kommt, stand bis in die jüngste Vergangenheit für ein Strafgericht mit Belohnung oder Züchtigung). Diskriminierung und konsekutives „Mores-Lehren" sind unauflösbar miteinander verbunden. Beim Dichter der Zeilen selbst schwingt ein für heutige Ohren unterschwellig abschätziger Ton in dem Satz über den Schwarzen mit: „Die Sonne schien ihm aufs Gehirn …"

Die Verkehrung der Hierarchie kommt in „Der wilde Jäger" zum Ausdruck, wo der Hase schließlich auf den Jägersmann schießt, während dieser in den Brunnen fällt. Der Jäger wird zum Gejagten. Es ist ein verbreitetes Wunschbild, einmal aus der naturgegebenen oder soziologisch vorgefundenen Rangfolge herauszutreten, die Positionen auf den Kopf zu stellen und das Untere nach oben zu kehren. Statt Angsthase einmal Hauptmann von Köpenick sein! Einen Sechser im Lotto haben und einmal ganz oben sein! Die Wurzel liegt auch hier in den unterdrückten Energien des Vater-Sohn-Konfliktes, die sich in Tagträumen Raum schaffen und gerade bei uns Deutschen historisch wiederholt zur Illusionsbildung und absurder Wundergläubigkeit geführt haben.

Der „Daumenlutscher Konrad", der vielleicht aufgrund eines Mangels an Liebe zu dieser oralen Kompensation gekommen ist, wird ob seiner harmlosen „Unart" unerbittlich zurückgestutzt. Ihm werden beide Daumen abgeschnitten. Im Sinne der Freudschen Psychoanalyse ist das abgetrennte Fingerglied als Phallussymbol ein schönes Beispiel für die mit dem Ödipuskomplex verbundene Kastrationsangst. So wird ja bei Freud der strenge Vater oder die strenge patriarchale Moral als Kastrationsdrohung verstanden. Und hierher rührt das Über-Ich, in dem diese Normen verinnerlicht werden. Das Ödipusthema ist ein vorrangig deutsches Phänomen und in der hier veranschaulichten Akzentuierung nicht universell gültig. Der unbewusste Wunsch, den Vater zu „töten" und seine Stelle an der Seite der Mutter einzunehmen, bei gleichzeitiger Angst, vom Vater vorsorglich kastriert zu werden, ist besonders zugespitzt im deutschen Kulturraum zu finden.

In der Daumenlutscher-Episode verkörpert dabei der „Schneider mit der großen Scher'" auf der geistig-mentalen Ebene unsere noch nicht vollständig überwundene Tendenz des kritischen Wort- oder Wert-Abschneidens, d. h. das Herabmindern durch die negative Denkfunktion. Hinzu kommt eine Facette des Machtproblems, denn der Daumen verweist als Herrschaftssymbol wieder auf die Autorität und den Druck von oben, also auf die, die „den Daumen drauf haben". Schon bei den Cäsaren entschied der erhobene oder gesenkte Daumen in der Arena über Leben und Tod. Der Daumen als Repräsentant von Einfluss und Gewalt wird hier beschnitten, als wäre der Konflikt damit gelöst. Doch so können die beteiligten Energien gerade nicht integriert werden. Traurig und depotenziert steht der Konrad zuletzt da.

Der „Suppen-Kaspar" schwankt zwischen zwei Polen und Exzessen. Zuerst lebt er die Übersteigerung der oralen Lustbefriedigung, worin er keine Grenze kennt und sich maßlos überfüttert. Dann kippt er von einem Extrem ins andere, nämlich zum: „Nein, meine Suppe ess ich nicht", was stur und trotzig bis zum bitteren Ende durchgehalten wird. Hierin werden Verweigerung und Nein-Sagen bis hin zur Lebensverneinung deutlich. Wieder ist die Negativität als ein Angelpunkt des inneren Konfliktes dargestellt, hier mit einem tödlichen Ende wie bei Paulinchen. Ferner ist in diesem aufklärerisch gedachten „Cartoon" des 19. Jahrhunderts schon die Thematik der Neurose und Ess-Störung Magersucht vorhanden, eine „Protest"-Erkrankung, die die körperliche Existenz und insbesondere alles „Fleischliche" bis zum skeletthaften Abmagern und Dahinschwinden negiert.

Der „Zappelphilipp" ist Namensgeber für das Zappelphilipp-Syndrom oder ADHS (Aufmerksamkeitsdefizit-Hyperaktivitäts-Syndrom) geworden und stellt heute ein großes Problem für viele Lehrer und Eltern dar. Das inzwischen recht häufige Störungsbild, das in erster Linie Jungen betrifft (das Geschlechterverhältnis ist 9:1), kann vielleicht gesellschaftlich als Folge jahrhundertelanger Verdrängung und damit Konfliktverschärfung gesehen werden, wobei es nun – nachdem die Zügel gelockert sind und ein adäquaterer Umgang mit den natürlichen Triebquellen erfolgt – kollektiv und generationenüberschreitend zu einem Rückstoß kommt und sich die lange angestauten und unten gehaltenen Impulse entladen. Auch diese Symptomatik gehört – neben anderen ursächlichen Zusammenhängen – tiefenpsychologisch zum Vater-Komplex: „Ob der Philipp heute still / Wohl bei Tische sitzen will?' / Also sprach in ernstem Ton / Der Papa zu seinem Sohn. [...] Doch der Philipp hörte nicht / Was zu ihm der Vater spricht." – Man sollte ergänzen: Auch der Vater hörte nicht, was zu ihm der Philipp spricht. Denn die Kommunikation innerhalb des Vater-Sohn-Dilemmas ist in beiden Richtungen gestört. Gegenwärtig versucht sich das lange Zeit nicht wahrgenommene Zappelphilipp-Kind, in dem meist eine hohe Sensibilität und besondere Begabungen stecken, durch seine Symptomatik Gehör zu verschaffen. Diese Symptome einfach mit Medikamenten zu Kupieren ist ein zu einfaches Rezept und als gesellschaftliches Therapeutikum unwirksam, wenn nicht gleichzeitig die dahinter stehende Problematik angeschaut wird. Dauerhaft kann meiner Meinung nach nur eine gemeinschaftliche Veränderung und weitergehende Integration des Vater-Komplexes Abhilfe schaffen.

Noch einmal zum Thema von Weltfremdheit, Wunschdenken und Realitätsverkennung, wie sie sich schon bei der Jäger-Hase-Vertauschung gezeigt haben. Das Motiv wird im „fliegenden Robert„ und in „Hans Guck-in-die-Luft wiederholt." In ersterer Geschichte ist das Fortgerissenwerden vom Sturm, d. h. vom Geist, von hochfliegenden Phantasien und Vorhaben, dargestellt, die die Realität nicht einbeziehen. Beide Figuren halten sich in einem Wolkenkuckucksheim auf. „An die Wolken stößt er schon, […] Stößt zuletzt am Himmel an", heißt es vom Robert. Beim Hans Guck-in-die-Luft, der nicht auf seinen Weg, auf den Boden, auf das „Niedere", achtet, lautet es: „Noch ein Schritt! Und plumbs! Der Hans / Stürzt hinab kopfüber ganz!" Ikarus-hafte Hybris der beiden geistigen Orientierungsfunktionen Denken und Intuition lässt den Absturz auf dem Fuße folgen. Der deutsche Wunderglaube war nirgends eindrucksvoller und grotesker als im Verlaufe des Zweiten Weltkrieges, wo bis zuletzt ein erklecklicher Anteil der hypnotisch zusammengeschweißten „Volksgemeinschaft" noch an den „Endsieg" glaubte. Noch als die Amerikaner den Rhein überschritten hatten und die Russen nicht weit von Berlin waren, hoffte man auf die Geheim- und Wunderwaffe, die alles wenden würde. In dieser „Hans-Guck-in-die-Luft"-Manier war man zumindest davon überzeugt, dass sich die „Amis" schließlich mit Deutschland verbünden und gemeinsam die „Bolschewiken" abwehren würden. Nach dem 12. April 1945 – das Kriegsende war am 8. Mai! –, als der amerikanische Präsident Roosevelt starb, dessen Tod natürlich nicht den geringsten Einfluss auf den Kriegsverlauf hatte, keimte im Berliner Führerbunker noch einmal die abstruse Hoffnung auf den Endsieg auf.

Vielleicht kann uns der – für heutige Verhältnisse überzeichnete – „Struwwelpeter" dennoch eine Richtschnur dafür sein, was es noch aufzuarbeiten und weiterzuentwickeln gilt, und dann könnten bei weiter vermehrtem Realitätsbewusstsein und größerer Verantwortlichkeit gerade die geistigen Funktionen Denken und Intuieren beim „Volk der Dichter und Denker" zu neuen und segensreichen Ehren kommen.

Wie stolze Pinien
weisen deine Linien
den Weg.
Laden mich ein zu wandeln
auf Wunderpfaden
zu Traumgestaden
wo tausend Rosen blühn
und alle anderen Welten
weit draußen vorüberziehn.

(Hans Dieter Knoll)

Anruf und Intuition: Aufruf zur Intuition

Hinderk Emrich, Hannover[12]

> Die Intuition nimmt die verborgenen Möglichkeiten wahr,
> die in den Dingen liegen.
> *(C. G. Jung)*

Einleitung

In ihrem Roman von 1987 „Menschenkind" beschreibt die Nobelpreisträgerin für Literatur Toni Morrison das extrem traumatische Schicksal der Schwarzen in den Südstaaten Amerikas im 19. Jahrhundert, eine Schwarzen-Familie, in der ein Kind getötet wird, um es vor dem Schicksal von Versklavung, Verdinglichung, Vergewaltigung und Verlust des Personseins zu beschützen. Die Großmutter dieses Kindes wird beschrieben als eine Frau, die sich in einen dynamischen Prozess hineinentwickelt, in welchem sie in einer Ich-Bildung sich in eine Selbstwerdung individuiert: bis hin zu einer heiligen Person, einer Prophetin in einer Parallel-Religiosität des Umganges mit dem „Wort", was dazu führt, dass sie „den Rest ihres Lebens über Farben nachdachte".

Da heißt es: „Ihre Autorität auf der Kanzel, ihr Tanz auf der Lichtung, ihr weittragender Ruf (sie hielt keine Gottesdienste ab und predigte auch nicht – sie bestand darauf, sie sei zu ungebildet dafür –, sondern sie rief, und wer Ohren hatte zu hören, der hörte) – all das war durch das Blutvergießen hinter ihrem Haus in Frage gestellt und verhöhnt worden. Gott gab ihr Rätsel auf und sie schämte sich zu sehr für ihn, um es zuzugeben. Stattdessen erzählte sie […], sie ginge jetzt ins Bett, um sich Gedanken über die Farben von Dingen zu machen. […] Schließlich war sie mit Blau durch und auf dem besten Weg zu Gelb."

Was ist der Inhalt dieser Farbmeditation? Im vorliegenden Text wird die Hypothese verfolgt, dass Menschen (zumindest heute) nicht naturwüchsig in einer Intuition für sich / und andere / leben, sondern dass sie durch Erschütterungen, Anrufungen, ja Traumatisierungen geweckt werden können und müssen.

---

12 Prof. Dr. Dr. Hinderk M. Emrich, Facharzt für Nervenheilkunde, Philosoph

Gespaltene Identität

In der Analytischen Psychologie geht es keineswegs primär darum, so etwas wie „weise" zu werden, Weisheit zu entwickeln, sondern – im Sinne der Frage nach „Leben", nach „Lebendigkeit" (was nach Aristoteles „Psychä" bedeutet, Psyche) – Menschen zu sich selbst zu erwecken, ihnen zu helfen, zu einem ihrer Wesensnatürlichkeit entsprechenden „Lebensform" (i. S. von Wittgenstein) zu gelangen. Menschen müssen dabei eine Intuition entwickeln für ihre Situation, für andere Menschen und für sich selbst. Sonst besteht die Gefahr der geistig-seelischen Erstarrung.

Hierzu eine Kasuistik, die erklärt, worum es mir hierbei geht: eine ca. 35 Jahre alte Verwaltungsbeamtin in hoher Position kommt mit schweren Rückenschmerzen und Bewegungsstörungen der Beine und einer Schwindel-Symptomatik in die neurologische Klinik, in der ich nebenberuflich als Neuropharmakologe und Psychotherapeut tätig bin. Sie hat vor ca. 1 ½ Jahren bei einem sehr schweren Geburtsvorgang mit Muskel- und Sehnenschäden im Beckenbereich ein gesundes Kind zur Welt gebracht und danach wegen der Beschwerden im Becken- und LWS-Bereich einen Chiropraktiker aufgesucht, der die LWS in einer sehr dramatischen extrem traumatisierenden Prozedur zurechtrücken wollte, wobei danach schwere Beckenschmerzen, Schwindelzustände und Gangstörungen auftraten.

Gehen konnte sie schließlich nur noch (wie eine Balletttänzerin) auf Zehenspitzen, und sie machte dann eine Odyssee von Arztbesuchen und medikamentösen Behandlungsversuchen durch. Die neurologische Untersuchung zeigte mit allen zur Verfügung stehenden Methoden völlige Normalbefunde. Die Patientin stand auf Zehenspitzen vor mir und berichtete, wie wenn sie einen gerichtlichen Sachvortrag erörtern müsste, über ihre Situation und die Beschwerden: freundlich, klar, gefestigt, eindeutig und präzise. Es bestand eine totale Spaltung zwischen ihrer hoch entwickelten „Geistigkeit" und Intellektualität und ihrer körperlichen Problematik. Was ihr fehlte, war das seelische Band, die seelische Brücke zwischen Geist und Körper. Es war deutlich zu spüren, dass sie keinerlei „Intuition" hatte für ihre zugrunde liegende Problematik, keine Intuition für ihren Körper, ja keine Intuition für ihr Leid. Es fehlte die Beseelung, das seelische Band, das Geist und Körper zusammenhält. Es bestand – diagnostisch – eine schwere Konversionsstörung, eine Somatisierungsstörung, und es gelang relativ leicht, ihr dann auch zu erklären, dass sie nun eine gefühlshafte Brücke würde bauen müssen, um den gegen ihre Lebensform revoltierenden Leib quasi zu „besänftigen".

Intuition

Intuition ist nicht ein Wissen über etwas, sondern ein Spüren von etwas. Intuition ist kein intellektueller „Aboutism" im Sinne der Gestaltpsychologie von Fritz Perls, sondern eine Form des Hereinnehmens von „Wissensquellen anderer Art" in das kognitive Leben (hier geht es nicht um Spiritualismus, sondern um einen rationalen Prozess im Sinne des Naturwissenschaftlers [der „Neuen Physik"] Hans-Peter Dürr, der von dem Phänomen der „Verbundenheit" von allem mit allem in der Neuen Physik spricht). Das bedeutet: kulturgeschichtlich passiert mit dem Ernstnehmen von Intuition etwas, was der Rationalismus doch gemeint hatte, schon losgeworden zu sein.

Die Epoche der Aufklärung mit dem Abweisen von Geisterglaube, Aberglaube, Hexenverbrennungen und fehlgeleitetem Spiritualismus hat die Menschheit von der Bürde des Irrationalismus befreit und damit geistiger Klarheit, der „idea clara et distincta" des großen Philosophen Descartes, zum Durchbruch verholfen. Gleichwohl dichtete Goethe in Faust II: „Man hat doch aufgeklärt, und dennoch spukt's in Tegel" (gemeint sind die Spukgeschichten im Berlin-Tegeler Schloss um ca. 1820 herum).

Der Rationalismus hatte, wie Robert Spaemann und Reinhard Löw in ihrem Buch „Die Frage Wozu" gezeigt haben, die segensreiche Wirkung, dass naturwissenschaftliche vernunftgesteuerte Erklärungsmodelle (z. B. von Blitz und Donner) eine Angst reduzierende Wirkung haben. Allerdings geht die Angst nicht ganz verloren (der Mensch wird hierdurch nicht ein „Automat"; etwas Unverstandenes, etwas wenn man so will, „Mythisches, Archetypisches" – bleibt zurück. Goethe dichtet: „Es bleibt ein Erdenrest, zu tragen peinlich; und wär er aus Asbest, er ist nicht reinlich!"

Mit diesen „Erdenresten" beschäftigen sich Psychoanalyse, Psychotherapie, Psychosomatik und Psychiatrie und – wie Goethe sagt, ist es nicht immer eine „saubere" Angelegenheit, es ist „peinlich" (Freud: Pein-erzeugend) und nicht Asbest-artig (feuerfest). Für diese wenn man so will „dunklen" Seiten unserer Psyche müssen wir eine Zugehensweise anwenden, die mit dem Phänomen der „Intuition" zu tun hat. Intuition bezieht Bewusstseinsquellen ein, die wir normalerweise ablehnen würden, deren Erkenntniswert wir infrage stellen würden: sie haben zu tun mit dem „Subliminalen", dem Unterschwelligen, dem Latenten; dem assoziativen Wissen etc.

Dabei gibt es durchaus eine wissenschaftliche Legitimation für die Anwendung von solchen intuitiven Wissensquellen, z. B. in der klinischen Psychopharmakologie. Vom wissenschaftlichen Standpunkt aus lässt sich die Art und Weise, wie der klinische Psychopharmakologe mit einer rational und doch zugleich intuitiv geprägten Psychopharmatherapie umgeht, dadurch erklären, dass man von einem „Pattern recognition process" spricht. Erfahrene Ärzte kennen viele Kasuistiken, viele Fälle, die sie intern mit Assoziationen verbinden. Sie können bestimmte Erfahrungsmuster mit bestimmten Medikamentenprofilen intern verbinden. Es werden also „medikamentöse Muster" mit „kasuistischen Mustern" assoziativ im Sinne eines iterativen Lernverfahrens in Verbindung gebracht.

Ich möchte nun in die Frage nach der Bedeutung von Intuition für den psychotherapeutischen Prozess tiefer eindringen und versuchen zu verdeutlichen, worum es mir hier geht (das hat dann übrigens mit der Frage nach der Geheimnishaftigkeit unseres Daseins zu tun). Ich beginne – als Motto – mit einem Gedicht von Rainer Maria Rilke aus seiner mittleren Schaffensperiode, der Phase, die von Käte Hamburger als die „Zeit der Ding-Gedichte" charakterisiert worden ist:

> *Es winkt zur Fühlung fast aus allen Dingen,*
> *aus jeder Wendung weht es her: Gedenk!*
> *Ein Tag, an dem wir fremd vorübergingen,*
> *entschließt im künftigen sich zum Geschenk. […]*

> *Durch alle Wesen reicht der eine Raum:*
> *Weltinnenraum, Die Vögel fliegen still*
> *durch uns hindurch. O, der ich wachsen will,*
> *ich seh hinaus, und in mir wächst der Baum.*
> *Ich sorge mich, und in mir steht das Haus.*
> *Ich hüte mich, und in mir ist die Hut.*
> *Geliebter, der ich wurde: an mir ruht*
> *der schönen Schöpfung Bild und weint sich aus.*

Dinge sind nicht nur Dinge; sie sind vielmehr Träger von Weltinnenraum"; und sie können uns „zuwinken" und zum Fühlen anregen. Dadurch erhal-

156

ten wir eine Intuition für Dasein, wirkliches Dasein. (F. H. Jacobi sagt „Dasyn enthüllen" ist die Aufgabe der Philosophie (Liebe zur Weisheit). Dieser intuitive Fühlprozess des Zugangs zum „Ganzen" des Weltinnenraumes ist m. E. ein Erfordernis in der Psychotherapie. Peter Sloterdijk hat ein Buch geschrieben mit dem Titel „Du musst dein Leben ändern". Dieser Aufruf stammt aus R. M. Rilkes Gedicht „Archäischer Torso Apollos".

Archäischer Torso Apollos
Wir kannten nicht sein unerhörtes Haupt,
darin die Augenäpfel reiften. Aber
sein Torso glüht noch wie ein Kandelaber,
in dem sein Schauen, nur zurückgeschraubt,

sich hält und glänzt. Sonst könnte nicht der Bug
der Brust dich blenden, und im leisen Drehen
der Lenden könnte nicht ein Lächeln gehen
zu jener Mitte, die die Zeugung trug.

Sonst stünde dieser Stein entstellt und kurz
unter der Schultern durchsichtigem Sturz
und flimmerte nicht so wie Raubtierfelle;

und bräche nicht aus allen seinen Rändern
aus wie ein Stern: denn da ist keine Stelle,
die dich nicht sieht. Du musst dein Leben ändern.

Peter Sloterdijk stellt in seinem Buch diese Situation so dar, als gehe es um einen „Befehl aus dem Stein". Das ist aber ganz und gar nicht so: es geht nicht um einen Befehl von außen sondern um einen Anruf, einen „Aufruf" von innen. Und worum es mir hier geht, ist, dass diese Anrufung von innen nur deshalb möglich ist, weil wir Menschen in der Lage sind, intuitive Prozesse, wie diese Wechselwirkung mit dem archäischen Torso, d. h. im jungschen Sinne einer archetypischen Gestalt, einer Ursprungsgestalt, in uns zu vollziehen und für unsere geistig-seelische innere Arbeit so wirksam werden zu lassen, dass es zu inneren Klärungen kommt, die unser „Leben ändern".

Am Anfang des Weges, den Rilke beschreibt, steht der Aufruf, der Anruf, der Keim der Erhellung (Psychotherapie ist ohne Erhellung nicht möglich!); der Sog (hin zum anderen meiner selbst (durch Intuition), das „Aufwachen", das Aufgeweckt werden (F. Kafka: „Einer muss wach sein"; H. Broch: „Schlafwandler-Trilogie"); die Frage nach der „Hermeneutik des Lebens": man könnte dem Schlafwandler zurufen: „Hörst du mich?"; wir sind umgeben von Zeichen und Symbolen; alles ruft; woher kommt dieser Ruf?

Im Anfang aller dieser Fragen steht die Undurchdringlichkeit des Subjekts, sowohl diejenige des Subjekts für sich selbst (Fr. Nietzsche) als auch die Undurchdringlichkeit der Anderen, ja der Dinge. Diese sind scheinbar „stumm" und es stellt sich die Frage, ist hier Empathie möglich? Rilke sagt hierzu: „Jedes Ding hat seine Würde". Gäbe es diese Undurchdringlichkeit nicht, dann hätte der Rationalismus gesiegt; der Goethesche „Erdenrest" wäre ohne Substanz. Der moderne Funktionalismus hätte mit uns leichtes Spiel. So ist es aber nicht.

Wir leben in einer Wirklichkeit von Zeichen und Symbolen, die zu uns hin und aus sich heraus „winken", und zwar zur Fühlung; und diese Zeichen und Symbole sind nun aber nicht etwa eindeutig und leicht dechiffrierbar; sie sind vielmehr doppeldeutig, mehrdeutig, in sich gebrochen, widersprüchlich, nur dialektisch auffassbar und sie fordern uns damit heraus, eine besondere Art von „Hermeneutik des Lebens", eine besondere Interpretationskunst anzuwenden, die mit der Frage der „Mehrdeutigkeit" z. B. archetypischer Bilder zu tun hat und mit dem Problem der „Unsagbarkeit" dessen, worum es bei dem intuitiven Erfassen des Geheimnishaften des Lebens geht.

Der wesentliche Zugang zu diesen Undurchdringlichkeiten, zu dem hin was zu uns hin „winkt", ist die Kunst; z. B. die Lyrik Rilkes, die Plastik (Apoll, Laokoon), die Musik (Neill Young im Film „Dead Man" von Jim Jarmusch). Beim Hören von Musik nimmt die Musik uns an der Hand und führt uns mit ihren Möglichkeiten, Intuitionen zu erwecken, in das Reich des Undurchdringlichen, in die Welt, die Rilke den „Weltinnenraum" genannt hat.

Intuition wird uns nicht „frei Haus" geliefert. Intuition gibt es nicht zum „Nulltarif". Viele Menschen werden durch Traumatisierungen, durch wenn man so will „harte Anrufungen", Aufrufe und Einbrüche in ihr Leben zur Wachheit der Intuition gezwungen. Insofern sind Patienten oft ihren Therapeuten überlegen, denn sie müssen mit etwas umgehen, das den Therapeuten eher fremd ist, und wo sie die Tendenz haben, sich den Zugang zu verbauen durch eine kreatürlich bedingte und verständliche Angst vor dem Abnormen, dem Traumatisierten, dem „Krankhaften" und diesen Bereich von sich fernzuhalten versuchen.

Insofern gilt der Anruf, die Anrufung, für alle: gerade auch für uns, die Psychotherapeuten.

*

Ich wünsche uns
einen Engel
der mit sanftem Flügelschlag
unsre Seelen streift
wenn sie verloren irren im All.
Ich wünsche uns einen Engel
der dann unsre Seelen
wieder sammelt
und eint und behütet
vor dem Zerfall.

(Hans Dieter Knoll)

„Aber Michael bezwingt"

Der Kampf der Engel gegen den apokalyptischen Chaosdrachen in J. S. Bachs Kantate „Es erhub sich ein Streit"

Christoph Jäger[13]

„Apokalyptisch" – dieses Attribut findet sich in fast jedem Zeitungskommentar zur Atomkatastrophe in Japan im Frühjahr 2011. Etwas gedankenlos hat sich die Steigerung eingespielt: GAU, „Größter Anzunehmender Unfall" – ein Wort aus der nüchternen Sprache der Techniker und Versicherungsmathematiker. Obwohl dieser Begriff von der Logik eigentlich nicht gesteigert werden kann, redet man umgangssprachlich doch vom „Super-Gau". Schließlich gibt es dann eben „apokalyptisch" als Steigerung des nicht zu steigernden Schrecklichsten. Dass man dabei in einen völlig anderen Sprachzusammenhang springt – den religiös/mythologischen – darüber denkt in keinem der mir vorliegenden Fälle jemand nach, auch nicht über die Etymologie dieses Begriffes und über die religionsgeschichtlichen oder theologischen Implikationen.

Ganz anders zur Bachzeit. Damals war es üblich, am Michaelisfest (29. September), das jeweils als hoher Feiertag begangen wurde, als Episteltext im Gottesdienst Apokalypse 12,7-12 zu lesen: „Michaels Streit mit dem Drachen". Der Text unserer heutigen Kantate nimmt darauf Bezug, beginnt mit einem wörtlichen Zitat „Es erhub sich ein Streit" und paraphrasiert mehr oder weniger frei die folgenden Verse.

Die Texte der Offenbarung sind nicht gerade leicht zu verstehen, denn sie wurden während einer schlimmen Christenverfolgung unter dem Kaiser Domitian symbolisch verschlüsselt, damit sie der Geheimpolizei des Kaisers nicht verständlich waren. Nur zwei Probleme des Verstehens heute möchte ich andeuten: In welcher Zeitform sollen wir diesen Text verstehen? „Es erhub sich ein Streit" ist Präteritum (auch im griechischen Urtext), also eine nicht abgeschlossene Vergangenheitsform. Aber in

---

13 Dr. Christoph Jäger, Psychotherapeut. Überarbeiteter Vortrag, der anlässlich eine Geistlichen Abendmusik in der Evangelischen Kirche Aichtal-Neuenhaus am Sonntag 19. Oktober 2008 stattfand.

den einleitenden Kapiteln des Buches Offenbarung ist von „Gesichten", „Offenbarungen", oder eben „Enthüllungen" die Rede, was in die Zukunft – ans Ende der Zeit – verweist.

In den Kantatentext fließen weitere, biblische und nichtbiblische Überlieferungen ein: Die Gleichsetzung von Satan und Schlange lässt an die „Sündenfallgeschichte" (1. Mose 3) denken, der „Drache" an den Chaosdrachen der hebräischen Bibel (vgl. etwa Jes 51,9) der außerbiblischen Schöpfungsmythen, dem eine Gottheit ihre Ordnung abkämpft.

Für Gläubige der Bachzeit und so auch für den unbekannten Textdichter (vielleicht Bach selbst?) bleiben diese Fragen kunstvoll in der Schwebe: Einerseits wird der Sieg Michaels über den Satan/Drachen gefeiert wie ein zurückliegendes Ereignis, andererseits ist klar, dass am Ende der Zeiten dieser apokalyptische Kampf noch anstehen wird.

Völlig unvermittelt, wie ein Blitz aus heiterem Himmel, ohne jedes Orchestervorspiel beginnt der Eingangschor, was für Bachs Kantatenchöre unüblich ist. Am Beginn steht jeweils ein Oktavsprung nach oben in den Singstimmen, daran schließen sich Sechzehntel-Schlangen über mehrere Takte an – wenn man bildlich denkt, eine Abbildung der großen Schlange.

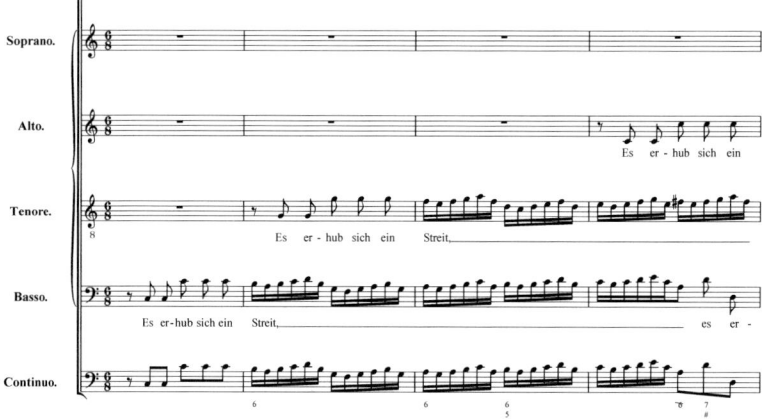

Jeweils kanonisch geführt steigen alle vier Singstimmen über drei und eine halbe Oktave vom Bass zum Sopran, das „Erheben" des Streits von der Unterwelt bis in den Himmel abbildend. Die erste Trompete setzt die

Bewegung bis zur vierten Oktave nach oben fort. „Vier Oktaven" stehen symbolisch für eine Ganzheit wie die vier Himmelsrichtungen.

Diese Motivik wird dann über 41 Takte grandios entfaltet mit einem großen Ensemble: Vierstimmiger Chor, oft begleitet von Streichern und drei Oboen, dazu Pauken und drei Trompeten, die einerseits als Militärinstrumente den battaglia-Charakter prägen, eine Schlachtenmusik. Andererseits erklingen sie als Siegesfanfaren, als klingende Symbole für fürstliche – oder hier göttliche – Majestät.

Bei der zweiten und dritten Textzeile „Die rasende Schlange, der höllische Drache, Stürmt wider den Himmel mit wütender Rache" wechselt Bach die Tonarten von C-Dur – und verwandten – zu a-moll – und verwandten:

Die Oberstimmen (Sopran, Alt, Tenor) singen im Gleichtakt, während im Bass wieder Sechzehntel-Schlangen sich winden und grummeln. Der Text bietet Gelegenheit zu einer quasi-Tonmalerei mit zahlreichen S-, Sch- und ch- Lauten, die Bach nützt, um seinen Drachen zischen und fauchen zu lassen:

Dann ein Wechsel: Außer den Continuo-Instrumenten schweigt plötzlich das Orchester, das vorher unablässig das Durcheinander des Streits begleitet und verdeutlicht hat: Der Chor singt akkordisch im Gleichtakt, fast möchte man sagen im „Gleichschritt": „Aber Michael bezwingt". Michaels Truppen sind gut geordnet aufgestellt und wirken harmonisch zusammen.

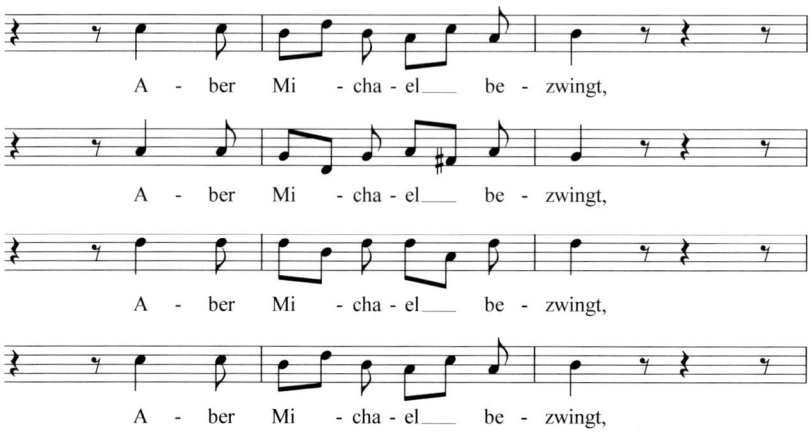

Dann geht es ganz schnell. Mit der Silbe „(be-)zwingt" endet der Chor abrupt, und ein Instrument ist quasi solistisch zu hören, das vorher – und in anderen Stücken – nur mit seinen Partnerinstrumenten (den drei Trompeten) zu hören war, die Pauke:

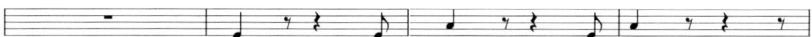

Das sind die kampfentscheidenden „Schläge", die Michael dem Drachen versetzt, ja manche Interpreten sagen: Hier schlägt er ihm den Kopf ab.

Aber ohne Pause geht es weiter mit dem Kampfgetümmel: Das Wort „stürzt" bildet Bach so ab, dass man das Kopfüber-Stolpern plastisch sieht:

Danach kommt Satans Herrschaft „ins Rutschen". In den Noten lässt sich auch visuell verfolgen, wie in den Bässen die Sechzehntel-Schlangen über 5 ½ Takte jeweils einen Ton absinken und wie der Sopran in einer chromatischen Abwärtsbewegung nochmals die Grausamkeit malt:

Nach sieben Modulationstakten folgt dann: „Da capo dal segno", d. h.
Es geht wieder von vorne los. Dabei verändert Bach diese Wiederholung
raffiniert: Ganz am Anfang (Takt 1) waren es sogenannte „offene Kanon-
Einsätze", jetzt sind sie verdeckt in Akkorden der anderen Chorstimmen –
man bemerkt als Zuhörer dieses „Da capo" zunächst gar nicht.

Albert Schweitzer, der vor seiner Zeit als Urwalddoktor sich lange mit
Bach beschäftigt und ein wichtiges Buch über ihn geschrieben hat, schreibt
zunächst über einen anderen Kantatensatz (BWV 67): „Das ist aber keine
Arie mehr, sondern ein symphonisches Tongemälde. Der deutsche Bach
reckt sich, um die Fesseln der italienischen Dekadenzkunst mit ihren

Schablonen zu zersprengen." (Schweitzer, 1908, S. 540) Zum Eingangs-satz von Kantate 19 stellt er dann zu Bach fest:

> Aber der Kampf, den der Riese um seine Freiheit führte, war vergebens. In der Michaelis-Kantate „Es erhub sich ein Streit" verliert er ihn. Der erste Chor schildert den Kampf des Satans und seines Heeres wider den Erzengel Michael. In gewaltigen Windungen streben die Drachenleiber empor: [Notenbeispiel] Bei den Worten „Aber Michael bezwingt, Und die Schar, die ihn umringt, Stürzt des Satans Grausamkeit [...] kehrt sich das Motiv um, und die bewegte und verzerrte Masse sinkt unaufhaltsam zur Tiefe hinab: [Notenbeispiel] Da fährt Bach mit einem breiten Pinselstrich über das genial hinge-worfene Bild und zerstört es. Am Schluß, wo Satans Heer gefal-len ist, schreibt er Dal segno vor, läßt den ersten Teil – „Es erhub sich ein Streit" – wiederholen und schließt damit. Dieses geistlose wider den Text und die Musik gehende da capo, das er aus blin-der Gewohnheit anbringt, zeigt, wie wehrlos dieser einzigartige Geist den Formeln und Satzungen seiner Zeit gegenübersteht. Das ganze tragische Schicksal der Bachschen Kunst liegt in diesem Dal segno. Es muß irgendwie im Wesen der malerischen Auffassung der Musik begründet sein, daß ihre beiden größten Vertreter, der Thomaskantor und Berlioz, für manche Dinge, die ein mittelmä-ßiges Talent wahrnehmen würde, unempfindlich sind."
>
> *(Schweitzer, 1908, S. 541f.)*

Es ist bewundernswert, mit welcher sprachlichen Plastik Schweitzer Musik hier beschreibt und prononciert interpretiert. Aber kritisch ist zunächst zu bemerken, dass Bach sein da capo variiert – zumindest am Anfang mit den Modulationstakten und den verdeckten Kanoneinsätzen mit Begleitung des vollen Orchesters!

Gerne würde ich aber Schweitzer fragen, ob der Thomaskantor hier wirklich nur „blinder Gewohnheit" folgt, gebunden von den „Fesseln der italienischen Dekadenzkunst mit ihren Schablonen"? Abgesehen von gewissen nationalistischen Vorurteilen (der „deutsche Bach" „italienische Dekadenzkunst") – könnte es nicht sein, dass die Wiederholung auch eine existentielle Einsicht oder eine theologische Erkenntnis symbolisch zum

Ausdruck bringt? Dass wir eben in einer „gefallenen Welt" leben, in der der Kampf gegen das „Böse" keineswegs abgeschlossen sein kann, sondern gerade dann weitergeht, wenn man allzu optimistisch die Frage nach dem Bösen, nach den Mächten der Zerstörung für endgültig beantwortet hält.

Schweitzer hat sein Buch noch vor dem Ersten Weltkrieg verfasst, in einer Zeit, in der die idealistische Philosophie groß in Blüte stand und allgemein ein Fortschrittsglaube herrschte, dessen Prinzip wie folgt umschrieben werden kann: So wie wir die Krankheiten mit der modernen Medizin bekämpfen, so wie wir mit Eisenbahn, Auto und Flugzeug, mit Strom und moderner Technik Entfernungen spielend überwinden, so werden wir auch das Böse besiegen und als Folge des Fortschritts endgültig aus der Welt schaffen.

Die beiden Weltkriege haben Schweitzer und seine Zeitgenossen bitter belehrt, dass der Fortschritt in der Geschichte nicht nur in eine Richtung geht wie ein Zahlenstrahl und dass gerade die einseitige Überbewertung rationalen Denkens den ungeheuren Rückschlag in Barbarei und Zerstörung mindestens gefördert, wenn nicht hervorgerufen hat.

Interessanterweise greift C. G. Jung 1937 in seinen „Terry Lectures" dieselbe Metaphorik auf, als er auf Kriege in Europa zurückblickt: „[...] wodurch Europa die Mutter von Drachen wurde, welche den größeren Teil der Erde verschlungen haben". (Jung, GW 11, §82)

Nach dieser ungeheuren Entfaltung aller Mittel folgt in der Kantate ein denkbar schlichtes Stück, ein secco-Rezitativ für Bass:

> *Gott Lob! Der Drache liegt.*
> *Der unerschaffene Michael*
> *Und seiner Engel*
> *Heer hat ihn besiegt;*
> *dort liegt er in der Finsternis*
> *Mit Ketten angebunden*
> *Und seine Stätte wird nicht mehr*
> *Im Himmelreich gefunden.*
> *Wir stehen sicher und gewiss,*
> *Und wenn uns gleich sein Brüllen schrecket,*
> *So wird doch unser Leib und Seel*
> *von Engeln wohl gedecket.*

Zu erwarten sind in einem Rezitativ lang gehaltene Töne in den begleitenden Continuo-Instrumenten. Umso mehr fallen dann kleine Notenwerte auf, wie hier die vier Achtel in Takt 4:

Musikalisch bilden sie eine Kadenz, ausdrucksmäßig eine Bestätigung: „So ist es!" Wie das „Amen" in der Kirche. Dazu bilden sie aber eine Figur, die als „Kreuz" gedeutet werden kann: Wenn man die erste und vierte, zweite und dritte Note verbindet, ergibt sich ein X (griechischer Buchstabe Chi): Bachs Abkürzung für „Christus" und für Kreuz. In der Singstimme findet sich darüber dieselbe Figur. Dass diese Figuren hier – versteckt – eingebaut sind, ergibt einen Sinn: Im Zeichen des Kreuzes hat Michael den Sieg errungen. In manchen bildlichen Darstellungen hat er auch ein Kreuz auf seinem Schild, seinem Helm oder einer Fahne.

Für Bach – Anhänger der lutherischen Orthodoxie – ist das aber nicht nur äußerliches Ornament, sondern zentrale theologische Aussage. Nachdem im Text der ganzen Kantate Jesus oder Christus nie erwähnt wird, hebt er hier das Lutherische „Solus Christus" hervor: „Christus allein" hat uns durch sein Leiden und Sterben erlöst.

Die Metaphorik des weiterführenden Rezitativ-Textes „Dort liegt er in der Finsternis. Mit Ketten angebunden" findet sich wiederum bei C. G. Jung 1937 in seinen „Terry Lectures": „Es ist nicht schwer zu sehen, daß die Mächte der Unterwelt – um nicht zu sagen der Hölle –, die früher in einem gigantischen geistigen Gebäude mehr oder weniger erfolgreich angekettet und dienstbar gemacht waren, jetzt eine Staatssklaverei und ein Staatsgefängnis schaffen oder wenigstens zu schaffen versuchen, das jeglichen seelischen oder geistigen Reizes entbehrt. Es gibt nicht wenige Menschen heutzutage, die davon überzeugt sind, dass bloße menschliche Vernunft der enormen Aufgabe, den ausgebrochenen Vulkan zu fesseln, nicht völlig gewachsen ist." (Jung, GW 11, §83)

Das Michaelisfest ist aber nicht nur das Fest dieses einen Engels, sondern das Fest aller Engel. Sie sind – wie uns dieser Tage ein Künstler sagte – eine „wunderbare Erfindung der Menschen, um Unsagbares auszudrücken", nämlich etwa die Erfahrung, in lebensgefährlichen Situationen bewahrt zu werden. Ihre symbolische Bedeutung lässt sich in zwei Richtungen entfalten: Die kraftvoll kämpfende, auch aggressive Seite, „männlich" oder „extravertiert" – Die bergend-schützende, fast zärtliche, ja liebevolle Seite, „weiblich" oder „introvertiert" würden Tiefenpsychologen sagen. In den Schlafzimmern unserer Großeltern gab es das Bild von den Schutzengeln, die zwei Kinder über eine morsche Holzbrücke geleiten.

Um diese Bedeutung der Engel geht es in der folgenden Arie für Sopran. Der unbekannte Textdichter nimmt Bezug auf einen kurzen Vers in Gen. 32,2. Dort wird der Ort „Mahanaim" erwähnt, auf deutsch: „Doppellager", ein Ort, an dem Jakob Engel erschienen sind. Der Textdichter möchte zum Ausdruck bringen: So wie Gott damals Jakob, wird er heute uns Gläubige an Orte schicken, an denen uns Engel beschützen. Diese erfreuliche Aussage übernimmt die helle Sopranstimme. Das Stehen wird in einer lange gehaltenen Note, das „Gehen" wird in einer Sechzehntel-Koloratur plastisch angedeutet:

Diese liebevoll schützende Eigenschaft der Engel begleiten zwei „Liebesinstrumente", zwei Oboi d'amore mit der gleichen Motivik in einem hellen G-Dur in munterer Bewegung. Das Worte „Ruh" und „stehen" werden mit lange gehaltenen Noten verdeutlicht:

- hen, für un - sern_ Fein - den_ ste -

Es folgt ein sog. Accompagnato-Rezitativ (die Streicher begleiten mit lange ausgehaltenen Akkorden. Diese Besetzung signalisiert: Jetzt kommt etwas Wichtiges!)

> *Was ist der schnöde Mensch, das Erdenkind?*
> *Ein Wurm, ein armer Sünder,*
> *Schaut, wie ihn selbst der Herr so lieb gewinnt,*
> *Daß er ihn nicht zu niedrig schätzet*
> *Und ihm die Himmelskinder,*
> *Der Seraphinen Heer,*
> *Zu seiner Wacht und Gegenwehr,*
> *Zu seinem Schutze setzet.*

Der Text paraphrasiert und meditiert Psalm 8,5. Sorgsam hebt Bach die Worte „Herr" und „Seraphinen" (also Engel) durch sehr hohe Noten heraus, während „Erdenkind" und „niedrig" in tiefer Lage erklingen. Die Worte „Wurm" und „armer Sünder" sind durch nicht so wohlklingende Intervallsprünge gekennzeichnet (Saltus duriusculi, z. B. Septime).

wie ihn selbst der Herr so lieb ge - winnt, dass Er ihn ni

der Se - ra - phi - nen Heer zu sei - ner Wacht und Ge - gen - wehr,

das Er - den - kind? Ein Wurm, ein ar - mer Sün - der.

Die folgende Arie Nr. 5 für Tenor halte ich für eines der schönsten Musik-
stücke, die es überhaupt gibt: Durchweg ist sie erfüllt von einer sanft
schwingenden Bewegung im 6/8 Takt. Dieses „graziöse Engelmotiv" (wie
Albert Schweitzer es nennt), übernehmen abwechselnd die hohen, dann
die tiefen Streicher, fast nur mit weichen Terzen und Sexten in e-moll.
Zwischen den hohen und tiefen Streichern – gleichsam „auf beiden
Seiten" geschützt und geborgen (wie es im Text heißt) – bittet oder betet
der Tenorsolist: „Bleibt, ihr Engel, bleibt mir ..."

Das allein wäre schon ein einzigartig schönes Stück. Aber das genügt Bach
offenbar noch nicht. Zu all diesen bezaubernden Klängen spielt die Trompete die Choralmelodie „Herzlich lieb hab' ich dich o Herr". Fast alle
Bach-Exegeten bemerken hierzu, Bach habe hierbei an die dritte Strophe
des Liedes gedacht: „Ach Herr, laß dein lieb Engelein [...]."

Hier erinnert der Trompetenklang nicht an Krieg und oder fürstliche
Majestät. Eher wird assoziativ an die Posaune des jüngsten Gerichts erinnert – das sich hier als ein Gericht der Liebe offenbart.

Bach möchte seinen Hörern mit diesem textlosen Choralzitat ein
Rätsel aufgeben – wie übrigens in anderen Kantatensätzen ähnlichen Typs
auch. Dieses Rätsel stellt er – so verstehe ich das – jedoch nicht als Spiel
im flachen Sinn, oder um seine Zuhörer zu ärgern, sondern mit diesem
Rätsel verweist er auf rätselhafte existentielle Erfahrungen: Oft können wir

in einer schwierigen Lebenssituation eben nicht verstehen, wie es ausgeht und wie es um uns steht, was für einen Sinn etwa Schicksalsschläge haben sollen. Erst im Nachhinein, erst im Rückblick können wir erkennen, dass wir in bestimmten Situationen beschützt und bewahrt wurden, können wir vielleicht auch erkennen, welchen Sinn schwere Zeiten für uns hatten.

Hinzu kommt, dass der Text der Arie und das Lied (Gesangbuch EG Nr. 397, 3) höchst sinnreich aufeinander bezogen sind und im Kern die gleiche Aussage haben.

Dieser „Höhepunkt bachscher Arienkomposition" (Dürr, 1971, S. 572) gewinnt noch an Bedeutung, weil im Text des Chorals ein Meßtext in nuce enthalten ist:

„Ach Herr"	Kyrie eleison
„Am letzten End'"	et exspecto
„Gottessohn"	Christe eleison
„Heilig singen"	sanctus
	(Jes 6, Gesang der Cherubim)

Über diese Einzelbeobachtungen hinaus ist höchst eindrücklich, wie hier zwei musikalisch und poetisch sehr verschiedene Welten zu einer höheren Einheit verschmolzen werden: das Gemeindelied von Martin Schalling aus dem Jahre 1571 (also mehrere Generationen vor Bach), in G-Dur im 4/4 Takt, mit seiner weit ausgreifenden Stollenform, die dann die Architektur des ganzen Stücks bestimmt – darum dauert es recht lange! – die Arie aus der barocken Oper, in e-moll, mit dem sanft schwingenden 6/8 Rhythmus und den weichen Akkorden, mit Vor- und Nachspiel des Orchesters.

Zusammenfassend könnte man sagen, dass diese Arie nicht nur das flehentliche Gebet einer menschlichen Seele um englischen Schutz angesichts des Sterbens in Töne fasst, sondern schon das selige Gefühl vorwegnimmt, von Engeln getragen zu werden. Oder anders formuliert: Bachs Musik vermittelt ein Gefühl für die Aufhebung von Raum („auch allhier") und chronometrischer Zeit in der höheren Einheit mit Gott.

Musikalisch wird dies erreicht, indem die Choralmelodie sehr hoch über den übrigen Stimmen „schwebt" und sich – vom Klang der Trompete her – deutlich von Streichern und Singstimme unterscheidet. Sie klingt wie aus einer anderen Welt zu uns. Dieses fundamental andere bringt Trost und Hoffnung, die nur aus einer anderen Dimension zu uns kommen können. Und die Engel werden hier dargestellt in ihrer wichtigsten Funktion: Mittler zwischen Gott und Welt, Himmel und Erde. Als Schluss der ganzen Kantate, als Antwort der Gemeinde greift Bach auf einen anderen Choral zurück:

Laß dein Engel mit mir fahren
Auf Elias Wagen rot
Und mein Seele wohl bewahren,
Wie Lazrum nach seinem Tod.
Laß sie ruhn in deinem Schoß,
Erfüll sie mit Freud und Trost,
Bis der Leib kommt aus der Erde
Und mit ihr vereinigt werde.
(9. Strophe des Liedes „Freu dich sehr“)

Bei Chr. Demantius, Freiberg 1620, dessen Melodie Bach ebenfalls übernimmt, allerdings mit einer hörbaren Umformung: Bach hat ihn sonst meist in G-Dur gesetzt und im Metrum 4/4 angeglichen. Hier möchte er ihn heller, strahlender. Also versetzt er ihn eine Quart höher nach C-Dur, außerdem will er ihn offenbar tänzerischer, beschwingter, also greift er auf das ursprüngliche ¾-Metrum zurück wie der Melodieschöpfer Loys Bourgois 1551.

Schließlich setzt er dem schlichten vierstimmigen Satz eine „Klangkrone" auf mit den drei Trompeten und setzt mit den Pauken ein tiefer reichendes Fundament.

Wie oben schon angedeutet war J. S. Bach Anhänger der lutherischen Orthodoxie. Durch Martin Luther kam in der ersten Hälfte des 16. Jahrhunderts eine ungeheure dynamische Entwicklung in der Theologie und Geistesgeschichte in Gang: Hunderte, ja tausend Jahre lang gültige Normen wurden in Frage gestellt und gestürzt: Primat des Papstes, Schriftverständnis, Sakramentenlehre, Zölibat usw.

Aber schon wenige Jahre nach der Reformation, erst recht nach dem Tode Luthers – auch unter dem Druck der Gegenreformation – erstarrte die Bewegung wie Lava nach einem Vulkanausbruch in einem bis in die letzte Kleinigkeit ausgetüfteltem Lehrgebäude, das heutigen Menschen ohne profunde hermeneutische Vermittlung nicht mehr erklärt werden kann. Schon gar nicht wird sich heute jemand völlig damit identifizieren.

Genau das aber muss bei Bach der Fall gewesen sein. Wer Bachs Musik wegen ihrer hohen Expressivität und der Wirkung auf das Gefühl schätzt, wird sich darüber wundern.

Wie kann seine Musik heute dennoch wirken? Die lutherischen Orthodoxie mit ihrem einheitlichen Weltbild und ihren – heute betrachtet – zwanghaften Zügen bot ihm seinerzeit – metaphorisch gesprochen – den Bauplan und das Baugerüst für den großartigen Kathedralbau seiner Kunst. Dieses Bauwerk steht nun fertig und ist heute – auch ohne den weltanschaulichen Hintergrund – begehbar und bewundernswert. Ja noch mehr: Das ausgefeilte theologische und musikalische Ordnungsprinzip wirkt mit seinen archetypischen Strukturen unbewusst auch beim heutigen Hörer ordnend und strukturierend – gerade dann, wenn der „alte apokalyptische Chaosdrachen" Verwirrung und Chaos stiften will, individuell und kollektiv.

Psychologisch können wir heute nur vermuten, dass Bach in diesen quasi „zwanghaften" Elementen der lutherischen Orthodoxie einen Ausgleich für seine nie versiegende, manchmal überbordende Kreativität gefunden hat. Beides – die Ordnung auf allen Ebenen und die souveräne Freiheit – zeichnen seine Kunst aus und erklären die tröstende, ja therapeutische, Selbstheilungskräfte mobilisierende Kraft seiner Musik (Reddemann, 2006).

Theologisch formuliert: In seiner Kunst findet Bach eine neue Synthese von Gesetz und Evangelium, von Ordnung und Freiheit, die – losgelöst von seiner zeitbedingten Engführung – heute noch heilsam wirkt.

Abschließend und zusammenfassend ein Blick auf die ganze Kantate und ihre grundsätzliche Bedeutung: Überflüssig klarzustellen, dass das hier dargestellte Geschehen nicht in unserer Wirklichkeit gespielt hat, nicht spielt und so nicht spielen wird, und schon deshalb mit unserem chronometrischen Zeitverständnis nicht zu erfassen ist. Vielmehr ist dieser Drachenkampf Bild für ein innerseelisches Drama, für einen heftigen seelischen Konflikt, wie er sowohl im einzelnen Menschen als auch im Kollektiv auch heute noch tobt, mal mehr, mal weniger bewusst.

Bachs Fassung dieses Dramas bietet in künstlerischer Überhöhung auch Menschen von Heute die Möglichkeit, sich mit dem „Bösen" auseinanderzusetzen – ganz im Wortsinne – : dem „Bösen" in uns Menschen und dem „Bösen"der Welt, der Ungerechtigkeit, den Bedrohungen durch versagende Technik, durch Krieg und Naturkatastrophen. Dies ist eine

Auseinandersetzung nicht allein mit dem rationalen Denken (Technik, Naturwissenschaft, Versicherungsmathematik), sondern mit allen Verstehensebenen und Gefühlen, auch der nicht-rationalen Weltsicht.

Bach leistet mit den Mitteln seiner Zeit und seiner Kunst eine „Vergegenwärtigung" im Ritual. Er provoziert einerseits diese Mächte der Zerstörung, läßt sogar eine gewisse projektive Identifizierung zu, zeigt und feiert aber zugleich die Beherrschung, den Sieg (Siegesfanfaren) über diese Mächte: Einmal als klingender Affekt in der Musik, sodann aber mit der Ordnung der Musik selbst: Form, Intervallik, Harmonik sind für Bach Ausflüsse der göttlichen Ordnung (Harmonie der Sphären). Musik, die nicht von dieser Ordnung bestimmt ist, nennt er „ein teyflisch Geplerr und Geleyer"! (zit. n. Spitta, 1916. S. 916)

Sich befreunden

Verena Kast[14]

Freundschaft ist Theo Seifert sehr wichtig. Ähnlich dachte schon Aristoteles, der sich umfassende, anregende Gedanken über die Freundschaft
gemacht hat. „Denn ohne Freunde würde niemand leben wollen, auch
wenn er alle anderen Güter besäße." sagte er vor mehr als 2000 Jahren
(Aristoteles, 1966, 55, a3). Deshalb will ich Dir, Theo, einige Gedanken
zur Freundschaft zu Deinem 80. Geburtstag schenken.

Es braucht Wohlwollen

Sich befreunden ist eine Beziehungsform und zugleich eine Lebensform,
bei der man sich fragt, welchen Menschen man freiwillig mit Wohlwollen
begegnet und wie man dieses Wohlwollen auch so ausdrückt, dass es für
den Freund oder die Freundin sichtbar und erlebbar wird. Vermag unser
Wohlwollen nicht auch beim anderen Menschen Wohlwollen zu wecken,
dann können wir uns nicht mit ihm oder ihr befreunden. Um sich zu
befreunden, braucht es ein wechselseitiges Wohlwollen, das wir zeigen
müssen, das wir annehmen müssen, und das wir uns auch bis zum Ende
einer Freundschaft erhalten müssen.

Das Wohlwollen zeigt sich darin, dass man dem Freund, der Freundin nur das Beste wünscht, und man setzt sich auch dafür ein, dass dieses
„Beste" wenn immer möglich, erreichbar wird. Vom Freund, von der
Freundin erwartet man aber auch nur das Beste, ohne es anzumahnen,
sonst verliert die Freundschaft ihren emotionalen Kern. Mehr noch: man
erwartet sogar, dass er oder sie weiß, was im Moment das Beste ist – und
weil man befreundet ist, artet das nicht etwa in große Anstrengung aus,
man weiß es eben.

Und was hat man von einer Freundschaft? Die Erfahrung, dass es unter
den Menschen verlässlich solche gibt, die uns wohl wollen, und denen
wir wohl wollen, auch angesichts von Meinungsverschiedenheiten, Krän-
kungen, Enttäuschungen. Auch die Erfahrung, dass man mit diesen
Menschen sich geborgen fühlen und auch angeregt und herausgefordert

---

14 Prof. Dr. phil. Verena Kast, Psychologin und Psychotherapeutin

werden kann. Freunde sind immer gut für eine Inspiration für gutes Leben. Freundschaftsbeziehungen sind die Oasen im gelegentlich etwas dornigen Gestrüpp der menschlichen Beziehungen, sie sind auch ein Netz, das trägt, wenn man einmal ins Leere abzustürzen droht. Mit diesen existenziell so wichtigen Freundschaftsbeziehungen meint man natürlich nicht die Nutzfreundschaften, nicht einmal die Lustfreundschaften, auch wenn in jeder Freundschaft natürlich auch Nutzen und Lust ist, sondern man meint die „Seelenfreundschaften".

Sich zu befreunden: ein Prozess

Eine Freundschaft muss wachsen: Freunde und Freundinnen sind Menschen, die uns ansprechen, die uns gefallen, auf die wir neugierig sind. Diese Neugier mündet dann in ein nachhaltiges Interesse. Sie müssen etwas mitbringen, was wir für unser Leben als Bestätigung und als Herausforderung, auf jeden Fall als Bereicherung verstehen, auf welcher menschlichen Ebene auch immer. Freunde und Freundinnen bereichern das Leben, sie fordern uns nicht selten heraus, noch brachliegende Aspekte unserer Persönlichkeit zu entwickeln, ganz besonders zu Beginn einer neuen Freundschaft, aber auch, wenn sie selber Entwicklungssprünge machen.

Sich befreunden kann man sich nur mit Menschen, die sich im Laufe der Zeit als vertrauenswürdig erweisen. Eigentlich kann man sich erst wirklich befreunden, wenn man einander vertrauen kann. Deshalb ist es auch schwer zu sagen, wann genau man sich befreundet hat. Man weiß, wann man sich zum ersten Mal gesehen hat. Aber wann die Freundschaft begonnen hat, das wissen wir meistens nicht wirklich. Sich zu befreunden als Haltung, etwa im Gegensatz zu sich abzuschotten oder sich zu verfeinden, heißt auch, sich zum Vertrauen zu entschließen, und sich als vertrauenswürdig erweisen zu wollen. Natürlich wird man nicht einfach naiv vertrauen, aber Vertrauen ist bei Menschen, die sich befreunden, eine Kategorie im Leben, die vor dem Misstrauen kommt. Wo man vertraut, da kann man sich auch zeigen, wie man ist, kann man über Stärken und Schwächen sprechen, ohne Neid oder Scham und Abwertung befürchten zu müssen. Ganz abgesehen davon, dass der Ort des Vertrauens auch ein Vertrautsein ermöglicht: eine gute Nähe, ein Gefühl, dass wir uns auch in geheimen Regungen diesem Menschen zeigen dürfen, dass wir uns aber auch an diesen Menschen wenden können, wenn wir in irgendeiner Weise bedürftig sind, wenn wir emotional belastende Probleme haben.

Freundschaft hat auch etwas mit Freundlichkeit zu tun, aber sie ist viel mehr als Freundlichkeit. Unter Freunden ist man im Grunde genommen freundlich gesinnt, auch wenn man gerade recht unfreundlich miteinander umgeht. Freundlichkeit ist ein großes Gut. Man kann sich in einer Freundschaft auf die grundlegende Freundlichkeit verlassen, und sonst kann man nicht wirklich befreundet sein.

Beziehungswerte in der Freundschaft

Freundschaft, eine Beziehung, die man als freier Mensch freiwillig eingeht, nicht aus Abhängigkeit, ist auch eine Beziehung, die frei macht. In der Freundschaftsbeziehung werden wichtige Beziehungswerte gelebt, ohne dass die meisten lange darüber nachdenken. In einer Studie über die Beziehung von Frauen zu ihrer besten Freundin habe ich Beziehungsqualitäten dieser Freundschaftsbeziehung herausdestilliert (vgl. Kast, 1992). Diese könnten auch Beziehungsqualitäten einer Beziehungskultur sein, für Frauen und Männer gleichermaßen, wenn es uns denn wichtig wäre, eine Beziehungskultur zu haben.

Achtsamkeit

Zentral wichtig in diesen Freundschaftsbeziehung ist Achtsamkeit. Damit ist gemeint, dass die Frauen einander sehen, einander wahrnehmen, einander anerkennen, sich wirklich interessieren füreinander. Gefühle müssen wahrgenommen werden: die der Freundin, aber auch die eigenen. Es geht bei diesem Gesehenwerden nicht nur um Akzeptanz, sondern auch um Herausforderung, um ernsthafte Fragen an die andere. Einen anderen Menschen achtsam wahrnehmen können wir nur, wenn wir uns in ihn oder sie hinein versetzen können, auch und besonders dann, wenn sie etwas macht, denkt, vorschlägt, was die Freundin eigentlich nicht verstehen kann. Achtsamkeit steht der Haltung des Dominieren-Wollens entgegen, und geht davon aus, dass jeder Mensch ein Du braucht, um immer wieder auch zu sich selber zu finden. Achtsamkeit ist auch den eigenen Gefühlen in der Freundschaftsbeziehung gegenüber wichtig, besonders den Gefühlen des Ärgers.

Unser Ärger reguliert die Abgrenzung zu anderen Menschen. Wenn wir uns ärgern, heißt das, dass unsere Grenzen, die uns auch als Persönlichkeit ausmachen, von einem anderen Menschen in unzulässiger Weise nicht akzeptiert oder überschritten werden, oder aber, dass wir in einer Weise in die Schranken gewiesen werden, die uns missfällt. Den Ärger wahrzunehmen bedeutet, diese Grenzschwierigkeiten wahrzunehmen und sie ansprechen zu können. Gerade in einer Beziehung, in der man sich sehr nah ist, ist es auch wichtig, ein eigenständiger Mensch zu bleiben, dem anderen mitzuteilen, wenn die Grenzen überschritten werden. Durch das Wahrnehmen des Ärgers, der auf neue Grenzziehungen oder auf neue Sensibilisierung auf Grenzen hinweist, ist es möglich, Nähe und Distanz in diesen Freundschaften immer wieder neu so zu bestimmen, wie es für die Beteiligten notwendig ist.

Sind wir in einer Freundschaftsbeziehung achtsam, können wir auch dort wohlwollend sein, wo der andere Mensch es auch wirklich braucht – oder einfach, wo es besondere Freude macht. Achtsam können wir nur dann sein, wenn wir mit Enttäuschungen umgehen können, wenn wir akzeptieren, dass der Freund, die Freundin ein anderer Mensch ist, mit eigenen Vorstellungen, mit einem eigenen Leben, und deshalb sich immer einmal nicht so verhält, wie wir es uns wünschen würden. Befreundet bleiben können eigentlich nur Menschen mit einem großen Herzen, die auch fähig sind, vieles zu verzeihen und sich immer wieder miteinander zu versöhnen. Vielleicht aber zeichnet sich gerade die Freundschaftsbeziehung dadurch aus, dass man sich auch bei Streitereien und Enttäuschungen, die natürlich vorkommen, wieder versöhnen kann. Um sich versöhnen zu können, muss man empathisch sein mit dem anderen Menschen, muss sich in ihn oder sie hineinversetzen können, mildernde Umstände finden und das Vertrauen riskieren, dass trotz der Enttäuschung, die wieder vorkommen wird, man doch die Nähe immer wieder finden wird.

Verfügbarkeit

Ein weiterer Beziehungswert in der Frauenfreundschaft ist die Verfügbarkeit: Freundinnen können auf ein emotional belastendes Problem hin, auf eine Hilfeleistung hin, angesprochen werden. Man kann dazu stehen, dass man jetzt Hilfe braucht. Man kann sich einander zumuten, ohne eine Zumutung zu sein. Das ist ein wichtiger Aspekt von Freundschaft.

Sich einander zuzumuten ohne letztlich eine Zumutung zu sein ist allerdings nur dann möglich, wenn man sich auch der Grenzen der Zumutbarkeit, die immer einmal verschieden sind, bewusst ist, wenn man diese auch formulieren kann, ohne dass die Freundin verärgert ist, oder nur vorübergehend.

In diesem Zusammenhang ist die Wechselseitigkeit der Freundschaft nicht aus den Augen zu verlieren: eine Freundschaft, in der eine immer gibt, die andere immer nur nimmt, ist keine Freundschaft. Wechselseitigkeit muss nicht ständig erfolgen, und es geht auch nicht darum, dass man dasselbe oder im gleichen Maße zurückgibt. Freundschaft kann durchaus über eine gewisse Zeitspanne Einseitigkeit vertragen, wenn es denn das Leben fordert, aber irgendwann und irgendwie muss auch wieder ausgeglichen werden.

Verlässlichkeit

Achtsamkeit und Verfügbarkeit werden in einer Beziehung erst zu Werten, wenn man sich darauf verlassen kann, dass diese Werte auch gelebt werden. Verlässlichkeit ist der Wille zur Kontinuität dieser Beziehung, auch wenn Schwierigkeiten auftauchen. Dieser Wille zur Kontinuität und damit auch zur Fortdauer der Beziehung, zum Wachsen einer Beziehung, wird in der punktuellen Verlässlichkeit erlebt und auch gewertet als Bekenntnis zu dieser Freundschaft.

Freundlichkeit, Zärtlichkeit, Freude

Diese Werte der Achtsamkeit, Verfügbarkeit und Verlässlichkeit werden in einer Atmosphäre von Freundlichkeit, Zärtlichkeit und von Freude gelebt. Zärtlichkeit ist eine Haltung, die das Zarte im anderen und in sich selbst begreift, es aus dem anderen Menschen auch herausliebt. Im Zarten zeigt sich oft das, was gerade neu am Werden ist. Damit Zärtlichkeit nicht zu einem Verzärteln wird, muss dem anderen Menschen auch das Wilde, Harte zugemutet werden können. Die Freude ist die Grundemotion in der Freundschaft: man erlebt miteinander Freude, kann die Freude teilen, freut sich aneinander und aufeinander. Wenn wir uns freuen, sind wir einverstanden mit uns selbst und mit der Mitwelt. Wir erleben ein gutes Selbstwertgefühl – und wir sind geborgen im Leben.

Können wir Freude teilen miteinander, so wird die Freude mehr. Natürlich verderben sich auch Freunde und Freundinnen gelegentlich die Freude – aber selten. Es gehört zur Freundschaft, dass man sich mit dem befreundeten Menschen mitfreuen kann, dass wenig Neid zu erleben ist – oder dass man, tritt er denn auf, miteinander über den Neid sprechen kann.

Menschen, die sehr neidisch sind, missgünstig – auch bei ihren besten Freunden und Freundinnen, können sich nicht wirklich befreunden. Sie werden eher Nutzfreundschaften eingehen, die dann auch wieder beendet sind, wenn kein Nutzen mehr zu erwarten ist. Freundschaften helfen uns aber auch, mit dem Neid umzugehen. Gerade weil man dem Freund, der Freundin wohl will – und das aus freiwilligen Stücken – ist es leichter, gönnend zu sein als bei Menschen, die einem gleichgültiger sind. Und weil man sich mit ihnen verbunden fühlt, hat man an der Gunst des guten Schicksals, das sie ereilt, auch etwas teil. Ja, man denkt doch oft, man sei in gewissem Sinne sogar daran beteiligt, also kein Grund, missgünstig zu sein.

Sich zu befreunden heißt natürlich nicht, den anderen Menschen zu idealisieren, in ihm oder in ihr nur die angenehmen Seiten zu sehen. Würde man das tun, man wäre rasch enttäuscht und ernüchtert. In einer Freundschaft sieht man gut, aber mit wohlwollenden Augen. Man sieht die Schattenseiten des Freundes oder der Freundin, man sieht gut, was schwierig zu akzeptieren ist.

Aber gerade, weil es der Freund oder die Freundin ist, die diese lästigen Persönlichkeitszüge auch hat, werden sie ihm oder ihr verziehen. Man rechnet mit ihnen, so wie man auch vom Freunde erwartet, dass er mit unseren für ihn schwierigen Seiten rechnet. Man muss einander nichts vormachen, man kann einander aber auch nichts vormachen. Das bedeutet nicht, dass man diese schwierigen Seiten nicht anspricht und immer auch einmal Besserung anmahnt. Dieses Anmahnen ist aber großzügig und rechnet nicht wirklich mit Besserung, sondern eher damit, dass Menschen sich nicht so leicht verändern.

Freiwilligkeit

Die Freundschaft beruht letztlich auf Freiwilligkeit. Und auch wenn Freundschaften oft lange dauern, eine beachtliche Kontinuität aufweisen, die Basis ihrer Freiwilligkeit macht sie auch im Handhaben der Schwierigkeiten freier als andere Beziehungsformen. Gewiss, viele Probleme werden reguliert, indem man sich weniger sieht, die Freundschaften eigentlich gar nicht mehr wirkliche Freundschaften sind, die aber relativ rasch wieder belebt werden können, wenn es die Umstände erfordern.

Selbstfreundschaft

Wie kommt man zu dieser Haltung des sich Befreundens? Um sich mit anderen Menschen befreunden zu können, muss man sich mit sich selber befreunden – meinte Aristoteles. Was heißt das? Zunächst einmal, sich selber mit Wohlwollen betrachten – und dies auch immer einmal zum Ausdruck bringen, sich selber gegenüber. Mit der Freiwilligkeit ist es natürlich nicht so weit her. Ich bin nicht frei, mein Leben mit mir zu verbringen, aber ich kann lernen, gut mit mir auszukommen.

Betrachtet man die Beziehungswerte, die in einer Freundschaftsbeziehung liegen, so wird von Anfang an deutlich, dass die Freundschaft eine reziproke Beziehung ist. Wir können nicht achtsam auf den anderen Menschen sein, wenn wir nicht achtsam auf unsere Gefühle sind, die uns immer auch wieder darüber orientieren, wie wir uns zu verhalten haben. Wir können nicht zuverlässig sein, wenn wir nicht auch zuverlässig uns um uns selbst kümmern, wenn wir nicht auch uns selber zugeben, dass unser Leben Ansprüche an uns stellt, dass unser Körper Ansprüche an uns stellt.

Haben wir nur unseren Griesgram kultiviert, werden wir bei Freunden kaum unsere freudige, freundliche Seite leben können. Aber: Indem wir uns mit anderen Menschen befreunden, sind wir herausgefordert, und ist es für uns auch leichter, uns immer wieder neu mit uns selbst zu befreunden. Immer wieder neu – das ist dabei wichtig.

Das Hemmnis bei dem Befreunden mit sich selbst ist das Gleiche, das uns auch bei den Freunden und Freundinnen Kummer macht: die Aspekte unserer Persönlichkeit, die unserem Bild von uns selbst widersprechen, der Schatten (vgl. Kast, 1999) bewirkt, dass wir immer einmal wieder mit uns zerfallen sind. Aber gerade in diesem Zusammenhang kann der Freund, die Freundin helfen: sie finden für schattenhaftes Verhalten auch einmal mildernde Umstände, begegnen ihm mit Wohlwollen, ohne die Situation zu verharmlosen. Damit ist viel getan für die Selbstbefreundung, auch mit schwierigeren Aspekten unserer Persönlichkeit. Und wir wissen, erst dann, wenn wir unsere Schwierigkeiten wohlwollend als zu bearbeitende Schwierigkeiten annehmen können, können wir sie auch verändern.

Gelegentlich haben wir auch Sehnsucht nach einem anderen Selbst, wir spüren, dass auch anderes in unserem Leben noch möglich wäre oder ansteht. Der Freund, die Freundin sieht das manchmal rascher, als wir es selbst sehen – und fordert zur Entwicklung heraus. Oder aber umgekehrt: der Freund, die Freundin behaftet uns bei unserem alten Selbst, um selber nicht herausgefordert zu werden, oder um nicht in Gefahr zu kommen, die Freundschaftsbeziehung zu verlieren. Freundschaften verändern sich, wenn wichtige neue Lebensthemen der einen oder des anderen gelebt werden.

Unser Gedächtnis

Obwohl freiwillig eingegangen, haben viele Freundschaften eine große Kontinuität, überleben viele Stürme im Leben. Die Kontinuität ist auch wichtig für die Erfahrung der Identität. Manchmal sind Freunde und Freundinnen unser Gedächtnis: Sie wissen besser als wir selbst, was uns in einem bestimmten Lebensabschnitt als Persönlichkeiten auszeichnete, was uns interessierte, wie ein Schicksalsschlag auf uns gewirkt hat, wie wir eine gewisse Entscheidung getroffen haben und vieles mehr. Gemeinsam kann man an der Erinnerung arbeiten. „Weißt du noch?" So etwas schweißt zusammen. Ich hoffe, dass wir uns noch lange miteinander erinnern können!

Sehr herzlich,
Verena Kast

Die Zahl

„Archetyp der Ordnung, der bewusst geworden ist"
Annäherung an ein Erkenntnisprinzip

Elisabeth Kauder[15]

„Ohne die Zahl vermag der Geist nichts zu leisten [...]. Da die Zahl also die Art und Weise des Erkennens ist, kann ohne sie nichts erkannt werden; denn da die Zahl unseres Geistes ein Abbild der göttlichen Zahl ist, welche das Urbild der Dinge ist, ist sie Urbild der Begriffe", formuliert Nikolaus von Kues (vgl. Betz, 1989) und bringt damit ein archetypisches Verständnis der Zahl zum Ausdruck. Nicht nur im Zählen, im Rechnen, im Messen von Entfernungen, Zeit, Licht und Energie, im Rhythmus von Musik und Lyrik bezieht sich der Mensch auf die Zahl, sie wirkt in Begriffen wie Takt, Gleichklang, Harmonie und Maß in ihrem Ausdruck als menschliche Dimensionen. Das Folgende soll eine fragmentarische Annäherung an dieses „Urbild der Begriffe" sein.

Kulturhistorische Betrachtungen

Jede Kultur hat ihre für sie typischen Zahlen-Zeichen. Unterschiedlich tief in Holz eingeschnittene Kerben gehören zu den Frühesten. Sie leben in dem Ausdruck „etwas auf dem Kerbholz haben" bis heute weiter. Im alten Ägypten und bei den Maya kannte man die bildhaften Zahlen. Bei den Maya deuten die als Zahlen fungierenden Götterköpfe den göttlichen Charakter an, den man schon in dieser Kultur der Zahl zumaß. Das Sexagesimalsystem des alten Babylon wird in der 360 Grad-Einteilung des Kreises und in der Zeitmessung als Stunden, Minuten und Sekunden bis heute weitertradiert. Die römischen Zahlen leiten sich vom Rechnen mit den Fingern her. Die Kunst, mit den Fingern komplexe Rechenprozesse zu bewältigen, war in früheren Zeiten hoch entwickelt. Die Nähe von Zählen und Begreifen und Begriff wird hier sehr unmittelbar sichtbar In abstrahierterer Form kommt sie in der Gleichsetzung von Buchstabe und Zahl zum Ausdruck, wie sie früher im Griechischen und bis heute

---

15 Dr. med. Elisabeth Kauder, Fachärztin für Innere Medizin

185

im Hebräischen vorkommt. Unsere „arabischen" Zahlen sind eigentlich indische Zahlen. Sie wurden von den Arabern übernommen und haben als Besonderheit die Verwendung der Null, die „nichts bedeutet, aber dem Folgenden und Vorausgehenden seinen Rang gibt" (vgl. Endres, Schimmel, 1989).

Im alten Indien galt die Zahl als „brahma-geartet", dem Göttlichen ähnlich. Die frühen Völker maßen der Zahl besondere Kräfte zu, sie haben sie in kosmischen Zusammenhängen gesehen. Wesentliche Grundlagen unserer Kenntnis der Zahlen verdanken wir den Pythagoreern. Der Satz des griechischen Mathematikers und Philosophen Pythagoras (geb. 570 v. Chr.) über das Verhältnis der Quadrate über den Seiten des rechtwinkligen Dreiecks ist heute noch Gegenstand des Mathematikunterrichts.

Sie nahmen auch die Einteilung der natürlichen Zahlen in gerade und ungerade Zahlen vor. Die geraden Zahlen ordneten sie dem Weiblichen, dem Bewegten, der linken Seite, die ungeraden Zahlen dem Männlichen, dem Ruhenden, der rechten Seite zu. Diese Auffassung findet sich auch im chinesischen Denken, im Yin und Yang wieder. Die Pythagoreer entwarfen auch die Verbindung zwischen Zahlen und geometrischen Formen. So wurde der Punkt der Eins, die Linie der Zwei zugeordnet. Die Fläche erscheint erstmalig im Dreieck und ist daher mit der Drei assoziiert, der von vier Flächen umschlossene Körper mit der Vier. Die Pythagoreer waren aber nicht nur Zahlenkünstler.

Pythagoras hat die Idee der Ordnung ins Zentrum seines Denken und Wirkens gestellt. Über die Beschäftigung mit den Zahlen an sich und den geometrischen Formen hinaus entdeckte er, dass die Intervalle der Tonleiter den Längenverhältnissen schwingender Saiten entsprechen, und dass sie durch Zahlenverhältnisse ausgedrückt werden können. Über die Beobachtung der natürlichen Phänomene kam er zu der Überzeugung: „Alles ist Zahl". Für Pythagoras und seine Schüler war die Zahl die „arche", das zeugende Urprinzip des Kosmos. „Alles, was man erkennen kann, lässt sich auf eine Zahl zurückführen"(zit. n. 1), am schönsten zeigt sie sich in der Harmonie. Die Gedanken der Pythagoreer wurden im Neuplatonismus, der Gnosis und der Kabbala weitergeführt. Zahlen wurden hier begriffen als „Mittler zwischen dem Göttlichen und Irdischen"(vgl. Endres, Schimmel, 1989).

Plotin schreibt: „Zahlen bestehen vor den Objekten, die durch sie beschrieben werden. Die zahlreichen Sinnesobjekte erinnern die Seele an den Begriff der Zahl" (vgl. Endres, Schimmel, 1989).

In eindrucksvoller Entsprechung zeigt sich in der Mystik des Islam, der Kabbala und in der mittelalterlichen Mystik die sinnstiftende Funktion der Zahl. Die Eins als das Erste, Einzigartig wird mit Gott in eins gesetzt. Aus ihr entfaltet sich die Vielheit, Mannigfaltigkeit der Welt. Die ungeteilte Einheit wieder zu erlangen wird zum Ziele mystischen Strebens. Es bestand eine tief verwurzelte Überzeugung an eine in der Zahl gründende Ordnung der Welt. In der Bibel, im Buch der Weisheit 11, 20 ist zu lesen: „[…]Du ordnest alle Dinge nach Maß, Zahl und Gewicht." Und Isidor von Sevilla formuliert: „Nimm die Zahl von allen Dingen, und sie werden alle verderben" (vgl. Betz, 1989). Diese Harmonie der Welt wird in der Musik des Mittelalters und der Renaissance zum Klingen gebracht. Goethe und Novalis widmen sich in Prosa und Lyrik dem Geheimnis der Zahlen.

Die Zahl in der Mathematik, Physik und Philosophie

Die Mathematik in ihrer heutigen Form wurzelt in den frühen Erkenntnissen der Pythagoreer. Sie beschrieben nicht nur erste Zahlentypen, sie führten auch einfache Operationen mit Zahlen aus. So erkannten sie die Funktion der Zahl als Zähl- und als Rechenzahl und damit das ordnende Prinzip, das im Zahlbegriff gesetzt ist. Aus den Zahlen ergaben sich Zahlenverhältnisse und damit die Möglichkeit des Messens, Vergleichens und Ordnens. Daraus entwickelte sich in der Geometrie die Möglichkeit, Figuren durch Zahlenverhältnisse zu beschreiben. Weil Schwierigkeiten in der Darstellung irrationaler, also nicht ganzzahlig formulierbarer Streckenverhältnisse auftauchten, musste der Zahlenkörper durch die irrationalen Zahlen erweitert werden.

Aus der Zahl entfalteten sich mannigfaltige Formen, die ihren Bezug zur Anschauung zunehmend verloren. Die weitere Entwicklung der Mathematik ist durch eine fortschreitende Abstraktion gekennzeichnet. Neue Begriffe eröffneten grundlegendere Erkenntnisse über tiefer liegende Ordnungen. Die Entwicklung abstrakter Begriffe, wie z. B. der der Funktion und der Gruppe entstanden und bildeten den abstrahierenden Vorgang ab, Objekte auf ihre wesentlichen Eigenschaften hin zu untersuchen. Dieser Vorgang bedeutet letztlich, die Vielheit unter einheitlichen Gesichtspunkten zu ordnen und zu verstehen. Dieser Prozess geschah in Stufen, jeweils mit der Notwendigkeit neuer Begriffsbildung und damit der Möglichkeit erweiterten Verständnisses. Auf diesem Wege ist die Verbindung zur sinnlichen Wahrnehmung verlassen worden. Der Mathematiker weiß nicht, ob das logische Spiel der Zahlen eine Entsprechung in der Wirklichkeit hat. „Die Mathematik ist die Lehre von den möglichen Beziehungen zwischen möglichen Dingen. Beziehungen sowohl wie Dinge sind hierbei als ihrer Bedeutung entleert anzusehen, von jeder Besonderheit ist zu abstrahieren" formuliert R. Bär (vgl. Bär, 1931).

Das Ende des Abstraktionsprozesses wird durch Zahl und Begriff zum Ausdruck gebracht. Diese Vereinheitlichung bietet die Möglichkeit, für möglichst viele Zusammenhänge eine gemeinsame Form, ein grundgelegtes Verständnis zu eröffnen. „Die moderne Mathematik versucht nur noch richtige Aussagen über Dinge zu machen, die alleine durch ihre Beziehung untereinander charakterisiert sind. [....] der klassischen Mathematik ist nur das „Wirkliche" möglich, während für die Moderne alles „Mögliche" Wirklichkeit hat." (Vgl. Bär, 1931) In der Physik, der wissenschaftlichen Erforschung der Naturerscheinungen, ist ein ähnlicher Weg zu beobachten.

Die Pythagoreer beschäftigten sich mit vielfältigen Erscheinungen der für sie sinnlich wahrnehmbaren Welt, bis hin zur Beobachtung der Gestirne. Sie waren davon überzeugt, dass man Phänomene ordnen und damit verstehen kann, indem man sie auf Zahlenverhältnisse zurückführt, das heißt, mathematisch formuliert. Diese Art des Erkennens verstanden sie nicht als willkürlichen Akt menschlichen Denkens, sondern als etwas objektiv Gegebenes, das es zu entdecken galt. Aus der mathematischen Darstellung des tatsächlich Fassbaren entfalteten sich im Vorgang des Abstrahierens physikalische Begriffsbildungen, die eine immer größer werdende Zahl von Erscheinungen beschreiben sollten.

In der modernen Physik sei beispielhaft der von Newton formulierte Begriff der „Kraft" zu nennen, der ermöglichte, sich an elektrische, elektromagnetische, chemische und atomare Zusammenhänge verstehend anzunähern. Aus den Experimenten und deren mathematischer Formulierung entwickelten Physiker immer tiefgreifendere Einsichten in die ordnenden Prinzipien der Phänomene.

Ein Meilenstein stellte Einsteins Relativitätstheorie dar. In der Fomel $E=mc^2$ wurden die bisherigen Vorstellungen von Raum und Zeit revolutioniert. Die Bedeutung des Beobachters und seiner Bedingungen für das Ergebnis des Beobachtungsprozesses wurde erkannt und damit die Bedeutung von Bezugssystemen.

Der bislang höchste Grad der Abstraktion ist in der Physik der Elementarteilchen erreicht. In der nach ihm benannten Unschärferelation beschreibt W. Heisenberg, die Unmöglichkeit, Ort und Impuls eines Teilchens gleichzeitig zu bestimmen. Das bedeutet, der Beobachtungsgegenstand wird durch den Vorgang des Beobachtens verändert. Die Deutung atomphysikalischer Experimente führte dazu, vom Faktischen zum Möglichen, zur Potenzialität wechseln zu müssen. Aus diesem Ansatz entwickelte sich auch die im Experiment fundierte und mathematisch formulierte Erkenntnis, den bis dahin bestehenden Gegensatz zwischen Kraft und Stoff, Energie und Materie aufzulösen."Die Elementarteilchen sind sozusagen alle aus dem gleichen Stoff gemacht – man kann diesen Stoff einfach Energie oder Materie nennen –, sie können ineinander umgewandelt werden" so Heisenberg (vgl. Heisenberg, 2006).

Im Bereich der Mathematik und in der Physik lässt sich also übereinstimmend beobachten, einerseits die Entfaltung des Vielen aus dem Einen und dann weiter das Bestreben, durch den Vorgang der Abstraktion vom Mannigfaltigen zum Einheitlichen zu gelangen. Die Zahl und die aus ihr sich entfaltenden mathematischen Formeln erwiesen sich als das vereinende Eine, die Möglichkeit, die Phänomene der natürlichen Welt zu verstehen. Die Philosophie versucht, in Sprache, in Begriffen das Wesen der Welt und der menschlichen Existenz zu ergreifen. Ähnlich den Naturwissenschaften suchten die ersten Philosophen nach einer materiellen Ursache aller Dinge.

Die Weiterentwicklung philosophischen Denkens stieß sich von dieser materiellen Grundlage zu einer rein geistigen Form der Begriffsbildung ab, die in der Dialektik Hegels und der Hermeneutik eine abstrakte Formulierung findet. Gemeinsamkeiten von Physik und Philosophie zeigen sich nicht nur in der Suche nach dem einenden Prinzip des Seins und darin im Beschreiten des Weges der Abstraktion. Es zeigte sich, dass Entdeckungen der Physik der Elementarteilchen geeignet waren, offene Fragen der Philosophie zu beantworten.

Beispielhaft sei hier nur die Frage nach den kleinsten Teilchen der Welt, des Seins erwähnt. Während Demokrit die Atome für die kleinsten, nicht weiter teilbaren Teilchen hielt, vertrat Plato die Auffassung, dass der Vorgang des fortschreitenden Teilens nicht zu Objekten, sondern zu geometrischen Strukturen und damit zu mathematischen Formeln, zu Zahlen führe. Die Quantenphysik beantwortete diese Frage durch die Erkenntnis, dass die Elementarteilchen letztlich durch ihre Symmetrieeigenschaften und damit durch mathematische Operationen definiert sind.

Der Satz: „Gott ist ein Mathematiker" (vgl. Heisenberg, 1989) erhielt so eine neue Dimension. Physik und Philosophie sind auch im Ringen um die Sprache, den Begriff verbunden. Die Verbindung zwischen Zahl und Wort, zwischen Zählen und Sprechen als „Erzählen" wird im etymologisch gleichen Ursprung beider Begriffe deutlich. Das Verb „zählen" wird auf das mittelhochdeutsche „zellan", und „talen", im Angelsächsischen „tellan" zurückgeführt und bedeutet nicht allein zählen, sondern auch reden. Im Englischen bedeutet „Tale" die Erzählung. Mit Formulieren ist sowohl eine mathematische- wie eine sprachliche Formgebung gemeint.

In der Gematrie, der hermeneutischen Technik Worte mit Zahlen zu interpretieren wird eine weitere Nähe von Sprache und Zahlenwelt deutlich (vgl. Endres, Schimmel, 1998). Ihr Ausgangspunkt ist, dass Buchstaben als Zahlen verwendet werden, z. B. im Griechischen und Hebräischen. Das Wort kann damit als Aneinanderreihung von Zahlenzeichen gelesen werden, woraus sich die Möglichkeit zu weiteren Rechenoperationen und im Weiteren zu Interpretationen ergibt. Damit ist ein Weg zur Zahlenmystik, die den Zahlen eine über das Mathematische hinausreichende Bedeutung zuweist, grundgelegt. Die jeweilige Bedeutung kommt im Wort, im Begriff zum Ausdruck.

Erst wenn es möglich geworden ist, die Aussage einer mathematischen Formel sprachlich zu formulieren, dann, so Heisenberg, habe man sie richtig verstanden (vgl. Heisenberg, 1989). Er beschreibt die Gewinnung neuer naturwissenschaftlicher Erkenntnis als einen Weg in drei Schritten. Am Beginn steht das Experiment, dessen Ergebnis dann in eine mathemathische Formel zu überführen ist. Das eigentliche Verstehen aber ereignet sich erst, wenn das in Zahlenbeziehungen formulierte in einem neu zu findenden Begriff ausgedrückt werden kann. Das Verlassen tradierter Begrifflichkeiten und das Ergreifen neuer Formulierungen der Sprache bildet den Vorgang des Verstehens ab. Die Entsprechung zu Hegels dialektischer Logik in Thesis-Antithesis-Synthesis ist offenkundig. Mit dem Erreichen neuer Begriffe ist jeweils etwas qualitativ Neues, eine neue Bewusstseinsstufe erreicht. Wenn C. G. Jung seine Psychologie als „eine dialektische"beschreibt, so bezieht er sich auf diese Art des Erkenntnisgewinns, mit dem Ziel, eine neue Stufe des Bewusstseins zu erlangen.

Die Zahl im Licht der Analytischen Psychologie

Die dargestellten Betrachtungen zeigen, dass die Zahlen die Menschen von alters her fasziniert haben. Dass sie nicht alleine Instrumente der Mathematik und Physik sind, sondern an tieferliegende Dimensionen des menschlichen Seins anknüpfen, dessen waren sie sich gewiss. Der Kirchenlehrer Augustinus formulierte, die Zahlen seien „in der Welt selbst präsente Form der Weisheit Gottes, die vom menschlichen Geist erkannt werden kann."

Plato verknüpft die Zahlen und mathematischen Formeln mit der Idee des Schönen, das im unbewussten Bereich der Seele schon immer angelegt war und im geistigen Akt geschaut werden kann. Inspiriert durch die revolutionierenden Entdeckungen im Felde der Quantenphysik wandten sich auch Physiker den impliziten philosophischen Fragestellungen zu. C. G. Jung beschäftigte sich intensiv mit dem Verhältnis seiner Psychologie zur Philosophie und den Naturwissenschaften unterschiedlicher Epochen und Kulturkreise. Die Bedeutung der Zahl und der aus ihr geformten mathematischen Gleichungen greift er besonders in Zusammenhängen auf, die sich mit dem Angeordnetsein des Psychischen und Fragen nach dem Erleben von Sinn beschäftigen.

Zur Ordnung des chaotischen Vielerlei der Erscheinungen hilft in allererster Linie die Zahl. Sie ist das gegebene Instrument zur Herstellung einer Ordnung oder zur Erfassung einer schon bestehenden, aber noch unbekannten Regelmäßigkeit, das heißt eines Angeordnetseins. Sie ist wohl das primitivste Ordnungselement des menschlichen Geistes." (Jung, GW 10, §870)

Nicht nur durch kulturhistorische Forschungen und intensiven Austausch mit Naturwissenschaftlern seiner Zeit, ganz besonders durch die Beschäftigung mit den spontanen Ausdrucksformen der Seele, gelangte Jung zu der „kühnen Schlussfolgerung", „die Zahl psychologisch als einen bewusst gewordenen Archetypus der Ordnung" zu definieren. Insbesondere in den Mandalas als den Symbolen des Selbst erkannte er mathematische Formen, die nicht nur Ordnung ausdrücken, sondern in Zuständen psychischer Desorientiertheit auch solche bewirken, dass also das Unbewusste die Zahl als Ordnungsfaktor benutzt (vgl. Jung GW 10, §870).

Dass Ordnung überhaupt erkannt werden kann, beruht auf einer Apriori-Gegebenheit, einer psychischen Disposition. Wird sie bewusst, erscheint sie als Zahl. In seinen Überlegungen zur Synchronizität beschäftigt sich Jung mit der Beziehung zwischen Ordnung und Sinn. In synchronistischen Ereignissen, dem zeitlichen Zusammenfallen von inneren, psychischen und äußeren, beobachtbaren Vorgängen, die nicht kausal begründbar sind, vom beobachtenden Bewusstsein aber als sinnvoll verknüpft erkannt werden, sieht Jung „Schöpfungsakte in der Zeit" (vgl. Jung GW 10, §955).

So erklärt er das Orakel des I Ging als eine solche Synchronizität. Die Mittler zwischen der äußeren, physischen und der inneren, psychischen Welt (dem Weisen, dem Kollektiven Unbewussten) stellen die Zahlen dar, die sich zufällig aus dem Fall der Münzen oder der Teilung der Schafgarbenstängel ergeben. Auch hier ist das Bewusstsein des Fragenden aufgerufen, den individuellen Bezug der im I Ging enthaltenen 64 Bilddeutungen herzustellen und damit den Sinn zu erkennen. „Die Synchronizität im engeren Sinne ist nur ein besonderer Fall des allgemeinen ursachelosen Angeordnetseins" (Jung, GW 10, §955), welche Jung im Angeordnetsein der Eigenschaften der natürlichen Zahlen erkennt. Sie sind Elemente der Arithmetik, gleichzeitig haften ihnen geheimnisvolle Bedeutungen an, die nicht willkürlich konstruiert, sondern a priori gegeben sind, und die im Akt der Bewusstwerdung deutlich werden. Die Vorstellungen, die mit den einzelnen Zahlen verbunden sind, zeigen in den unterschiedlichen Epochen und Kulturen eine auffallende Übereinstimmung, sie sind „von jeher und regelmäßig vorgefunden" (vgl. Jung, GW 10, §955).

Den Zusammenhang zwischen Ordnung und Sinn thematisiert Jung an verschiedenen Stellen seines Gesamtwerks. „Wo der Sinn prävaliert [vorherrscht, überwiegt. Anm. d. Hg.], da ergibt sich Ordnung" (Jung, GW 10, §912), und nur dem reflektierenden Bewusstsein ist es möglich, Sinn zu erkennen. „Ohne das reflektierende Bewusstsein des Menschen ist die Welt von gigantischer Sinnlosigkeit; denn der Mensch ist nach unserer Erfahrung das einzige Wesen, das ‚Sinn' überhaupt feststellen kann"(Jung, GW 9, §376).

Auf die enge Beziehung zwischen Sprache, Denken und Bewusstsein hat Martin Heidegger hingewiesen. Dass sich das Denken in geordneter Form vollzieht, die dem Menschen innewohnt, erkannten die antiken Philosophen. Bei Hegel und den Hermeneutikern erlangte diese Bewegung des Denkens in der dialektischen Logik höchste Differenzierung. Der Satz der Alchemistin Maria Prophetissa, von Jung als „Axiom der Maria" bezeichnet, und in verschiedenen Zusammenhängen angeführt, kann auch als abstrakte Formulierung des dialektischen Denkens verstanden werden: „Die Eins wird zur Zwei, die Zwei zur Drei, und aus dem Dritten wird das Eine als Viertes."(Jung, GW 11, §26) Der in jedem Begriff implizite Widerspruch legt sich in der Zwei auseinander und wird im Dritten zur Synthese geführt, die als Viertes eine neue Stufe definiert.

Heidegger weist daraufhin, dass Sprache, sprechen, ursprünglich „zeigen" heißt. „Sprechen ist sagen = zeigen = sehen lassen = mitteilen und entsprechend hören, sich einem Anspruch, einem zugesagten Anspruch, unterstellen und fügen, entsprechen." (Heidegger, 1994, S. 269) Solcher Art sprechen vollzieht sich auch lautlos, im Reflektieren. „Auch wenn ich bloß schweigend allein für mich denke und nichts vor mich hin ausspreche, ist solches Denken stets ein Sagen. Darum kann Plato das Denken ein ‚Selbstgespräch der Seele' mit sich selbst nennen." (Heidegger, 1994, S. 126) Im Dialog mit der Seele entfaltet sich Bedeutung, wird Sinn erkannt, und durch diesen Akt des Bewusstseins wird der Mensch zum Schöpfer.

In Weiterentwicklung der Analytischen Psychologie zeichnet W. Giegerich den Akt der Selbstauslegung der Seele in der Syzygie, als „Einheit von Einheit und Gegensätzlichkeit der Gegensätze" als eine solche logische Bewegung. Anima und Animus sind als diese Gegensätze in der Syzygie zusammengespannt. „Die Anima macht die unbewussten Inhalte bewusst, sichtbar, stellt sie als Bild vor uns hin. Der Animus demgegenüber hat die Aufgabe des Erkennens, Verstehens, der Erfassung des Sinns. Anima und Animus „[…] sind eine sich in ihr selbst als Gegensätze auseinander legende Einheit […]. Sie sind die Seele mit ihrem eigenen Anderen, mit ihrem eigenen Widerspruch. Aus diesem Widerstreit entfaltet sich eine „neue Einhelligkeit, welche die Gegensätze in sich trägt und auf eine neue Stufe hebt." (vgl Giegerich, 1994)

Im Dargestellten wird deutlich, dass sich im Spiel abstrakter Zahlen Dynamik, Bewegung auf etwas hin ausdrückt. Gerade in ihrer abstrakten Natur eröffnen sie ihren grenzenlosen Raum, um in Sprache unterwegs zu sein, in immer neuem Fragen, Hinterfragen, und so, im reflektierenden Denken immer wieder aufs Neue Sinn zu finden, bewusster zu werden.

Die Primzahlen –
Paolo Giordano: „Die Einsamkeit der Primzahlen"

Die Primzahlen sind natürliche Zahlen, die, wie Euklid formulierte, „nur an sich selbst und an der Eins gemessen werden können", ihre Zahl ist unendlich, wie er beweisen konnte. Jede natürliche Zahl lässt sich als Produkt aus Primzahlen darstellen. So sind diese Zahlen „erste Zahlen" und von fundamentaler Bedeutung für viele Bereiche der Mathematik. Seit der Antike geben die Primzahlen den Mathematikern viele Rätsel auf: So ist es bis heute nicht gelungen, eine Regelmäßigkeit im Erscheinen der Primzahlen in der Reihe der natürlichen Zahlen zu definieren. Scheinbar zufällig treten sie auf, lassen sich nicht vorher berechnen, das bedeutet, die jeweils größte bekannte Primzahl kann nicht kalkuliert, sie muss gefunden werden. Zwei Primzahlen, die nur durch eine gerade Zahl voneinander getrennt sind, nennt man „Primzahlzwillinge". Die Häufigkeit ihres Erscheinens nimmt im Laufe der Zahlenfolge stark ab, je größer die Zahlen, desto sporadischer das Erscheinen der Primzahlzwillinge. In der geordneten Welt der Mathematik verkörpern Primzahlen den Zufall.

Das Wesen der Primzahlen, ihre Beziehungen untereinander und zur übrigen Welt der Zahlen sind Paolo Giordano zur Metapher für menschliches Sein, zwischenmenschliches Bezogensein geworden. In seinem Roman: „Die Einsamkeit der Primzahlen" entfaltet sich eine 24 Jahre dauernde Lebensspanne seiner Protagonisten Mattia und Alice, beide Primzahlen, wie Primzahlzwillinge „eng umschlungen" in einem grenzenlosen Zahlenozean. Ihr Primzahlsein verdanken sie prägenden Erfahrungen in frühen Kindheitsjahren.

Alice wird körperlich und seelisch versehrt, weil ihr Vater seine Liebe zu ihr an Bedingungen knüpft. Sie soll immer die Beste sein. Ihr „Nein" führt zu einem folgenschweren Skiunfall, der sie für immer zur Gezeichneten werden lässt. Ihr linkes Bein bleibt versteift, Narben entstellen den Körper, sie erlebt sich als ausgestoßen. In ihrem durch Magersucht ausgezehrten Körper drückt sie ihr Daseinsgefühl aus. „Sie dachte an das so fragile Gleichgewicht ihrer Gestalt, an die schmalen Schattenstreifen, die ihre Rippen auf den Bauch warfen und die sie um jeden Preis verteidigen würde".

Mattia ist der wenige Minuten Ältere eines Zwillingspaares. Der Verstand seiner Schwester Michaela ist verdunkelt, ihr Verhalten auffällig. „Sein Gehirn schien ein gut geöltes Räderwerk, auf die gleiche rätselhafte Weise perfekt, wie das der Schwester gestört war." Sein Vater „erklärt" ihm das Unverständliche: „Wer weiß, was ihr da in ihrem (der Mutter) Bauch getrieben habt. Vielleicht hast Du sie ständig getreten und ihr damit ernsthafte Schäden zugefügt."

Diese Worte des Vaters „sickerten osmotisch in ihm ein und lagerten sich tief unten in seinem Bauch ab. „An die Schwester gekettet gerät er ins Abseits, wird gemieden. Nur einmal will er alleine zur Geburtstagsfeier eines Klassenkameraden und lässt die behinderte Schwester im Park zurück. Nach zwei Stunden kann er sie nicht wieder finden. „Den Blick auf die schwarze, glatte Oberfläche des Flusses gerichtet", in dem er Michaela versunken glaubt, und gleichzeitig hofft, dass sie gleich dort auch wieder auftaucht, bohrt er sich eine Glasscherbe tief in die Hand, aber er spürt keinen Schmerz.

Alice und Mattia stoßen neun Jahre nach diesen Schicksal bestimmenden Erlebnissen im Gymnasium aufeinander. Alice sieht Mattia auf dem Schulhof. „Alice wandte aber den Blick nicht ab von dem Jungen mit der verbundenen Hand. Da war etwas in der Art, wie er mit gesenktem Kopf dastand, das sie reizte, zu ihm zu gehen und sein Gesicht anzuheben und Schau mich an, hier bin ich zu ihm zu sagen." Ihn und keinen anderen will sie zur Geburtstagsparty einer Klassenkameradin mitnehmen.

Dort ereignet sich, „was Alice und Mattia erst viele Jahre später begreifen sollten. Sie lächelten nicht und blickten in verschiedene Richtungen, als sie das Zimmer betraten, doch sie hielten einander fest an den Händen, und so war es, als flössen ihre Körper durch die sich berührenden Arme und Finger unablässig ineinander über." Sie sind verbunden durch den leichten Bogen ihrer Arme und Hände. „So hatten sie einen gemeinsamen Raum, dessen Grenzen nicht genau markiert waren, in dem es an nichts zu fehlen schien und die Luft ruhig und ungestört zirkulierte." Zwischen den beiden entwickelt sich eine tiefe Verbundenheit. „Wie mit angehaltenem Atem hatten sie die Zeit durchlebt, Mattia indem er die Welt mied, und Alice, indem sie sich von der Welt gemieden fühlte, und dabei hatten beide festgestellt, dass dies kein großer Unterschied war."

Mattia findet in der Welt der Zahlen eine Möglichkeit, sich aus der bedrängenden Bedrohlichkeit widerstrebender Gefühle auf festen Grund zu retten. „Er ließ sich leiten von den Zahlen und hatte den Eindruck, jede Einzelne genau zu kennen." Wenn er einen mathematischen Beweis zu Ende geführt hat, „kam es ihm dann so vor, als habe er einen kleinen Teil der Welt in Ordnung gebracht." Alice endeckt für sich das Fotografieren als ihre Art, auf die Welt zuzugehen. Sie liebt dabei den Vorgang mehr, als das Resultat. Sie liebte es, „nach eigenem Gutdünken zu entscheiden, ob bestimmte Teile der Realität zugehören oder ausgeschlossen sein sollten, vergrößert oder verzerrt." Ihre Verbundenheit entfaltet sich als „leerer, sauberer Raum, in den sie sich flüchten konnten, um durchzuatmen [...]"

Mattia begreift sie beide als Primzahlen, jene misstrauischen, einsamen aber auch wunderbaren Zahlen. In die Reihe der natürlichen Zahlen scheinen sie „irrtümlich eingestreut", vielleicht wären sie gerne wie alle anderen Zahlen, „was ihnen aber aus welchen Gründen auch immer nicht gelang". Sie beide, er und Alice sind für ihn Primzahlzwillinge, „allein und verloren, sich nahe aber doch nicht nahe genug, um sich wirklich berühren zu können."

Es gibt zwei Augenblicke, in denen dieser Spalt des Getrenntseins doch überwunden wird. Alice, noch nichts um den eigentlichen Grund von Mattias' Verwundetseins wissend fährt mit ihm zu dem Ort, an dem er seine Schwester verloren hat. Er spricht aus, was an diesem Ort geschehen ist und lässt sie die Wunde in seiner Seele sehen. Alice ist tief berührt, „[…] und dann spürt er Alices warmen Mund auf dem seinen, spürt auf ihren Wangen die Tränen, die vielleicht auch die seinen waren, und schließlich ihre so leichten Hände, die seinen Kopf festhielten und seine Gedanken packten und sie einsperrten in diesen Raum zwischen ihnen, der nun aufgehoben war."

Doch immer wieder herrscht Sprachlosigkeit zwischen ihnen, die trotz drängender Sehnsucht nicht überwunden werden kann. Die Distanz zueinander vergrößert sich. Mattia widmet sich ganz der Mathematik, nimmt eine Forschungsstelle in einem weit entfernten Land an. Alice wird Fotografin. Sie flüchtet sich in die Ehe mit Fabio, den sie nicht liebt, dessen „Liebe aber für sie beide ausreichte und stark genug war, um ihnen beiden einen sicheren Unterschlupf zu gewähren", die aber letztlich nicht gelingen konnte.

Obwohl räumlich getrennt bleiben Alice und Mattia „durch einen unsichtbaren Faden verbunden, der unter einem Berg bedeutungsloser Dinge verborgen war, ein Faden, wie er nur Menschen wie sie beide verbinden konnte: zwei Menschen, die im jeweils anderen die eigene Einsamkeit wiedererkannt hatten." Nach neun Jahren des Getrenntseins schickt Alice eine Nachricht an Mattia: „Du musst kommen". Allein dieser Appell ist für ihn Grund genug, sofort aufzubrechen. Sie knüpfen an ihre Vertrautheit aus verflossenen Jahren an. Alice betrachtet seine Hände und „Mattia widersetzte sich nicht, vor Alice braucht er sich seiner Wunden nicht zu schämen. […] Er ließ sie die Hand in Ruhe anschauen, denn sie erzählte sehr viel mehr, als er es mit seiner Stimme hätte tun können."

Und wieder ist es eine gemeinsame, abrupt endende Autofahrt, die zu einem Augenblick inniger Nähe führt, in dem sie nichts mehr zu trennen scheint. „Der Kuss dauerte einige Minuten, solange, dass die Realität einen Spalt zwischen ihren aufeinandergepressten Mündern finden konnte, um sich dazwischen zu drängen und beide zu zwingen, sich bewusst zu machen, was da gerade geschah. [...] Abwechselnd schauten sie sich an, doch die Übereinstimmung war bereits verloren gegangen, und ihre Blicke trafen sich nicht."

Mattia war, „als würde er, wenn er Alices Werben nachgab, in eine Falle gehen, in der er sich für immer verlöre." Die Suchbewegung ihrer Leben strebte abermals auseinander. Zurückgekehrt an den Ort seines mathematisch geordneten Lebens beobachtet Mattia erstmals den Sonnenaufgang und macht sich dann auf den Weg nach Hause, wo ihn „eine Dusche, ein heißer Tee und ein Tag wie jeder andere" erwartet, „und das war alles was er brauchte". Alice fährt zum Park, „[…] hielt an derselben Stelle, wo Mattia ihr alles erzählt hatte". Sie erinnert sich an ihre Einsamkeit, als sie nach ihrem Skiunfall hilflos, unfähig war aufzustehen. Jetzt aber lächelte sie: „Mit ein wenig Mühe schaffte sie es jetzt auch alleine aufzustehen."

In einer schnörkellosen, sehr verdichteten Sprache, in der Form dem Inhalt folgend, entwirft Paolo Giordano die Entwicklung seiner Protagonisten. In Sprache entfaltet sich, zeigt sich menschliches Sein. Mattia und Alice ringen um die Sprache. Wo das Sich-Zeigen nicht in Worten möglich ist, muss das Unsagbare im Körper laut werden. Nach Heidegger ist „[…] das Leibphänomen immer in seiner mitmenschlichen Bezogenheit zu sehen" (Heidegger, 1994, S. 116), und Mattia und Alice verstehen, was sich ihnen da vom Gegenüber zuspricht. In der Welt der Mathematik, findet Mattia seinen Weg durch „das chaotische Vielerlei"(vgl. Jung, GW 8), welches ihn innerlich und vom Außen her bedrängt zu ordnen.

In der Metapher des Primzahlseins zeichnet Giordano einen Entwurf der Grundverfassung des modernen Menschen. Sie zeigt sich, wie Heidegger sagt, als ein „Ausgesetztsein" ein „Geworfensein". Menschliches Existieren bedeute ein Da-Sein im Offenen, in dem wir uns als Existierende aufhalten. „Dieses Offene ist aber selbst nichts Räumliches. Der Raum ist etwas Freigebendes" (Heidegger, 1994, S. 234). Menschliches Existieren besteht „[...] aus ‚bloßen', optisch, taktil nicht fassbaren, auf das ihm zusprechende Begegnende ausgerichteten Vernehmensmöglichkeiten" (Heidegger, 1994, S. 3).

Mattia und Alice, beide vereinzelt wie Primzahlen, begegnen sich im grenzenlosen Raum. In ihrem Ausgesetztsein sind sie innig verbunden. Wie Elementarteilchen bewegen sie sich gleichsam auf den Kurven von Sinusschwingungen, die sich entfernen und wieder annähern, sich in Momenten der Resonanz für einen Augenblick kreuzend treffen. Ihre Liebe ist kein Verschmelzen, sie ist Innigkeit, die ermöglicht, sich gegenseitig Wunden an Körper und Seele zu zeigen, sie ist gegenseitiges Erkennen und sich selber finden, sie ist der nicht reißende Faden, der verbindet aber nicht fesselt, eine Primzahlliebe.

Hoffnung
dass eines Tages
in einem schönsten Moment
die Zeit stehen bleibt
wenigstens
für uns.
Wenigstens
für eine gute Weile
und dass wir lernen
sie stehen zu lassen
immer wieder
und nur inmitten
der Schönheit.

(Hans Dieter Knoll)

Der Archetyp des Alterns

Bernd Leibig[16]

Archetypisches Geschehen und archetypisches Erleben ist zunächst vor allem ein Erleben, wie es uns Menschen aufgrund unserer internen Organisationsstruktur als mit Bewusstsein ausgestattete Säugetiere möglich ist. Dazu gehören zum einen die psychologischen Bilder der klassischen Archetypen wie die „Große Mutter" oder der „Alte Weise" mit ihrer Gegensatzspannung, ihren Antinomien und ihrer zwischen den Polen aufgespannten Dynamik. Dazu gehört aber zum anderen auch die physiologische Basis, sozusagen die Arbeitsweise, die Sprache unseres Gehirns.

Das Altern, das älter werden der Dinge und Menschen, erscheint als ein archetypischer Prozess, der sowohl die biologische Grundlage als auch die weiter entwickelten psychischen Prozesse umfasst, wie sie sich in den klassischen Archetypen zeigen. Der Archetyp des Alterns verbindet die menschliche und biologische Basis mit der gesamten uns umgebenden, auch der anorganischen Natur. Menschen und Tiere altern, Pflanzen und Einzeller altern, Ideen und Weltanschauungen altern, Wertvorstellungen etwa von Individualität und Kollektivität altern und ändern sich. Denken wir daran, wie in der Renaissance das Ich des einzelnen Menschen auferstanden ist und dadurch die unbewusste und unhinterfragte Kollektivität aufbrechen konnte.

Psychologische Vorstellungen altern auch: Wir sollten uns darüber bewusst sein, dass viele der psychologischen Ideen unserer Vorväter vor über 100 Jahren kreiert wurden. Da gab es keine Autos, keine Computer, kein Internet. Es waren vollkommen andere Lebenswirklichkeiten als wir sie heute erleben. Die Auswirkungen von sozialen Entwicklungen, wie die Katastrophen der Weltkriege, der heutigen Genozide wie aber auch das veränderte Bewusstsein durch länger dauernde Demokratisierung bewirken ein Altern und Verändern von früheren Anschauungen.

Und auch Steine und Gebirge altern. Wasser altert. Die Anwesenheit von Wasser ist übrigens eine wichtige Voraussetzung für das Altern: Feuchtigkeit lässt die Dinge schneller vermodern, zersetzt etwa Gemäuer.

---

16 Bernd Leibig, Facharzt für Psychotherapeutische Medizin, Psychoanalytiker
    (C. G. Jung)

Umgekehrt ist Dehydrierung eine gute Möglichkeit Alterungsprozesse zu verlangsamen, außer vielleicht beim lebenden Menschen. Wasser ist also ein Lebenselixier und ein Alterungselixier.

C. G. Jung hat sein Archetypenverständnis bis hin zum psychoiden Archetyp erweitert. Darunter versteht er, dass wir den Archetyp nicht nur als instinktives und geistiges Moment in der menschlichen Psyche vorfinden, sondern, dass es eine gemeinsame, transzendentale Einheit von Psyche und Welt gibt, also eine Einheit von Materie und Geist. Jung geht davon aus, dass es auch in der materiellen Welt anordnende und strukturierende Faktoren geben könne. Diese Idee hat ja heute in den ganzheitlichen, holistischen und systemischen Denkmodellen ihren Widerhall gefunden. Jung sieht im psychoiden Archetyp geradezu die „Brücke zum Stoffe überhaupt."

Was ist nun der Stoff für unsere menschliche Erlebensweise? Der Grundstoff sind die physiologischen Vorgänge unseres Körpers, die Formen der Umwandlung von Energie in unseren Zellen, die Sprache der Nucleinsäuren in den Chromosomen, die Funktionsweisen unseres Gehirns und unserer kognitiven Wahrnehmungsmöglichkeiten. So ist archetypisches Erleben immer an physiologische Gegebenheiten gebundenes Erleben, die ihrerseits wiederum die Art des archetypischen Erlebens prägen. Der chilenische Neurobiologe Humberto Maturana spricht in diesem Zusammenhang von der „Strukturdeterminiertheit von Systemen." Das heißt: Wir können als vernunftbegabte Primaten also gar nicht anders als archetypisch, und das bedeutet unserer Art gemäß erleben.

Hirnphysiologisch gesehen ist z. B. das Erkennen von Grenzen für unsere Orientierung im Raum von überlebensnotwendiger Bedeutung. Die Trennung der Gestalt einer Lampe oder einer Türe vor ihrem Hintergrund ermöglicht es uns im Raum zu orientieren, die Dinge zu unterscheiden und somit den Dingen sinnhafte Bedeutung zu geben. Wir können also durchaus vom Archetyp der Grenzen sprechen, vom Archetyp der Trennung oder vom Archetyp der Unterscheidung.

Ebenso verhält es sich mit dem Erkennen von Veränderung in der Zeit. Wir können gar nicht anders, als Veränderungen in der Zeit wahrzunehmen. Und dies ist Altern. Altern ist der Prozess der Veränderung in der Zeit. Der Gegenpol zur Veränderung in der Zeit ist Gleichzeitigkeit. Und was passiert bei Gleichzeitigkeit? Der Zeithorizont für Gleichzeitigkeit beträgt in unserer Gehirnorganisation drei Millisekunden, dreitausendstel Sekunden. Alles was kürzer als drei Millisekunden dauert, erscheint uns, das heißt eigentlich genauer gesagt unserem Gehirn, als gleichzeitig. Unser Gehirn benutzt nun diese Tatsache von Gleichzeitigkeiten, um aus synchronem Erleben, innerhalb des Zeitfensters von drei Millisekunden, Synchronizitäten, also sinnvolle Zusammenhänge, zu erzeugen. Synchronizität wird bei C. G. Jung als sinnvolles Aufeinandertreffen und Zueinandertreffen von Gleichzeitigem verstanden. Und so ist ja in aller Regel unser Erleben: Es ist gekennzeichnet durch sinnvolle, meist geordnete Zusammenhänge der Welterkenntnis. Hier bewegen wir uns im Bereich des Archetyps der Synchronizität, der somit Gleichzeitigkeit und Veränderung in der Zeit, also das Altern, miteinander verbindet.

Das Erleben unseres menschlichen Alterns ist eingebettet in die Tatsache, dass Altern einer der grundsätzlichsten Vorgänge innerhalb unseres Kosmos überhaupt ist. Altern und Erleben des Alters gibt uns die Möglichkeit uns in unserer Eingebundenheit in das Weltganze zu sehen und zu fühlen. Die zeitlichen Dimensionen sind sehr unterschiedlich: Wie kurz erscheint uns das Leben der Eintagsfliege und was ist schon unser menschliches Lebensalter gemessen an den langsamen Alterungsprozessen in der anorganischen Natur. Dennoch und gerade wegen der scheinbaren Unvergleichlichkeit zwischen dem Altern des Steins und unserem menschlichen Altern bleibt die gemeinsame zeitliche Dimension, bleibt uns die Betrachtung der Vergänglichkeit und des Vergehens.

Nicht nur den Steinen sieht man das Alter nicht auf den ersten Blick an. Kürzlich sah ich zwei Fotografien. Auf dem ersten Foto sieht man einen jungen Ornithologen mit seinem Papagei. Auf dem zweiten Foto, das 40 Jahre später aufgenommen wurde, ist der Ornithologe deutlich gealtert und der Papagei sieht immer noch genauso aus wie 40 Jahre zuvor. Lediglich sein Ring ums Bein hat etwas gelitten. Vögel scheinen, nach ihrer Reifung, für unser Auge tatsächlich nicht zu altern.

Wir Menschen unterliegen dagegen deutlicher Abnutzung und Verschleiß: die Haut wird faltig, weil das Bindegewebe spröder wird; das Haar wird lichter, weil es allmählich zu einem Überwiegen der männlichen Hormone kommt; die Zähne verschleißen trotz lebenslanger intensiver Pflege; die Sehkraft verringert sich, denn das Auge altert schon seit der Geburt, die Zellen arbeiten nur noch mit halber Kraft, weshalb wir uns auch nicht mehr so viel Energie zuführen müssen. Der Zellabbau ist beim jungen Menschen übrigens viel höher als beim Alten; nur ist eben der Zellaufbau noch höher als der Zellabbau und deshalb wachsen die Kinder und Jugendlichen.

Es scheint mir ein Charakteristikum des menschlichen Alterns zu sein, dass die Fähigkeit zu Wandlungsvorgängen abnimmt bei gleichzeitiger Notwendigkeit, sich mit einer Fülle von Wandlungen auseinanderzusetzen. Insofern ist die häufig dargestellte symmetrische Lebenstreppe, die genauso lang hinauf wie auch wieder hinab geht ein zwar verständlicher, aber nicht unserer Lebenswirklichkeit entsprechender Euphemismus.

Nach dem Lebenshöhepunkt treten die Einschränkungen mit unglaublicher Geschwindigkeit auf. Auch die häufig anzutreffende Glorifizierung des Alters im Sinne von zunehmender Reife und Altersweisheit entspricht nur allzu oft mehr dem Wunsch als der Wirklichkeit. Es entspricht natürlich unserem Wunsch, dass menschliche Entwicklung und Reifung sich in Altersweisheit entfalten kann, dass die Chance des Alters genutzt werden kann, um noch einmal etwas anders zu machen, was – aus welchen Gründen auch immer – früher nicht möglich war, dass es gelingt etwas zu korrigieren, ohne zu meinen, wir könnten das Gewesene ungeschehen machen. Urteile und Vorurteile können aufgegeben werden, die in der Mitte des Lebens vielleicht funktional wichtig waren, etwa um sich durchzusetzen, abzugrenzen, aufzublähen, erfolgreich zu sein.

In unserer Sprache der Analytischen Psychologie: Wir möchten uns auf der Ich-Selbst-Achse so bewegen können, dass der Schatten und die Komplexe ein wenig von ihrer Wirkkraft verloren haben.

Wenn wir uns aber umschauen, müssen wir feststellen, dass Starrsinnigkeit, fehlende Flexibilität, Rigidität und Sturheit im Alter leider viel häufiger um sich greifen, als es das Idealbild des Alterns uns suggerieren möchte. Der Archetyp des „Alten Weisen" beinhaltet eben auch die Möglichkeit, dass der Alte ein ganz schön sturer Bock sein kann.

Es gilt aber auch der Satz des Paracelsus: „Wer glaubt, alle Früchte würden mit den Erdbeeren reif, der versteht nichts von den Trauben." Das Alter erlaubt eine Rückschau auf Vergangenes. Und es ist den Älteren oft eher gegeben das Gelungene und Schöne mehr in den Vordergrund zu rücken, als dies bei jüngeren Menschen der Fall ist. Vielleicht hat das ein bisschen den Charakter von Verklärung – das wäre doch ein schönes Privileg des Alters – zu verklären. So könnte man sagen: Es ist nie zu spät für eine glückliche Kindheit.

Es unterliegt nur zum Teil unserer Bemühung den vollen Geschmack der Trauben erleben zu können und zum anderen Teil ist es einfach eine Gnade, diesen Zustand erreichen zu dürfen.

Wenn Altern so gelingt, wie es in einem von mir gerne gehörten Lied von Konstantin Wecker anklingt, kann man sich nur glücklich schätzen.

> *Dem Weinstock werden die Reben*
> *Im Herbst so furchtbar schwer*
> *Und um zu überleben*
> *Gibt er sie einfach wieder her*
> *Das mag ich so an den Bäumen*
> *Ihr Wissen um Sterben und Sucht*
> *Was sie im Frühjahr erträumen*
> *verteilen sie später als Frucht.*

Die genetische Forschung hat uns mit interessanten Details der DNS-Replikation, der Vervielfältigung der Chromosomenstränge, bekannt gemacht. Bei jeder Zellteilung verkürzt sich der DNS-Strang und hätte die Natur dieser Verkürzung nicht einen Reparaturmechanismus entgegengesetzt, wäre unser biologisches Leben erheblich schneller zu Ende als wir uns dies wünschten. Das Protein, welches die Reparatur bewirkt, nennt man die Telomerase, für deren Erforschung 2009 der Medizinnobelpreis vergeben wurde. Wie Sie sich vorstellen können, setzt die genaue Erforschung des Telomerase-Mechanismus viele Hoffnungen und Fantasien frei, man hätte nun bald den Schlüssel für die Verlängerung des Lebens und die Unsterblichkeit in der Hand. In der Krebsforschung wird zurzeit versucht, selektiv bei Krebszellen die Telomerase auszuschalten, da die Krebszellen dann schneller altern und absterben als das umgebende Gewebe.

Es bleiben aber noch so viele ungeklärte Fragen, dass das Geheimnis des Lebens noch eine Weile erhalten bleiben dürfte. Das Altern ist eben ein solch tiefsitzender, archetypischer und damit dem Leben inhärenter Prozess, dass wir Altern, als Vergehen in der Zeit, nicht verändern können und unser menschliches Lebensalter, bei allen Erfolgen der Medizin, auf die erreichbaren Größenordnungen von 70 bis 90 oder auch mal 100 Jahren beschränkt bleiben wird.

Ich finde, dass Telomerase ein sehr schöner Begriff ist, da er den Blick öffnet für Telos, das Ziel und das Ende. Altern ist eng verknüpft mit der

Vergänglichkeit. Vielleicht ist Altern identisch mit Vergänglichkeit. Wir nehmen an, dass nur wir Menschen mit unserem Bewusstsein Vergänglichkeit und Vergehen empfinden können. Wir wissen nicht, ob und wie Tiere und Pflanzen und Steine fühlen. Ebenso wie wir Menschen werden sie es auch nur ihrer Art gemäß tun können. Das bewusste Zeitgefühl besteht wohl ausschließlich für uns Menschen. Und dennoch altert auch das Tier, altern unsere Kunstwerke, altern die Gemäuer der Schlösser und Burgen. Der Archetyp des Alterns verbindet uns mit all den Dingen und Schöpfungen um uns herum. Nur die Art des Alterns ist eben jedem Lebewesen und jedem Ding gemäß.

Ob der Kosmos in seiner uns nicht vorstellbaren ständigen Bewegung und Ausdehnung altert, wissen wir eigentlich nicht, denn wir messen ja seit Einstein die Zeit, die gerade erst in der Verknüpfung der Raum-Zeitlichkeit entsteht. Wir rechnen aber das Alter des Kosmos auf etwa 14 Milliarden Jahren. Das gilt vermutlich für unser Universum. Ob es andere und vielleicht ältere Paralleluniversen oder sogar Pluriversen gibt, können wir nicht sagen.

Wir wissen nicht, warum wir altern. Die biologische Altersforschung hat viele, unterschiedliche Hypothesen für die Gründe des Alterns aufgestellt: Fehler in der DNS-Replikation oder ungenügender DNS-Reparaturmechanismus. Ist das Absterben von Neuronen verantwortlich oder der Verfall des Immunsystems oder ist es der Hormonmangel, der so viel durcheinanderbringt? Oder gibt es Selbstmordgene, die sich aktivieren, wenn es an der Zeit ist? Keine der Erklärungen befriedigt letztlich wirklich. Die Frage nach dem Geheimnis des Alterns ist (noch) unbeantwortet.

So bleibt für uns Analytische Psychotherapeuten natürlich die Frage „wozu" wir altern. Vielleicht ist die Sinnhaftigkeit der Welt für uns, die Bedeutung, die wir den Dingen geben, unsere Wertvorstellungen, unsere Lebenshaltungen und -einstellungen, unser geistiges, religiöses und philosophisches System, die Liebe zum Leben, vielleicht ist dies sozusagen die psychische Telomerase – das was uns im Innersten zusammenhält und uns immer wieder Hoffnung gibt. Was bleibt, ist die schlichte Tatsache, dass wir altern, ist die archetypische Dimension der Vergänglichkeit, des Vergehens in der Zeit. Man kann wohl auch sagen, wir altern, weil wir leben.

Die Irreversibilität, die Unumkehrbarkeit der Vorgänge entlang einem Zeitpfeil, ist das wesentliche Charakteristikum von Lebens- und Alterungsprozessen. Heraklit drückte dies mit der Metapher aus, dass wir nicht zweimal in den gleichen Fluss steigen. Wir können heute die Ergebnisse der Chaosforschung einbeziehen und sagen, dass das Leben eine ständige Folge von rückgekoppelten Vorgängen ist, dass an Schnittstellen ständig neue Entscheidungen getroffen werden, in welcher Richtung es weiter geht. Die klassische Newtonsche Physik ermöglichte es Kreisläufe, Planetensysteme und Bahnen als reversible Systeme zu berechnen mit immer wiederkehrenden Wiederholungsmustern.

Das Altern ist etwas Anderes: Es ist ein Lebensprozess, bei welchem der zweite Schritt immer Neuland betritt, das aber meist dem bekannten Land ähnlich ist. In der Chaostheorie spielt bei Veränderungsprozessen die Selbstähnlichkeit eine wichtige Rolle. In der Veränderung ist das Vorangegangene noch aufgehoben. Bei psychischen Veränderungsprozessen kommt die Selbstähnlichkeit so zum Ausdruck, dass Veränderung vor allem dann geschehen kann, wenn wir uns im zweiten Schritt noch ähnlich sind dem ersten Entwicklungsschritt, wenn wir uns bei aller Veränderung noch wiedererkennen.

Altern als Lebensprozess verstanden bedeutet, dass wir zurückschauen können auf eine Fülle von Schnittstellen in unserem Leben (Bifurkationen in der Chaostheorie), an welchen wir uns mehr oder weniger bewusst entschieden haben, eine Richtung und eben nicht die Andere einzuschlagen. Die Richtung, die wir nicht gegangen sind, ist quasi wie ein kleiner Absterbeprozess.

Das Leben wird häufig mit einem Fluss verglichen, wie es die Heraklitsche Metapher impliziert. Der Fluss fließt nicht immer gemächlich und breit in seinen Bahnen. Er tritt über die Ufer, zerstört sein Umfeld, er wird zum reißenden Wasserfall, er wirbelt Schlick und Dreck auf, der alle Sicht nimmt, er hat gefährliche Untiefen, Klippen und Strudel. Und der Fluss gibt uns Wasser und Fülle, er lädt zum Baden ein und dass wir uns darin getragen fühlen. Er durchzieht schönste und abwechslungsreiche Landschaften. Der Fluss ist auch ein Bild der Erweiterung von der sprudelnden Quelle zum Bach bis zum breiten Strom, der sich schließlich ins Meer ergießt.

Es war mir ein Anliegen, den archetypischen Aspekt des Alterns darzustellen, uns das Altern als einen uns ständig begleitenden Prozess bewusst zu machen, darzustellen, dass wir also auch in der Kindheit, Jugend und in der Mitte des Lebens altern, dass wir und alles mit uns immer schon altern, dass der Säugling vom ersten Tag an altert. Wir erleben meistens das Altern an uns selbst und unseren Nächsten im Alter, an den alternden Menschen, den Menschen die alt geworden sind.

Für uns Menschen stellt das Altern eine der großen Herausforderungen dar. Nichts ist mehr selbstverständlich: die Gesundheit, die Leistungsfähigkeit, die Flexibilität, die gesellschaftliche Anerkennung, die sozialen Bezüge in Freundschaften und Partnerschaft.

Ich empfinde es gewissermaßen von unserer Seite der Psychotherapie als Würdigung und Wertschätzung des Alters, dass zunehmend mehr die Psychotherapie des Alters aufgegriffen wird und auf die Ressourcen, die ältere Menschen haben, zugegangen wird.

Die Zeit fordert ihren Tribut. Das Alter ist die Zeit des Verlustes und des Loslassens. Und natürlich ist es die Zeit der vermehrten Auseinandersetzung mit dem Ende, mit dem Sterben und mit dem Tod. Selbst der „Puer aeternus" muss irgendwann – sehr spät natürlich – anerkennen, dass er nun wirklich kein Jüngling mehr ist.

Gellée royale, Goldelixiere, Bachblütenessenzen und „Jogging for my life", alle Pasten und Salben, Vitamine in Überdosis, Jungfrauenblut, Jungbrunnen – alles hilft nicht gegen das Altern und leider auch nicht C. G. Jung. Aber Vergänglichkeit ist ja nicht immer schlecht. Glücklicherweise geht auch mal was kaputt oder wird unmodern. Eine schreckliche Vorstellung: Ich müsste noch immer im stinkigen, beengten VW-Käfer mit geteilter Rückscheibe Richtung Italien fahren. Oder Lübke wäre noch Bundespräsident und Kohl sein Kanzler. Manche Dinge vergehen gar nicht schnell genug.

Drei Bücher und ein fauler Hund

Martin Luther und die Aktive Imagination nach C. G. Jung

Gottfried Lutz[17]

Biografische Annäherung

Als jungem Lektor im Quell Verlag Stuttgart schenkte mir der Leiter der Herstellungsabteilung eine liebevoll gemachte bibliografische Kostbarkeit mit dem Titel „D. Martinus Luther: Eine einfältige Weise zu beten. Für einen guten Freund. 1535", die ich als Schaustück in meinem Bücherschrank an hervorgehobener Stelle platzierte.

Etwas mehr als 15 Jahre später – inzwischen war ich Ausbildungskandidat im Küsnachter C. G. Jung-Institut – besuchte ich Prof. Robert Leuenberger in Küsnacht bei Zürich, dessen Buch über die Taufe ich als Lektor betreut hatte. Er schenkte mir jetzt sein 1988 neu erschienenes Buch „Zeit in der Zeit. Über das Gebet", das ich am richtigen Platz im theologischen Bereich meines Bücherschranks mehr ab- als einstellte. Gelesen habe ich damals neben C. G. Jung Theodor Seiferts „Lebensperspektiven der Psychologie" (download bei www.opus-magnum.de). Das schien mir interessanter und sollte mir den Zugang zu C. G. Jungs schwieriger Gedankenwelt erleichtern.

Was haben diese drei Bücher miteinander zu tun? In jedem von ihnen wird der innere Dialog thematisiert, den C. G. Jung „Aktive Imagination" (AI) nennt. So ein Zufall? Oder im Nachhinein durchaus als sinnvoll zu betrachten? Das Thema AI ist bei Theo Seifert weniger erstaunlich als bei dem Theologen Robert Leuenberger. „Aber erst recht bei Luther", könnte man als „Jungianer" noch draufsetzen und damit einem Vorurteil aufsitzen, das unter Jungianern ziemlich zählebig ist und das „Kirchenlehre" allenfalls als dunklen Hintergrund oder defizitäre Vorstufe der eigenen Erleuchtung „versteht".

Ich bin froh, dass ich vor rund 40 Jahren in Theo Seifert einen Lehrer (im besten Sinne des Wortes) gefunden habe, dessen eigene religiöse Haltung spürbar und von solchen oberflächlichen Urteilen weit entfernt ist. Seine Begleitung meiner Entwicklung als Theologe und Seelsorger

---

17 Gottfried Lutz, Pfarrer i. R,, Psychotherapeut (C. G. Jung)

einerseits und Analytiker andererseits möchte ich charakterisieren mit den Begriffen Respekt, Erfahrung, Anteilnahme und Humor – kurz gesagt: Weisheit. In dieser Begleitung hat die AI eine nicht geringe Rolle gespielt, und es ist wohl wiederum „so ein Zufall", dass ich zum Zeitpunkt der Entstehung dieser Festschrift am Thema AI und Luther bin.

Weder bei C. G. Jung noch bei Theo Seifert wird man Ähnlichkeiten mit Martin Luthers Theologie vermuten. Aber Luthers zentraler anthropologischer Ansatz, der Mensch sei „simul iustus simul peccator" (zugleich fromm und ein Sünder) wie auch seine großen Themen: „Gesetz und Evangelium", „Freiheit und Bindung" scheint mit Jungs polarem Denken gut vereinbar zu sein.

Wer sagt: „Du fauler Hund"?

Als Kind hatte ich irgendwo den Witz gehört, ein Pfarrer habe erfahren wollen, ob und wie der Heilige Geist – und nur der, sozusagen ganz objektiv und ohne subjektive Beimischungen – ihm bei der Predigt mit einer Eingebung beistehe. Also stieg er unvorbereitet auf die Kanzel, und der Heilige Geist gab ihm tatsächlich ein: „Du bist ein fauler Hund!" Ob man, um das gesagt zu kriegen, den Heiligen Geist bemühen muss?

Dass Gott oder der Heilige Geist irgendwie dasselbe aber auch verschieden sind, war mir damals noch kein Problem, eher in einer naiven Weise selbstverständlich. Dass der Heilige Geist offenbar auch Humor haben muss, wagte ich nicht zu denken. Aber schon damals beschäftigte mich die Frage: War es wirklich der Heilige Geist, der da gesprochen hat? Wie spricht Gott zu einem Menschen? Muss man das hören, wie man einen anderen Menschen hört? Und woher weiß man dann, dass es Gott ist, der da redet? Man kann diese Fragen der Phase der „Warum-Fragen" zuordnen und damit abtun.

Allerdings, auch später, bei der AI, tauchten ähnliche Fragen auf: Wer redet da, wenn die innerlich geschaute Figur eines weisen Alten Worte von sich gibt: das Unbewusste? Das Selbst? Mein Vater- oder Gotteskomplex? Wünsche? Welche Autorität kommt diesen Worten zu? Bin ich es, der in der AI sich selbst Antwort gibt? Wenn nicht, wer dann? Ist von „innerer Transzendenz" zu reden, ein „Erschleichungstrick"? Kann ich wirklich den Auftrag aus einer AI ernst nehmen, womöglich eine Lebensentscheidung darauf gründen?

In der Theologie spricht man von „Berufung", und C. G. Jung spricht im Zusammenhang mit der „inneren Stimme" gelegentlich von einem

„Ruf", oder sogar von der „vox dei". Erstaunlicherweise wecken diese Ausdrücke aber eher die Vorstellung von etwas Leisem, Geheimnisvollen, das man nicht in die Gegend hinausposaunt; nicht Lautstärke ist gemeint, sondern unausweichliche Verbindlichkeit. Es geht um das Vertrauen zum Unbewussten, theologisch um Glauben, der eben nicht, wie C. G. Jung immer wieder nahelegt, ein mangelhaftes Wissen ist, sondern ein „Ergriffen-Sein" (Paul Tillich) ohne Sicherung. In Anlehnung an Kant hat Theo Seifert einmal formuliert: „Das Ich läuft leer ohne das Unbewusste. Das Unbewusste ist blind ohne das Ich." Also nicht blinder Gehorsam, auch nicht blindes Vertrauen oder „glauben blind", was sich im Gesangbuch allemal auf „Kind" reimt.

Ohne theoretisch zu klären, was AI sei, sind wir sehr schnell bei praktischen Fragen angekommen. AI ist eine Technik, die im Gegenüber einer Beziehung erlernt wird. Zwar gibt es Bücher und Anleitungen, z. B. von Barbara Hannah, von Verena Kast und nicht zuletzt von Ang Lee und Theo Seifert. Aber ich würde jedem raten, der sich ernsthaft damit befassen will, sich eine Lehrerin oder einen Lehrer zu suchen.

Vom Beten hört man vergleichsweise weniger. Wenn darüber außerhalb der Kirche geredet wird, dann eher geniert, so als wäre das Beten etwas Lächerliches oder Unerwachsenes. Dass man auch dazu Anleitung und Supervision brauchen könnte, meine ich keineswegs ironisch, sondern als einen Versuch, eine alte Tradition des geistlichen Lehrers, des Meisters und seiner Jünger usw. neu zu verstehen.

Luthers Anweisung zum Gebet

Selbstverständlich ist das Gebet auch für Luther nicht. Allerdings eher, weil er Widerstände bei sich wahrnimmt, die er gleich am Anfang der kleinen Schrift benennt: „[…] wenn ich fühle, dass ich durch fremde Geschäft oder Gedanken bin kalt und unlüstig zu beten worden [...]".

Es sind die „1000 Dinge", die einen vom Beten abhalten, die Arbeit, die angeblich getan werden will, und die scheinbar kluge Welt- und Lebenserfahrung, dass Beten eben auch als Ersatz für die nötige Tat missbraucht werden könnte. Luther, Kind seiner Zeit, sieht da den Teufel am Werk. Wir meinen dasselbe, wenn wir von unbewussten Widerständen reden oder von der natürlichen Trägheit, die einen das Aufschreiben eines Traums oder einer spontanen Imagination so lange hinauszögern lässt, bis der Inhalt vergessen ist. Luthers Rede vom Teufel hat den Vorteil, dass aus einer unbestimmten Stimmung ein Gegenüber wird, mit dem man sich auseinandersetzen kann, eben eine „Aktive Imagination".

Luther gibt dem Freund Anweisung, wie er beten soll, indem er erzählt, wie er selbst betet. „Ich nehme mein Psälterlein, laufe in die Kammer oder in die Kirche zum Haufen und hebe an, die Zehen Gebot, den Glauben (i. e. das Glaubensbekenntnis G. L.) mündlich bei mir selbst zu sprechen [...]".

Dies soll man regelmäßig tun. Luther war Mönch gewesen. Danach empfiehlt er, das Vaterunser stehend oder kniend ganz zu beten. Obwohl bis dahin schon einige Zeit vergangen sein dürfte, kommt jetzt erst das persönliche Gebet: „Danach wiederhole ein Stück oder wie viel du willst", ohne dabei ins „Plappern" zu kommen. Er empfiehlt aber assoziativ eigene Wünsche, Ängste von den einzelnen Zeilen des Vaterunser und der Zehn Gebote ins Bewusstsein kommen zu lassen, und will auch kein rigides Abschneiden von Gedanken, die ihm kommen.

Am Ende des Mittelalters ist die Bibel noch Quelle und Norm für jede Erkenntnis von Mensch und Welt, nicht nur wie nach der Aufklärung – wenn überhaupt – ausschließlich für theologische Fragen. Der Durchgang durch die Zehn Gebote und das Vaterunser kann man also durchaus mit dem Aussuchen einer Traumfigur oder einer wesentlichen Frage vergleichen, die einen beschäftigt.

> Kommt wohl oft, dass ich in einem Stücke oder Bitte in so reiche Gedanken spazieren komme, dass ich die andern sechse alle lasse anstehen. Und wenn auch solche reiche, gute Gedanken kommen, so soll man die andern Gebete fahren lassen und solchen Gedanken Raum geben und mit Stille zuhören und beileibe nicht hindern; denn da predigt der Heilige Geist selber, und seiner Predigt ein Wort ist besser denn unser Gebet tausend. Und ich hab auch also oft mehr gelernt in einem Gebet, als ich aus viel Lesen und Dichten hätte kriegen können.
>
> *(Luther, 1535, S. 20 f).*

Wenige Seiten weiter wiederholt sich Luther, unterstreicht und betont: Wenn „der Heilige Geist unter solchen Gedanken käme und anfinge in dein Herz zu predigen mit reichen, erleuchteten Gedanken, so tu ihm die

Ehre, lasse diese gefassete Gedanken fahren, sei stille und höre dem zu, der's besser kann denn du; und was er predigt, das merk und schreibe es an, so wirst du Wunder erfahren […]".

Als ich diese Zeilen zum ersten Mal gelesen habe, kam ich mir vor wie der Entdecker eines bisher unbekannten Landwegs, der zwei Inseln oder auch zwei Erdteile verbindet, die bisher getrennt waren. Die Freude darüber, dass AI und Gebet im Grunde dasselbe seien, erfuhr dann eine gewisse Ernüchterung, als ich mir Übereinstimmungen und Unterschiede auflistete:

	Luther	Aktive Imagination
Ort	Kämmerlein oder Kirche	Ruhiger Platz, ungestört
Einstimmung	Psälterlein u. Vaterunser meditieren	Entspannung, Traum-Bild, Treppe
Umgang mit Widerstand	Feste Zeiten (Abend/Morgen)	Das Herz erwärmen
Einstellung	Raum geben und mit Stille zuhören und beileibe nicht hindern	Psychisch geschehen lassen, nicht deuten …
Methode	Hören/Lernen	Dialog mit dem Unbewussten
Konsequenz	Wunder	Innerliche Bereicherung, Individuation

Die Haltung des Zulassens, psychisch geschehen zu lassen, dem Unkontrolliert-aus-der-Seele-Aufsteigenden Raum zu geben, nach Jung die größte Schwierigkeit für uns West-Europäer, wird von Jung und Luther sehr ähnlich beschrieben. Die Methode ist bei beiden verschieden. Jung will ein direktes Gespräch mit dem Unbewussten in Gang setzen, Luther redet am Anfang, hört dann aber nur noch – was bei ihm schwer vorstellbar ist, weil er durch und durch dialogisch schreibt.

Während Leuenberger den Einstieg in das Gebet über traditionelle, vorformulierte Texte als von Luther geschätzte klösterliche Tradition versteht und der Kirchenhistoriker K. D. Schmidt in seinem „Grundriss der Kirchengeschichte" betont, dass Luther nur die Schrift(„sola scriptura") anerkenne, spricht mich Luthers Freiheit stärker an, diese „heiligen" Texte als eine Art Sprungbrett für den Heiligen Geist oder als Einstieg in den unbewussten Bereich der Seele zu nehmen und dort mehr zu lernen als aus einer ganzen (theologischen) Bibliothek. Dabei halte ich es für durchaus angemessen, den Heiligen Geist als die theologische Variante der „transzendenten Funktion" zu verstehen, die zwischen den Gegensätzen von menschlicher Natur und göttlicher Wahrheit vermittelnd, neue Symbole kreiert.

Aus dem Text der Anweisung Luthers lässt sich (leider) trotzdem nicht ableiten, dass Luther schon 400 Jahre vor Jung eine eigene Variante der „Aktiven Imagination" entwickelt hätte. Dazu fehlt bei ihm eine klare Aussage, dass es sich um eigene seelische Inhalte handelt, die bewusst gemacht werden. Allenfalls ließe sich in seinen Predigten und Tischreden Hinweise darauf finden. Andererseits ist zweifelsfrei anzunehmen, dass beim gedanklichen „Spaziergang" durch Vaterunser und Credo unbewusste Komplexe angesprochen werden, die dadurch bewusst und bearbeitbar waren.

Die „Entdeckungsreise" mit dem Ziel, alte Wege auf einer Landverbindung zwischen den Inseln Theologie und Analytische Psychologie neu zu erkunden, ist also nur teilweise erfolgreich. Ähnlichkeiten von Luthers Anweisung zum „einfältigen Beten" und Jungs Methode der AI sind deutlich; die Unterschiede ebenso. Was mir als Entdeckung und Erkenntnisgewinn trotzdem wertvoll ist: Luther geht in seiner Anweisung zum Beten sehr weit über die Grenzen hinaus, die nach ihm von der Lutherischen Orthodoxie und ihrem Beharren auf Verbalinspiration – vom Pietismus leider übernommen – wieder streng und unnachgiebig bewacht wurden. Der Heilige Geist, die göttliche Funktion der Seele, die Wandlung möglich werden lässt, wird dort in enge Schranken verwiesen. Bei Luther dagegen gilt: Was ich „im Herzen" höre, ist weder kontrollierbar noch irgendeinem Beurteilungsverfahren unterworfen.

Luther und Jung können (und wollen wohl auch nicht) meine eingangs gestellte „Kinderfrage" beantworten: Woher weiß ich, wer da sagt: „Du bist ein fauler Hund!"? Mit wem spreche ich, wenn ich bete oder eine AI mache? Die Entscheidung, dass es sinnvoll ist, das eine oder das andere oder beides zu tun, kann nur jeder für sich fällen. Robert Leuenberger bringt es auf den Punkt: „Das Gebet (genauso wie die AI, Anm. d. Autors) ist ein Gespräch in uns, ist innere Zwiesprache. Aber innere Zwiesprache kann nur führen, wer nicht mit sich selber allein ist."

Ich brenne
überall.
All meine Flächen
stehen in Flammen.
Die Haare
steigen lodernd empor
und stehe auf glühender Kohle.
Nicht dass ich stürbe
nicht Todesangst
Leben ist es
lustvoll
mich verschwenden
in Sinnen.

(Hans Dieter Knoll)

Unus mundus und kosmischer Mensch

Individuation in der Symbolik der Alchemie

Lutz Müller[18]

Die Idee des „Unus mundus", der „Einen Welt" und eines „Kosmischen Bewusstseins", einer „Einheitswirklichkeit" reicht von den Anfängen der Menschheit bis in unser 21. Jahrhundert hinein. Früheste Gestaltungen finden sich – zumindest angedeutet – in den ersten Weltschöpfungsmythen, den großen Religionen, z. B. im Hinduismus („Tat tvam asi" - Das bist Du), im Taoismus („Es gibt ein Ding, das ist unterschiedslos vollendet"), dem Christentum („Das Himmelreich ist inwendig in Euch") im Neuplatonismus, in den Erfahrungen der Mystiker, in den gnostischen und hermetischen Traditionen („Wie oben, so unten"). Genauso spiegelt sich diese Idee des „Großen Einen" in der modernen Suche nach einer Weltformel, einer Weltethik und einer Einheits-Theorie „von allem", in der Entwicklung des Internets mit seiner Fantasie eines globalen Gehirns, eines weltumspannenden Bewusstseins und Wissens, einer universalen Sprache, einer menschheitsverbindenden Kommunikation.

Paradoxerweise gerade dank der Fortschritte der verschiedenen Wissenschaften und ihrer beginnenden globalen Zusammenarbeit, dank der Weltraumforschung und dank der Medien und ihrer zunehmenden Vernetzung könnte erstmals nicht nur in spirituellen Kreisen, sondern auf breiterer Ebene, in breiteren Bevölkerungsschichten ein „kosmisches Bewusstsein" erwachen. Wie allen archetypischen Inhalten, so eignet natürlich auch dem archetypischen Bild des „Unus mundus" oder des „Kosmischen Menschen" ein Faszinosum und ein Tremendum gleichzeitig, so dass wir täglich seine lichten und seine dunklen Seiten erfahren können. Die Generation „Internet" und „Facebook" scheint jedenfalls – bei allen denkbaren Schattenseiten – in rasanter Geschwindigkeit fast beiläufig die in spirituellen Kreisen altbekannte Idee des „kosmischen Bewusstseins", der „Einen Welt" auf ihre Weise zu verwirklichen. Unsere Welt wird uns derzeit mehr denn je als „ein" Organismus bewusst, dessen einzelne Teile eng miteinander verbunden, aufeinander bezogen und aufeinander angewiesen sind.

---

18   Dr. phil. Lutz Müller, Analytischer Psychotherapeut

Kosmischer Mensch und kosmisches Bewusstsein

Was soll hier mit „kosmisch", „kosmischer Mensch" und „kosmischem Bewusstsein" gemeint sein? Weniger ist damit ein allverbundenes, in unendlich weite kosmische Dimensionen ausgedehntes Bewusstsein jenseits von Zeit und Raum gemeint. Eine solche Art des Erlebens ist zwar in manchen meditativen Zuständen möglich, ist aber nur relativ selten spontan erfahrbar und kann zudem nur schlecht kommuniziert werden.

Hingegen meint der hier verwendete Begriff des „Kosmischen" ein relativ einfaches rationales Erkennen und relativ überzeugendes Wissen, dass wir Teil eines kosmischen evolutionären Prozesses sind. Es ist die Erkenntnis, dass die Evolution des Universums ein Wesen hervorgebracht hat, das über sich selbst und das Universum reflektieren kann und allmählich zu dieser Bewusstheit, zur Einsicht in seinen umfassenden Ursprung und der damit verbundenen Verantwortung erwacht. Und obwohl dies eigentlich eine wunderbare Idee ist, die unserem Leben auf dieser Erde einen ganz besonderen Sinn geben könnte (nämlich Ausdruck des Universums und bewusster Mitgestalter der Evolution zu sein), bleiben wir oft lieber in unseren alten Weltmodellen und Gottesbildern befangen, weil sie uns Sicherheit und Geborgenheit im Vertrauten zu schenken scheinen.

> Wie kommt es, dass kaum eine der großen Weltreligionen jemals die wissenschaftlichen Erkenntnisse betrachtete und dann daraus folgerte: „Das ist besser, als wir dachten! Das Universum ist viel größer, als unsere Propheten sagten, viel gewaltiger, subtiler und eleganter. Gott muss größer sein, als wir uns träumen ließen"? Stattdessen sagen sie: „Nein, nein, nein! Mein Gott ist ein kleiner Gott, und ich will, dass er klein bleibt." Eine Religion, die die Größe des Universums im Sinne der modernen Wissenschaft betont, könnte wahrscheinlich auf wesentlich mehr Ehrfurcht und Ehrerbietung hoffen als die herkömmlichen Glaubensrichtungen.
>
> *(Sagan, 1998, S. 67f)*

Diese Art von kosmischem Bewusstsein, das Wissen, das uns durch die moderne Astronomie, die Raumfahrt, die Physik, Biologie, Genetik, Evolutionstheorie und auch durch die Tiefenpsychologie in den letzten 100 Jahren zugänglich wurde und uns Heutigen quasi „frei Haus" geliefert wird, erscheint vielleicht nicht so durchflutend und emotional wie eine mystisch-all-ausgebreitete Erlebensweise. Es hat aber den ganz großen Vorteil, dass es im Grunde ganz leicht abrufbar und gut kommunizierbar ist. Schauen wir uns z. B. nur eines dieser in den letzten Jahren immer häufiger in unser Bewusstsein dringenden Fotos der aus dem Weltall aufgenommenen Erde vor dem Hintergrund unendlicher Weite und Tiefe und unzähliger Galaxien an. Wird es dann nicht unmittelbar evident, dass wir ein lebendiger Teil unserer Erde und unseres Universums sind? Dieser Blick, die An-Schauung, ist uns erst seit einigen wenigen Jahrzehnten möglich. Frühere Generationen waren auf ihre Fantasie und Vorstellungskraft angewiesen, um ein Gefühl für unser Dasein in diesem Universum zu entwickeln. Wir können heute von „kosmischem Bewusstsein" sprechen, ohne als Spinner ausgelacht oder gar als Ketzer verteufelt zu werden.

Diese Form des kosmischen Bewusstseins steht weder mit den religiösen Überlieferungen, so sie psychologisch und symbolisch aufgefasst werden, noch mit dem gegenwärtigen wissenschaftlichen Denken in Widerspruch.

Zwischen der mehr innerlich-mystischen und der mehr äußerlich-rationalen Form des kosmischen Bewusstseins gibt es nun auch fließende Übergänge. Je mehr man sich auf das Bild der Erde vor dem Hintergrund des Universums fantasierend, fühlend, meditierend einlässt, desto mehr kann man das ganz außerordentliche, unglaublich seltene und kostbare Phänomen des Lebens und des Bewusstseins erahnen, über dieses Wunder staunen, in Ehrfurcht und Ekstase geraten. Von den ersten Astronauten wurden Erfahrungen berichtet, die man nur als tief religiös bezeichnen kann. Das äußere Bild regt die entsprechende innere Erfahrung an, und die innere Erfahrung erfüllt die äußere mit Bewusstheit, Dankbarkeit und Liebe.

Der zukünftige „kosmische Mensch" ist einfach der Mensch, der sich dieser kosmischen Dimension bewusst ist, der in seinem Erleben und Verhalten dieser Tatsache dankbar eingedenk ist.

Hermetik: „Wie oben, so unten ..."

Die hermetischen Traditionen hatten immer eine eigentümliche Mittlerstellung zwischen Wissenschaft, Kunst, Religion und Mythos. Sie bildeten oft eine „geheime" Gegenströmung zu den jeweils etablierten religiösen und wissenschaftlichen Systemen. Alles, was dort keinen Raum fand, wurde hier wie in einem Sammelbecken aufgefangen und führte ein eigenartiges „Underground"-Dasein. Das Wort „hermetisch" bedeutet im modernen Sprachgebrauch zunächst „dicht verschlossen, luft- und wasserdicht". Diese Begriffsverwendung stammt ursprünglich aus der Alchemie, wo es für die verschiedenen alchemistischen Prozesse notwendig erschien, die Retorte, also das alchemistische Gefäß, „hermetisch" verschlossen zu halten. Die Alchemisten bezogen sich dabei auf den sagenhaften ägyptischen Weisen Hermes Trismegistos, der als der Ahnherr der Alchemie und der hermetischen Künste galt. In ihm sind der ägyptische Gott der Weisheit, der Schriften und Wissenschaften und der griechische Gott Hermes, der Götterbote und Seelenführer, miteinander verbunden.

Wenn man sich mit den verschiedenen hermetischen Traditionen, und Symbolsystemen sowie deren Praktiken (etwa der Astrologie, der jüdischen Kabbala, der Gnosis, der Magie und Alchemie des Mittelalters, der Mystik, den alten Geheimorganisationen wie Rosenkreuzern und Freimaurern) unter der psychologischen Perspektive auseinandersetzt und sich trotz mancher haarsträubender und obskurer Theorien nicht davon abbringen lässt, deren psychologischen und symbolischen Gehalt zu erfassen, dann kann man erkennen, dass es sich bei ihnen oft um erstaunlich komplexe, sehr differenzierte Vorläufer nicht nur der modernen Naturwissenschaften, wie Astronomie, Physik, Mathematik, Chemie, Pharmazie, Medizin handelt, sondern auch der modernen Psychologie und Psychotherapie. In ihnen spiegelt sich – symbolisch betrachtet – ein erstaunlich vielseitiges Erfahrungswissen von der Eigenart der menschlichen Psyche, den unterschiedlichen Persönlichkeitsstrukturen, den grundlegenden Bedürfnissen und den typischen Lebenskonflikten.

Die meisten der traditionellen hermetischen Symbolsysteme teilen die Vorstellung von der Einheit und Ganzheit des Menschen und seiner Umwelt. Der Mensch, die ihn umgebende äußere Realität und der Kosmos werden als eng aufeinander bezogene Elemente eines ganzheitlichen Systems beschrieben. Man ging von einer verborgenen Sympathie, Harmonie oder Korrespondenz aller Dinge aus. Im hermetischen Weltbild wurde dies durch die Formel: „Wie oben, so unten" ausgedrückt.

C. G. Jung und die Alchemie

C. G. Jung hat sich in seinen letzten Lebensjahrzehnten intensiv der Entschlüsselung der zunächst sehr dunkel erscheinenden, merkwürdigen Symbolik der Alchemie gewidmet. Sie war für ihn das Bindeglied zwischen der antiken Gnosis und den Prozessen, die er im kollektiven Unbewussten des modernen Menschen beobachtete. Welche umfassende Bedeutung die Alchemie für Jung hatte, geht u.a. aus dem Nachwort zu seinem Werk „Mysterium Coniunctionis" hervor, in dem er schreibt, dass die Alchemie ihm den unschätzbar großen Dienst geleistet habe, ihm durch ihr Material möglich gemacht zu haben, den Individuationsprozess in seinen hauptsächlichen Aspekten zu beschreiben (vgl. Jung, GW 14/2, §447).

Durch den chinesischen Meditationstext, „Das Geheimnis der Goldenen Blüte", den er 1928 von dem Sinologen Richard Wilhelm erhalten hatte und in dem eine Art alchemistischer Wandlung des Menschen durch das „Kreisen des inneren Lichtes" beschrieben wird (was man als ein fortwährendes Bewusstmachen und Integrieren von unbewussten Inhalten interpretieren kann), wurde er angeregt, sich auch mit der abendländischen Alchemie näher zu beschäftigen.

Die ersten alchemistischen Texte, die Jung durchsah, erschienen ihm noch weitgehend unverständlich, aber je mehr er sich in sie vertiefte, desto mehr entdeckte er, wie er in seinen Erinnerungen schrieb,

> „[...] dass es sich um Symbole handelte, die mir alte Bekannte waren. Das ist ja fantastisch, dachte ich, das muss ich verstehen lernen [...]. Es war eine Arbeit, die mich für mehr als ein Jahrzehnt in Atem hielt [...]. Sehr bald hatte ich gesehen, daß die Analytische Psychologie mit der Alchemie merkwürdig übereinstimmt. Die Erfahrungen der Alchemisten waren meine Erfahrungen, und ihre Welt war in gewissem Sinne meine Welt. Das war für mich natürlich eine ideale Entdeckung, denn damit hatte ich das historische Gegenstück zu meiner Psychologie des Unbewußten gefunden.
>
> *(Jung/Jaffé, 1962, 208ff)*

Jung hat die Ergebnisse seiner Forschungen u. a. in „Psychologie und Alchemie", in „Zur Psychologie der Übertragung" und in „Mysterium Coniunctionis" dargestellt. Diese sind aber für einen Leser, dem tiefenpsychologische Prozesse und ihre Symbolik noch unvertraut sind, ähnlich schwierig zu verstehen, wie die alchemistischen Werke selber.

Wenn man sich aber eine zeitlang mit der alchemistischen Symbolik beschäftigt, kann man Jungs Erkenntnisse nur bestätigen: Es ist wirklich fantastisch und erstaunlich, wie viel Ähnlichkeit zwischen dieser und den Symbolen des Individuationsprozesses zu finden ist, sei es ihm Rahmen eines (lebens-)langen Selbst-Verwirklichungs- und Reifungsprozesses, sei es im Rahmen eines begrenzteren therapeutischen Arbeitens, in dem die Auseinandersetzung mit unbewussten Gestaltungsprozessen (Traum, Imagination, kreative Gestaltung oder Sandspiel) im Zentrum steht.

Jung ging bei seinen Deutungsversuchen der Alchemie von dem tiefenpsychologischen Axiom aus, dass sich alles Unbewusste zunächst in der Projektion zeigt, bei den Alchemisten also in den Fantasien, die sie in Bezug auf das Verhalten der Materie hatten. Je unbewusster uns ein Sachverhalt ist, desto weiter außen erscheint er uns. So waren in Jungs Verständnis die alchemistischen Fantasien und die von den Alchemisten durchgeführten Arbeiten zu großen Teilen Symbole, Bilder, Ausdrucksformen der unbewussten Psyche und deren Wandlungen, projiziert auf die biologischen und chemischen Vorgänge, die sich in der Materie unter bestimmten Voraussetzungen abspielten.

Der alchemistische Wandlungsprozess

Sehr vereinfacht lässt sich das Ziel des alchemistischen Prozesses so zusammenfassen: Ein Ausgangsstoff, z. B. ein unedles Metall, musste durch verschiedene Prozeduren solange in seine Grundbestandteile zerlegt, aufgelöst, verbrannt werden, bis man auf die Ursprungsmaterie, eine Art reiner Energie stieß – die „Prima materia" – von der aus man einen neuen, edleren Stoff, z. B. Gold, aufbauen konnte. Dieses „Löse und verbinde" – „Solve et coagola" – lief in unzähligen Zyklen immer wieder ab, bis endlich die alte Form in eine neue Form transformiert, transmutiert war.

Das Ergebnis, die „Quintessenz", den „Stein der Weisen" stellte man sich etwa vor wie ein feinstes Destillat, einen durch seine Reinheit und Konzentration hochpotenten Stoff – gewissermaßen die verdichtete Ur-Energie, die allem zugrunde liegt. Wenn man etwas davon einem unedlen Metall, z. B. Blei, beimischte, sollte dies wie ein Katalysator das Metall beschleunigt reifen lassen und schließlich in Gold verwandeln. Ähnlich transformierend und veredelnd stellte man sich die Wirkung des Steins auf die Gesundheit des Menschen oder seine seelische Reife vor. Das Endprodukt des alchemistischen Prozesses hatte viele Namen: „Quinta essentia" – gewissermaßen die Vereinigung, die Summe, der Extrakt aller vier Elemente der Welt in einer einzigen fünften Essenz –, das philosophische Gold, das vereinigte Paar, der Hermaphrodit, das „göttliche" Kind, das „Mysterium coniunctionis" usw.

Die Abbildung aus einem alchemistischen Werk (H. Jamsthaler, Viatorum spagyricum, 1625) zeigt den weib-männlichen, „integralen" Menschen

(„Rebis" = die zweifache „polare" Sache), der die oberen kosmischen Kräfte mit den unteren irdischen in sich vereint.

Die sieben klassischen Planeten (Venus, Saturn, Mars, Jupiter, Sonne, Mond, Merkur) können als ihnen entsprechende Persönlichkeitsaspekte und geistige Lebensprinzipien verstanden werden, die ihre Integration in dem merkurialen Sechs-Stern über dem Haupt des hermaphroditischen Menschen finden. Sie wurden auch als sieben Stufen der Entwicklung aufgefasst.

Zirkel (Kreis) und Rechteck (Quadrat) stehen für die praktische Arbeit, die latente Ganzheit in eine konkrete Gestalt zu bringen. Sie können auch als die grundlegende Polaritäten der Existenz (Sein-Nicht-Sein, Aktiv-Passiv, Leben-Tod, Geist-Materie, Gut-Böse, Männlich-Weibliches etc.) verstanden werden, um deren schwierige, niemals ganz gelingende Synthese es immer wieder geht (vgl. das unlösbare Probleme der „Quadratur des Kreises").

Der Drache steht für die elementaren archaischen Lebens- und Trieb-Energien, die Erde mit der in ihr angedeuteten Mandala-Struktur (Mittelpunkt, Kreuz, Kreis/Kugel) für die noch tiefere materielle, organische Basis unserer Existenz. Die in ihr enthaltene Mandalastruktur weist darauf hin, dass auch sie bereits latent die Vollständigkeit in sich trägt und durch das „Große Werk" in einem gewissen Sinne „vergeistigt" (die beiden Flügel) wird.

Das „opus magnum" findet in dem Ei statt, was einerseits das „hermetische Gefäß" symbolisiert, in dem die Reifung und Wandlung stattfindet. Das Ei symbolisiert andererseits auch das unbewusste lebendige, schöpferische Potenzial. Da das Ei in der Abbildung den ganzen doppelten Menschen in seiner Beziehung zu den kosmischen Symbolen umfasst, ist es auch als ein Symbol der dem Menschen möglichen Einheit und Ganzheit in seiner Verbundenheit mit dem ganzen Schöpfungsprozess (das kosmische Ei) deutbar.

Die Abbildung befindet sich vor einem schwarz/weiß schraffierten Hintergrund: Das könnte so interpretiert werden, dass der Ur-und Hintergrund unserer Existenz, die letzte Wirklichkeit, das Absolute, die kosmisch/chaotische Fülle/Leere ist und uns ihrem Wesen und immer verborgen bleiben wird.

Wie an diesem Beispiel schon deutlich wird, findet man in den alchemistischen Fantasien fast alle klassischen Selbst- und Individuations-Symbole wieder. Deswegen fühlte Jung sich von ihr so angezogen und verstand sie als das historische Gegenstück zu seiner Psychologie des Unbewussten. Die Ähnlichkeit ist auch deswegen gegeben, weil die alchemistischen Vorstellungen, Bilder und Allegorien sich auf alle Vorgänge beziehen lassen, die wachsen, sich entwickeln und verändern. Die alchemistischen Bilder und Texte sind Symbole der schöpferischen Wandlung und Transformation.

Die Vermischung von konkreter experimenteller Arbeit und meditativen, spirituellen Exerzitien, Imaginationen lässt den alchemistischen Prozess deswegen auch wie eine erstaunliche Parallele zu modernen integrativen Therapieformen erscheinen. Die Nähe der Alchemie zur Individuation soll nun an der „Tabula Smaragdina", einem zentralen Text der hermetischen Traditionen, auf den sich auch Jung oft bezog, gezeigt werden.

Die Abbildung zeigt Hermes Trismegistus in der Kathedrale von Siena, die Giovanni di Maestro Stefano, 1488, zugeschrieben wird.

Tabula Smaragdina

1. *Es ist wahr, ohne Lüge und ganz gewiss:*

2. *Was unten ist, ist wie das, was oben ist,*
   und das, was oben ist, ist wie das, was unten ist,
   um die Wunder des Einen zu offenbaren.

3. *Und wie alle Dinge aus dem Einen gekommen sind*
   – durch die Meditation des Einen –,
   so werden auch alle Dinge aus diesem Einen durch Adaption
   (Angleichung) geboren.

4. *Die Sonne ist sein Vater, der Mond seine Mutter.*

5. *Der Wind hat es in seinem Bauch getragen.*

6. *Die Erde ist seine Amme.*

7. *Es ist die Ursache aller Vollendung in dieser Welt.*

8. *Seine Kraft ist voll, wenn es zur Erde wird.*

9. *Scheide die Erde vom Feuer, das Feine vom Groben,*
   sanft und mit großem Verständnis.

10. *Es steigt von der Erde zum Himmel*
    und wieder herab zur Erde
    und empfängt die Kräfte des Oberen und des Unteren.

11. *So wird dir der Ruhm der Welt gehören.*

12. *Und alle Dunkelheit wird von dir weichen.*

13. *Es ist die Stärke aller Stärken, denn es überwindet*
    alle feinen Dinge, durchdringt alles Grobe.

14. *Darum werde ich Hermes der Dreimal Größte genannt,*
    der die drei Teile des Wissens der Welt besitzt.

15. *Vollendet ist, was ich über das Werk der Sonne gesagt habe.*

(vgl. dazu Ruska, 1926)

Die „Tabula Smaragdina"

Mit der „smaragdenen Tafel", die nach alchemistischer Legende in der Cheopspyramide aufgefunden wurde, soll der sagenumwobene Ahnvater der Hermetik, Hermes Trismegistos, sein gesamtes Wissen in symbolischer Form der Nachwelt hinterlassen haben. Die meisten Alchemisten haben diesen Text verehrt und ihn als Ausgangspunkt ihrer Forschungen und Spekulationen verwendet. Die am häufigsten verwendete Version des Textes stammt wohl aus dem frühen Mittelalter, aber es gibt Parallelen zu Texten aus ägyptischen Zauberpapyri, sodass man vermuten kann, dass ihre Wurzeln in der Spätantike liegen.

Manche sahen in dem merkwürdigen Text die Beschreibung eines chemischen Destillationsvorganges, was durchaus zutreffen könnte, ohne dass dadurch die psychologisch-symbolische Deutungsmöglichkeit gemindert würde. Gerade der Destillationsvorgang lässt sich in mannigfacher Weise als Sinnbild für den Bewusstwerdungsprozess des Menschen auffassen. Der Text besteht aus 15 Kernsätzen (siehe S. 224).

Das Eine und das Selbst

Zunächst wird in zu Beginn des Textes mit äußerstem Nachdruck auf die klassische hermetische Formel: „Wie oben, so unten" hingewiesen, die im Grunde genommen schon alles Wesentliche zusammenfasst: Der Mensch als Mikrokosmos, die ihn umgebende äußere Realität, seine Um- und Mitwelt und der Makrokosmos werden als eng aufeinander bezogene Elemente eines ganzheitlichen Systems gesehen.

Darüber hinaus weist die Formulierung „ist wie das" auch auf die Notwendigkeit eines Denkens und Erlebens in Symbolen, Entsprechungen und Analogien hin. Unbewusste psychische Vorgänge (und nicht nur diese, sondern, streng genommen alles, was wir überhaupt erkennen können) stellen sich uns in Form von symbolischen Gestaltungen dar, die auf etwas verweisen, das uns letztlich unbekannt bleibt.

Das „Eine", auf das sich der Text immer wieder bezieht, hat nun zwei Aspekte: Es ist einerseits das allumfassende Eine, das Absolute, die Schöpfung, das Mysterium, das in den Religionen mit den unterschiedlichsten Namen belegt wird, das gesamte denk- und vorstellbare Universum oder die Summe aller Universen mit den in ihnen wirkenden Kräften und

Gesetzmäßigkeiten. Anderseits spiegelt und manifestiert sich dies allumfassende „Eine" im Kleinen der konkreten materiellen Schöpfung, in den vielfältigen individuellen Formen des Lebens. „Es" offenbart und manifestiert sich im evolutionären Prozess und letztlich im Menschen und in der Ganzheit seines Selbst.

Wenn in diesem Aufsatz hauptsächlich eine tiefenpsychologische Interpretation versucht wird, dann symbolisiert dieses „Eine" oder auch dies „Es" dasjenige, aus dem alle Wunder der Schöpfung hervorgehen, also auch das unbewusste Selbst des Menschen. Der ganze folgende Prozess lässt sich dann als Weg der Selbst-Bewusstwerdung von der Ursprungseinheit bis hin zur höchsten Manifestation, dem „kosmischen" Menschen, verstehen.

Der Selbst-Begriff wird in der Analytischen Psychologie wesentlich weiter gefasst als in der Umgangssprache oder auch in der Psychologie. Das Selbst meint nicht nur das Ich-Bewusstsein als Teilaspekt der Persönlichkeit oder das Bild und die Vorstellungen, die man von sich selbst hat, sondern meint die überaus komplexe und paradoxe bio-psycho-soziale Einheit, Ganzheit und Vollständigkeit des individuellen Menschen.

Das Selbst ist das „Gesamtsystem" Mensch in seiner unauflösbaren Beziehung und Wechselwirkung mit seiner Mit- und Umwelt. Der größte Teil des Ganzen des Menschen ist aber unbewusst und prinzipiell auch nur zu einem sehr kleinen Teil jemals bewusstseinsfähig. Deshalb ist der Mensch schon immer auf der Suche nach sich selbst – oder seinem „wahren" Selbst gewesen – und war immer schon auf Symbole oder sehr paradoxe, abstrakte Begriffe angewiesen, um diese Ganzheit darzustellen.

In seinen höchsten Ausdrucksformen oder Erlebensmöglichkeiten stellt sich das Selbst als eine umfassende, alle Gegensätze – wie Oben und Unten, Innen und Außen, Makrokosmos und Mikrokosmos, Materie-Energie, Körper-Seele/Geist – verbindende Einheit dar. Diese Einheitserfahrung kann dabei paradoxerweise als absolute Leere, als das reine Nichts, als die Stille und das Schweigen, wie auch als unendliche, ewige Fülle und Potenz erlebt werden. In ihr scheint latent alles enthalten, was jemals existiert hat und noch existieren wird. Sie erscheint als ewig seiend und nicht seiend zugleich, als Dimension, die alles durchdringt und alles transzendiert, keine fassbare Gestalt besitzt, jenseits von Gut und Böse, Licht und Dunkelheit, Struktur und Dynamik, von Liebe und Hass steht.

Das scheint das Äußerste, Höchste und Tiefste zu sein, was sich über das Selbst aussagen lässt. Alles weitere ist dem menschlichen Bewusstsein nicht zugänglich und wird ihm vermutlich immer unzugänglich bleiben, denn das, was vor oder hinter diesen Aussagen ist, ist das Unerkennbare, das schöpferische „Mysterium", der „Urgrund" und der Ursprung dessen, aus dem Sein und Bewusstsein erst hervorgehen. Dieser Ursprung ist nach all dem, was wir heute sagen können, nicht bewusstseinszugänglich und eben nur noch in Paradoxien wie Nichts und Sein, Leere und Fülle, Einheit und Vielfalt nennbar.

Die kosmische Energie

Die nächste, unserem Bewusstsein und Vorstellen aber ein wenig zugänglichere Darstellungsweise des Selbst ist die einer reinen Energie oder einer schöpferischen Intelligenz, die alles Existierende und Seiende durchflutet, zur Manifestation bringt, gestaltet und belebt. Die Alchemisten hofften ja, diese Ur-Energie auch in der Materie zu finden, sie dort gar zu befreien oder zu erlösen, um sie dann in eine höhere Manifestation zu überführen. Eng verbunden mit der Vorstellung, dass das letzte Prinzip so etwas wie eine allumfassende und alldurchdringende Geist-Energie ist, ist die Fantasie des Selbst als Kosmos. Das Selbst wird dabei verglichen oder erlebt wie die unendliche Weite und unfassbare Tiefe des Universums mit seinen zahllosen Galaxien und Sternen, der Materie und Anti-Materie und den kosmischen Kräften und Energien.

Die universale kosmische Geist-Energie kann sich dann in Unter- oder Teilenergien differenzieren, die eine jeweils spezifische Wirkung haben. In der jüdischen Kabbalah beispielsweise finden wir diese Auffassung in der Vorstellung des Lebensbaums und den zehn Sephiroth. Wir finden sie auch in der alten Astrologie, wo die Sonne, der Mond und die Planeten als Energiezentren verstanden wurden, die mit ihren Strahlen Einfluss auf das Schicksal und den Charakter der Natur, der Lebewesen und der Menschen auf der Erde nehmen. Manchmal wird diese Energie oder Kraft auch als Urmensch – Anthropos – oder Gottheit in menschenähnlicher Gestalt (z. B. der Mensch gewordene Logos oder Christus) oder als Engel erfahren. Dabei kann eine solche Gottheit als der Urheber und Gestalter des Universums, der aber nicht mit dem Universum identisch ist, gesehen werden oder auch als Gottheit, die in allem Geschaffenen lebt und wirkt. Hildegard von Bingen berichtet von einer Vision, in welcher sie eine „schöne menschliche Gestalt" erblickte, die sich mit folgenden Worten zu erkennen gab:

Ich bin jene höchste glühende Kraft, die alle Lebensfunken aussendet.
Der Tod hat keinen Teil an mir, und doch bin ich es, der ihn zumisst,
weswegen ich mit Weisheit, wie mit Flügeln umgürtet bin.
Ich bin jener lebendige, glutvolle Geist der göttlichen Substanz, der in
der Schönheit der Felder glüht.
Ich leuchte im Wasser, ich brenne in der Sonne, im Mond und in den
Sternen.
Mein ist jene geheimnisvolle Kraft des unsichtbaren Windes.
Ich erhalte den Lebensodem alles Lebendigen.
Ich atme im grünen Pflanzenwuchs und in den Blumen;
und wenn das Wasser lebendigen Wesen gleich herniederfließt,
so bin ich es. Ich habe jene Säulen geformt, die die ganze Erde tragen
[...].
Sie alle leben, weil ich in ihnen und ein Teil des Lebens bin.
Ich bin die Weisheit.
Mein ist das Brausen des donnergleichen Wortes, durch welches alle
Dinge erschaffen wurden.
Ich durchdringe alle Dinge, auf dass sie nicht sterben.
Ich bin das Leben.
                                    (Zit. nach Radhakrishnan, 1958, S. 311)

Solche Bilder des Selbst, wie sie in seltenen Träumen und Visionen erfahren wurden, weisen auf die Tatsache hin, dass wir eigentlich „kosmische" Wesen sind, die mit allem anderen Existierenden verbunden sind. Wir tragen in uns die gleichen Elemente und Energien, die auch im Kosmos wirksam sind. Heute wissen wir, dass diese Aussage nicht nur in einem psychologischen und symbolischen Sinne, sondern auch in einem ganz konkret-materiellen Sinne wahr ist, so dass sich die Aussage der „Tabula Smaragdina" in jeder Hinsicht bestätigt.

Unser inneres Selbst und das äußere Universum sind zwei Seiten des gleichen Prozesses. In uns sind noch immer die Energien, Elementarteilchen und Atome wirksam, die sich bereits beim Ur-Knall vor vielleicht 15 Milliarden Jahren ins Universum ergossen haben, die sich dann ständig modifiziert, differenziert und transformiert haben, bis daraus Materie, Leben und Bewusstsein entstehen konnte. Diese Energien und Teilchen mit den ihnen innewohnenden Eigenarten, Gesetzmäßigkeiten und Möglichkeiten sind auch unsere Basis. Wir sind voll von vorwärtstreibender, aktiver, explosiver Energie, wir sind aber auch träge und um uns herum kreisend, wir ziehen uns an und fühlen uns angezogen, wir stoßen uns ab und fühlen uns abgestoßen, in uns ist Leere und Fülle. Alles, was wir in uns tragen, verdanken wir der Energie, die sich in der kosmischen Ur-Explosion offenbarte. Wir leben von und in dieser Energie, wie wir von der Sonne und der Luft leben.

Die Erde und unser Körper

Aber wir bestehen nicht nur aus elektromagnetischen Schwingungen, Atomen und Molekülen, aus Ausdehnung und Zusammenziehung, Anziehung und Abstoßung, sondern wir sind viel mehr. Wir sind Erdbewohner und Lebewesen. So heißt es weiter in der Tabula Smaragdina:

> 4. Die Sonne ist sein Vater, der Mond seine Mutter.
> 5. Der Wind hat es in seinem Bauch getragen.
> 6. Die Erde ist seine Amme.
> 7. Es ist die Ursache aller Vollendung in dieser Welt.

Die vier Elemente – Feuer (Sonne – die Sonne bezeichnet nicht nur das Licht und die Sonnenenergie, sondern auch das Element Feuer), Wasser (Mond – der Mond symbolisiert in der Alchemie häufig das Wasser-Element), Luft und Erde – waren in der Antike (z. B. bei Empedokles oder Aristoteles) wie auch in der Hermetik vier Grundprinzipien, aus denen die Welt aufgebaut war. Ebenso war der Mensch, der als Ausdruck und Spiegel dieser Welt wie auch des Universums aufgefasst wurde, aus diesen Elementen zusammengesetzt. Auch wenn wir viel mehr Grundelemente kennen, so scheint es uns heute wieder richtig bewusst zu werden: Wir sind tatsächlich Geschöpfe des Meeres, des Wassers, der Erde, des Lichtes, des Feuers, der Luft. Diese Elemente sind nicht nur in uns als Basis unseres Lebens, sondern wir haben uns auch in Laufe der Jahrmillionen durch die Begegnung und Auseinandersetzung mit diesen Elementen entwickelt. Sie haben auf uns eingewirkt, und wir haben auf sie geantwortet.

Diese innige Verwobenheit mit der uns umgebenden Natur hat sich zutiefst in unserem Organismus, unserem Selbst niedergeschlagen. Jede Zelle von uns erinnert sich daran und ist auf ein ausgewogenes Zusammenspiel dieser Elemente der Erde ins uns und außerhalb von uns angewiesen. Keine Zeit hat das deutlicher und leidvoller gespürt als unsere. Und das große Mandala, das Ganzheitssymbol unserer Zeit, das uns allen Heilung bringen könnte, ist die Erde, die „Eine Welt", der eine große lebende Organismus, in dem wir leben und von dem wir abhängig sind wie ein Fisch im Wasser.

In vielen religiösen Texten und in vielen Träumen wird die Dynamik und Ganzheit des Selbst durch Vorgänge in der Natur symbolisiert.

Da ist der Wechsel von Tag und Nacht, von Hell und Dunkel, von Sonne und Mond, der Jahreszeiten – wie sehr kennen wir diese Abfolge in unseren Stimmungen und Gefühlen, in unseren Lebensphasen.

Da ist der weite, leuchtende, blaue Himmel über uns – das „ewige" Selbst – die dahinziehenden, sich ständig verändernden, sich mal verdichtenden, mal auflösenden Wolken – das Ich und unsere Persönlichkeit.

Da ist die Tiefe und Weite des Meeres, in das alle Flüsse münden, so wie wir zurückkehren können in unseren Ursprung.

Da ist der Wind, der weht, wohin er will, wie der freie schöpferische Geist, der uns inspiriert, „begeistert" und „beflügelt".

Da ist das Wasser des Lebens, „der Lauf des Wassers", das seiner Eigengesetzlichkeit folgt, wie auch wir unserer seelischen Dynamik und Energie folgen lernen können, damit unser Leben in Fluss kommt oder bleibt und man sich wirklich lebendig fühlen kann.

Wie wichtig dieses Gefühl des Lebendigseins ist, schreibt Marie Luise von Franz, kann man sich am besten vergegenwärtigen, wenn man einen Menschen beobachtet, der im Außen alles besitzt, was er sich wünscht, oder in der Lage ist, alles zu erreichen.

> Wenn er jedoch nicht mit dem Fluss des inneren Lebens übereinstimmt, was nützt ihm das alles? Gewöhnlich projizieren die Menschen den Fluss des Lebens in äußere Objekte und denken, wenn sie eine andere Frau hätten oder mehr Geld oder ähnliches, dann wäre alles in Ordnung. Das ist pure Projektion, wie man feststellen kann, wenn jemand all das hat, denn dann erkennt man, dass es das nicht ist. Was der Mensch wirklich sucht, auch in der

Projektion auf äußere Dinge, ist das Gefühl, lebendig zu sein. Es ist das Höchste, was man erreichen kann, zumindest in diesem Leben, und darum wurde es immer wieder zum Gleichnis für jede Art religiöser mystischer Erfahrung, weil diese am ehesten ein solches Gefühl vermittelt. Mittelalterliche Mystiker z. B. pflegten zu sagen, dass die innere Gotteserfahrung der „Brunnen des Lebens" sei, und die Zen-Buddhisten sagen, die Erfahrung der Erleuchtung gleiche einem Trunk kühlen Wassers nach dem Durst in der Wüste.

(Franz von, 1985, S. 43)

Und nun der nächste Satz aus der „Tabula Smaragdina":

8. Seine Kraft ist voll, wenn es zur Erde wird.

Wir sind nicht nur die einzelnen Kräfte und Elemente des Universums und der Erde, sondern wir sind eine einzigartige Verdichtung dieser Elemente in einer Form, die ein ganzheitliches Leben hervorzubringen vermag. Die Energie des Universums findet ihren – soweit es uns bisher bekannt ist – höchsten, komplexesten Ausdruck im menschlichen Organismus, unserem Körper, welcher wiederum das Bewusstsein ermöglicht und trägt.

Es ist heutzutage nur noch schwer nachzuvollziehen, wie es nachdenklichen und intelligenten Menschen früherer Zeiten möglich gewesen sein konnte, den Körper herabzuwürdigen, ihn als einen Klumpen bloßer, dummer, triebhafter Materie anzusehen, den man möglichst abzutöten, zu quälen und zu unterdrücken hatte. Wenn man allerdings genauer hinschaut, findet man auch heute noch viele Spuren der alten Körperfeindlichkeit, besonders überall da, wo der Körper und seine Bedürfnisse als nieder und primitiv angesehen werden, im Sport oder in den übertriebenen Perfektions- und Fitness-Fantasien des erfolgreichen Menschen von heute, in denen der Körper als Objekt des Ehrgeizes und als Maschine bis ins letzte ausgebeutet wird.

Weder in den Wissenschaften, in der Medizin, noch im Erziehungswesen wird uns vermittelt, dass unser Körper eigentlich „der Tempel des Heiligen Geistes" (1. Kor 6,19) ist, ein einzigartiges Wunder, der allerhöchste Verehrung verdient. Auch in der Psychologie und Psychotherapie war diese Abwertung lange Zeit stark zu spüren. Körperliche Aspekte des seelischen Befindens wurden ignoriert, der Körper wurde lediglich als

Ausdruck des Psychischen gesehen. Erst allmählich gelangen Medizin, Biologie und Psychologie dazu, unseren Organismus als unauflösliche und untrennbare psychosomatische Einheit zu sehen.

> Seele und Körper sind wohl ein Gegensatzpaar und als solches der Ausdruck eines Wesens, dessen Natur weder aus der stofflichen Erscheinung noch aus der inneren unmittelbaren Wahrnehmung erkennbar ist. Man weiß, daß eine altertümliche Anschauung aus dem Zusammenkommen einer Seele mit einem Körper den Menschen entstehen läßt. Es ist aber wohl richtiger, zu sagen, dass ein unerkennbares lebendiges Wesen – über dessen Natur schlechthin nichts auszusagen ist, als dass wir damit undeutlich einen Inbegriff von Leben bezeichnen – äußerlich als stofflicher Körper erscheint, innerlich angeschaut aber als Folge von Bildern der im Körper stattfindenden Lebenstätigkeit. Das eine ist das andere, und der Zweifel befällt uns, ob nicht am Ende diese ganze Trennung von Seele und Körper nichts sei als eine zum Zwecke der Bewusstmachung getroffene Verstandesmaßnahme, eine für die Erkenntnis unerläßliche Unterscheidung eines und desselben Tatbestandes in zwei Ansichten, denen wir unberechtigterweise sogar selbständige Wesenheit zugedacht haben.
>
> *(Jung, GW 8, 387 f.)*

Wie sehr sich in unserer Körper-Seele-Einheit die ganze bisherige Evolution auf dieser Erde zusammenfasst, versucht der Astrophysiker Brian Swimme in poetisch-mystischer Sprache nahe zu bringen:

> Denk daran, wieviele Geschöpfe in unserer Ahnenreihe daran beteiligt waren, unsere Finger zu erschaffen! Wenn du deine Hand hebst, hebst du gleichzeitig die unermessliche Vielzahl von Experimenten, die zu dieser Hand geführt haben. Hier in der Hand vor dir, hältst du die Geschichte aller großen Ereignisse des Universums: Die biologische Entwicklung, die Explosion der Supernova, alle bedeutenden Momente der vergangenen zwanzig Milliarden Jahre werden damit erinnert.
>
> *(Swimme, 1991, S. 97)*

Nein, unser Körper ist nicht ein niederes Produkt, sondern der bestmögliche und großartigste Ausdruck, die verdichtetste und weisheitsvollste Form der Energie und der Intelligenz des Universums und seiner langen Geschichte. Der Körper ist ein Geschenk der Schöpfung und aller Vorfahren an uns, das beginnen wir heute glücklicherweise deutlicher zu sehen.

> Wie ist es möglich, dass ein Wesen mit solchen feinen Juwelen wie den Augen, solch zauberhaften Musikinstrumenten wie den Ohren und einer so großartigen Arabeske aus Nerven wie dem Gehirn sich selber als irgendetwas Geringeres als einen Gott erleben kann?
> Wenn man dann noch berücksichtigt, dass dieser unendlich subtile Organismus von den noch zauberhafteren Gebilden und Mustern seiner Umgebung, von den winzigsten elektrischen Phänomenen bis hin zu all den Milchstraßen, nicht zu trennen ist – wie soll man dann noch begreifen, dass diese Inkarnation alles Ewigen sich vom Sein angeödet fühlen kann?
>
> *(Watts, 1980, S. 139)*

„Seine Kraft ist voll, wenn es zur Erde wird", das könnte heißen: Das Selbst als die Summe der Kräfte und der Intelligenz des Universums findet seinen vollsten Ausdruck in der Verleiblichung des menschlichen Körpers.

Das ist im Kern auch das Revolutionäre der Alchemie, dass sie nämlich den Geist in der Materie suchte und fand und nicht irgendwo in fernen Himmeln. Und das ist das Revolutionäre der Analytischen Psychologie, dass sie das Ziel der Individuation in einer Ganzheit sieht, die die Polaritäten miteinander versöhnt, die das Obere mit dem Unteren, das Bewusste mit dem Unbewussten und die Ganzheit des Selbst im konkret gelebten Leben verwirklicht sieht.

Aber diese Verleiblichung und Verdichtung des Selbst im menschlichen Organismus hat auch einen Preis: Er ist begrenzt und endlich, mit Leiden, Krankheiten und Sterben behaftet. Und so schwer es uns auch fällt, dies einzusehen: Gerade in dieser Endlichkeit und Sterblichkeit liegt die große Chance der Bewusstwerdung unserer transpersonalen, kosmischen Natur. C. G. Jung schrieb, dass man das Gefühl für das Grenzenlose nur erreichen könne, wenn man auf das Äußerste begrenzt sei. In dem Erlebnis: „Ich bin nur das!" und indem man sich als einzigartig erkenne in seiner persönlichen Kombination, habe man die Möglichkeit, sich auch des Grenzenlosen bewusst zu werden (vgl. Jung/Jaffé, 1962, S. 328). Diese Einsicht in die äußerste Begrenztheit unserer persönlichen Existenz in jeder Hinsicht öffnet uns für die Unbegrenztheit unserer transpersonalen Existenz. Darin liegt der tiefere Grund, warum das „Stirb und Werde" im Zentrum jedes Prozesses der Selbst-Findung steht.

Brian Swimme stellt die Frage: „Was hat der sich entfaltende Kosmos davon, bestimmte Geschöpfe – die Menschen – zu enthalten, die sich ihres eigenen Todes bewusst sind?" Und er gibt die Antwort:

> Um uns das Abenteuer des Lebens tiefer empfinden zu lassen, um die Dramatik jedes Augenblicks zu unterstreichen. Das Universum verlangt sehnsüchtig danach, sich zu zeigen. Das Universum repräsentiert jenes unnennbare Mysterium, aus dem das Leben hervorscheint. Wie sonst könnte das Universum seinen eigenen umwerfenden Wert spüren? Wie anders als durch eine menschliche Spezies, die sich ihres eigenen Endes bewusst ist? Innerhalb des menschlichen Selbst-Bewusstseins lässt sich ein Funke der unendlichen Kostbarkeit allen Lebens spüren, und dazu wären wir bestimmt nicht fähig, wenn wir uns des Todes nicht bewusst wären. [...]
> Würdige dein Todesbewusstsein als Geschenk des Universums an dich. Wenn dir dieser Weg, den unendlichen Wert jedes Augenblicks zu sehen, nicht gegeben wäre – was sonst würde dich dazu bringen, dein Leben zu leben? [...]
> Das Aufregende gerade an unserer Zeit ist die drohende Vision unseres Todes als Spezies, der Tod unseres ganzen Planeten. Sicher, das ist angsteinflößend, schrecklich und entsetzlich. Doch gerade diese Erkenntnis birgt die Macht, unsere tiefsten Reichtümer freizusetzen. Wir können nicht mehr länger mit unserem bisherigen Weltbild leben. Wir wissen, dass wir etwas zu tun haben, dass wir etwas verändern und neu schaffen müssen, und zwar in der grundsätzlichen Sicht der Dinge [...].
> Wir unternehmen gerade die ersten Schritte hinein in die planetarische und kosmische Dimension des Lebens, indem wir unser anthropozentrisches modernes Zeitalter verlassen, um in das erwachende kosmozentrische Universum einzutauchen.
>
> *(Swimme, 1991, S. 112 ff)*

Mit diesen Aussagen über den Sinn der Zerstörung und des Todes gelangen wir noch ein wenig über das Wunder des Körpers, des psychophysischen Organismus hinaus, um zum Ziel aller Suche, dem „Stein der Weisen", zu finden: der Bewusstwerdung des transpersonalen Selbst.

Der Prozess der Selbst-Bewusstwerdung

In der „Tabula Smaragdina" heißt es nun weiter:

> *9. Scheide die Erde vom Feuer, das Feine vom Groben,*
> *sanft und mit großem Verständnis.*

Diese Stelle der Tabula Smaragdina bezieht sich auf den alchemistischen Prozess des „Löse und verbinde". „Solve et coagula" lautete der zentrale alchemistische Grundsatz. In einem sich ständig wiederholenden, zyklischen Prozess wurde die zu wandelnde Substanz in ihre Elemente zerlegt, gereinigt und neu zusammengefügt, damit hieraus schließlich das Gold oder der Stein als die »Quinta essentia« hervorgehen konnte. Dieser Prozess konnte entweder vier, sieben oder zwölf Stunden umfassen.

Das »Lösen und Verbinden« als wissenschaftliche Grundmethode wird auch in der tiefenpsychologischen Analyse angewendet. Durch die Analyse (Unterscheidung, Differenzierung, Bewusstmachung) unbewusster Persönlichkeitskomponenten und deren anschließende Integration in die Persönlichkeit (Synthese, Zusammenfügung) sollen neue, heilende Einsichten und Verhaltensweisen gewonnen werden.

Die alchemistische Analyse, die Unterscheidung von Erde und Feuer, vom Groben und Feinen, beginnt beim westlichen Menschen meist damit, dass er durch eine Krise, eine Trennung, ein Leiden dazu gebracht wird, sich über sich selbst und sein Leben Gedanken zu machen. Wenn er sich einem analytischen Prozess unterzieht und sich beständig fragt: „Wer bin ich eigentlich wirklich?" und „Was will ich eigentlich wirklich?", dann stößt er zunächst auf sein persönliches Unbewusstes, d. h. auf alle jene Aspekte, Seiten, Konflikte, seine Ängste und Minderwertigkeitsgefühle, seine Sehnsüchte nach Anerkennung und Liebe, kurz, jene Eigenschaften seines Wesens, die er bisher abgewehrt und unbewusst gehalten hat.

Er beginnt zu entdecken, von welchen unbewussten Motiven sein bisheriges Leben, von dem er vielleicht glaubte, er habe es bewusst und wissentlich gesteuert, wirklich gelenkt wurde. In diesem Bewusstwerden seiner unbewussten Motive kann er, wenn er seine Einsichten ins Leben integriert, mehr Lebendigkeit, Freiheit, mehr Selbstvertrauen und Beziehungsfähigkeit gewinnen.

„Sanft und mit großem Verständnis" weist auf die notwendige Vorsicht und Behutsamkeit hin, damit die Einheit und Ganzheit der Persönlichkeit durch den Prozess bewahrt und gefördert und nicht zerrissen oder gar zerstört wird. Ähnlich wie im therapeutischen Prozess war es in der Alchemie nötig, immer wieder in gutes Gleichgewicht zwischen einerseits stabilisierenden und andererseits dynamisierenden Aspekten zu finden.

10. Es steigt von der Erde zum Himmel und wieder herab zur Erde und empfängt die Kräfte des Oberen und des Unteren.

Die alchemistische Analyse ist aber mit der Bewusstmachung des persönlichen Unbewussten noch nicht zu Ende. Einige Aspekte der unbewussten Materie wurden zwar differenziert, aber die vertikale Dimension unserer Existenz ist damit noch nicht wirklich erfahren. „Es" ist noch nicht wirklich ganz zum transpersonalen Himmel gestiegen und hat noch nicht die Kräfte des Oberen und des Unteren empfangen. „Es" ist gewissermaßen nur ein wenig aufgestiegen und hat dann Halt gemacht. Denn wenn die Fragen: „Wer bin ich eigentlich wirklich?" und „Was will ich eigentlich wirklich?" konsequent weitergefragt und weitergefühlt werden, dann entdeckt man unweigerlich, dass das persönliche Ich-Erleben und die persönliche Lebens- und Erfahrungsgeschichte nur ein Aspekt der Existenz sind.

Man entdeckt, dass man auch einen unpersönlichen, transpersonalen Aspekt in sich trägt, dass hinter dem persönlichen Ich-Willen und dem Ich-Bewusstsein noch ein anderer Wille wirksam ist, gewissermaßen ein evolutionärer, kosmischer Wille, der ins Leben, ins Bewusstsein und in die Gestaltung hineindrängt. Man entdeckt, dass das, was man für das Ganze seiner Existenz hielt – das persönliche Ich und die persönliche Welt – getragen und umfangen wird von einem wesentlich größeren und umfassenderen Untergrund oder einer Einheitswirklichkeit. Und diese bewusste Entdeckung kann einer Revolution, einer kopernikanischen Wende gleichkommen.

Was passiert, wenn sich unser Bewusstsein aus der Verfangen- und Verwobenheit mit den alltäglichen Problemen herauslöst, „nach oben" steigt, eine neue Perspektive gewinnt, wie z. B. bei Jung, der in Afrika die wilden Tiere grasen sah, wie sie schon seit Urzeiten gegrast hatten oder wie ein Astronaut, der vor sich die Erde in der Weite und Tiefe des Universums liegen sieht? Was passiert, wenn wir entdecken, dass sich in uns das ganze Universum verdichtet und kulminiert? Was passiert, wenn wir entdecken, dass wir von der Schöpfung befähigt worden sind, diese unglaublichen Wunder der Existenz, wie sie sich im Universum, im Kleinen wie im Großen ereignen, zu sehen und an ihnen bewusst teilnehmen zu dürfen?

Was dann passiert, das können wir heute noch kaum sagen, denn wir befinden uns immer noch am Anfang eines wirklichen Erkennens und Erfassens unseres Seins „im Kosmos". Jeder von uns wird sich nach und nach seine Antworten auf die Fragen nach der rechten Einstellung und Lebensweise, die sich uns dann stellen, geben. Sie werden sich zum Teil mit dem decken, was die großen Religionsstifter bereits formuliert haben, sie werden aber auch viele neue Gedanken und Facetten haben, wie sie beispielsweise durch die Erkenntnisse der Analytischen Psychologie beigetragen wurden. Nach Aussage der „Tabula Smaragdina" haben wir jedenfalls dann, wenn die Kräfte des „Oberen" mit denen des „Unteren" vereinigt wurden, den „Stein der Weisen" gefunden, der es vermag, uns und die Welt allmählich zu verwandeln.

11. So wird dir der Ruhm der Welt gehören.
12. Und alle Dunkelheit wird von dir weichen.
13. Es ist die Stärke aller Stärken, denn es überwindet
alle feinen Dinge, durchdringt alles Grobe.
14. Darum werde ich Hermes der Dreimal Größte genannt,
der die drei Teile des Wissens der Welt besitzt.
15. Vollendet ist, was ich über das Werk der Sonne gesagt habe.

Leben in Freiheit, Licht, Liebe und Dankbarkeit

Das feurige Werk der Sonne ist das Werk der Bewusstwerdung in Freiheit und Liebe. Die Sonne und das Licht sind seit Urzeiten die machtvollsten und universalsten Symbole für die transpersonale und religiöse Erfahrung, die Bewusstwerdung des Selbst, die „Erleuchtung" des Menschen gewesen. Diese „Erleuchtung", die uns durch die Sonne geschenkt wird, bedeutet nicht nur ein zunehmend besseres Erkennen unserer inneren und äußeren Wirklichkeit und unseres kosmischen, transpersonalen Hintergrundes, sondern auch das Erleben von Energie, Intensität, Lebendigkeit und Freude, das Mit-Gefühl einer dankbaren, liebenden Verbundenheit mit allem, was ist und der Sehnsucht, dass eines Tages alle Wesen dieses Wunder in Freiheit feiern dürfen.

> Das Univerum verlangt von uns eine Antwort: Wachen wir auf? Verpflichten wir uns einer Vision der Schönheit, die den Ursprüngen unseres Feuers würdig ist? [...]
> Jeden Morgen im Bett erwachen wir zu dem Feuer, das all die Sterne erschaffen hat. [...].
> Hüten wir das Feuer? Schenken wir ihm unsere Verehrung? Erschaffen wir etwas Schönes für unsere planetarische Heimat? Dies ist das innerste Feuer deines Ich, und das innerste Feuer des ganzen Kosmos: Es darf nicht für Banalitäten oder Vergeltung vergeudet werden, nicht für Groll, nicht für Verzweiflung.
> Die Elemente wurden uns von den Sternen geschenkt, die komplexen organischen Verbindungen gab uns die junge Erde, die Informationsträger der Gensequenzen schenkten uns die Mikroorganismen, unsere Glieder und Organe verdanken wir höheren Lebensformen, und die sprachlichen Symbole, die unsere Gedanken und Gefühle tragen, dem Abenteuer Menschheit. Wir könnten nicht sehen, ohne die Arbeit derjenigen, die das Auge modelliert, und nicht hören, ohne diejenigen, die das Ohr geformt haben. Das Universum hat diese Geschenke erschaffen und uns damit überschüttet; unsere erste und tiefste Reaktion ist unendliche Dankbarkeit.
> Dasjenige, das all dies erschuf, sehnt sich nun nach unserer Kreativität, Hingabe und Arbeit, nach unserer Freude, sich bei vollem Bewusstsein in die kosmische Geschichte hineinzubegeben. [...]
> Uns ist eine begrenzte Anzahl von Lebenstagen gegeben [...].
> Wer könnte bestreiten, dass es einzig und allein darauf ankommt, bei diesem ehrfurchgebietendem Werk unseren Teil zur Gestaltung des Universums beizutragen?
>
> *(Swimme, 1991, S. 165f)*

Im Symbol spricht die Welt

Synchronizität und Sinnerfahrung bei C. G. Jung

Ingrid Riedel[19]

Mit seinem Konzept des Synchronizitätsprinzips hat Jung eine Verstehensbasis gegeben, von der aus die bisher voneinander getrennten Vorstellungen von der Psyche einerseits und von der Materie andererseits in ihrem Zusammenhang gesehen werden können. Im Synchronizitätsprinzip sah Jung zum ersten Mal einen empirischen Hinweis auf die Existenz eines „Unus mundus", wie er nach der Tradition der Naturphilosophie (inklusive der Alchemie) die eine Welt bezeichnet, in der alles mit allem zusammenhängt.

> Das Problem der Synchronizität hat mich schon lange beschäftigt und zwar ernstlich seit der Mitte der Zwanzigerjahre, wo ich bei der Untersuchung der Phänomene des kollektiven Unbewußten immer wieder auf Zusammenhänge stieß, die ich nicht mehr als zufällig in Gruppenbildung oder Häufung zu erklären vermochte. Es handelte sich nämlich um „Koinzidenzen", die sinngemäß dadurch verknüpft waren, dass ihr zufälliges Zusammentreffen eine Unwahrscheinlichkeit darstellt, welche durch eine unermessliche Größe ausgedrückt werden müsse.
>
> *(Jung, GW 8, §843)*

Als hierfür bekanntestes Beispiel führt er ein Erlebnis in seiner Praxis an. Eine recht rational eingestellte, emotional eher blockierte Patientin erzählte ihm einen Traum, in dem ihr ein goldener Skarabäuskäfer geschenkt wird. Schon dieser Traum löst große Überraschung und Verwunderung in ihr aus. Als zudem, noch während der Besprechung des Traums, ein vergleichbarer Käfer ins Behandlungszimmer eindringt – ein Rosenkäfer als der nächste europäische Verwandte des ägyptischen Skarabäus –, da ist sie überwältigt von diesem Zusammentreffen. Jung fängt diesen Käfer mit

---

19 Prof. Dr. Dr. Ingrid Riedel, Psychotherapeutin

der Hand und überreicht ihn ihr mit den Worten: „Da haben Sie Ihren Skarabäus."

Dieses sinngleiche, synchronistische Zusammentreffen von Traum und Außenwirklichkeit erschüttert den bisherigen, rein rationalen Standpunkt der Patientin und eröffnet ihr durch die Synchronizitätserfahrung hindurch die Ahnung einer Bedeutung hinter diesem Zusammentreffen sinnverwandter Ereignisse. Von da an bewegt sich etwas in ihrer Analyse.

Zwischenfrage: Warum aber interessierte es Jung überhaupt, warum interessiert es vor allem uns, über Synchronizität nachzudenken – wie es auch Theodor Seifert immer wieder tat, bis hin zu einer speziellen Veröffentlichung über dieses Thema?

Ich wage hierzu die These, dass es dabei letztlich darum geht, die Frage zu klären, ob in den uns zugeordneten, zugemuteten Ereignissen unseres Lebens, die man früher „schicksalhaft" nannte, Sinn zu finden ist. Dafür, ob es Sinn in den schicksalhaften Gegebenheiten unseres Lebens gibt, ist die Vorstellung einer Synchronizität zwischen Psyche und Materie bedeutsam.

So wie der Zusammenhang zwischen Körper und Psyche vor allem für das Verständnis psychosomatischer Prozesse und deren Bedeutung für Medizin und Psychologie wichtig ist – ein Zusammenspiel, das man auch unter synchronistischen Aspekten betrachten könnte – so scheint das synchronistische Zusammenspiel, das Ineinandergreifen von psychischer und stofflicher Wirklichkeit vor allem im Zusammenhang mit Sinnfindung für unser aller Leben relevant, stellen sich doch synchronistische Ereignisse vor allem im Umfeld starker psychischer Erschütterungen und Emotionen ein, so z. B. im Umfeld von Unglücks- und Todesfällen, wenn einem Vorausträumen ein analoges Ereignis folgt.

Synchronizität ereignet sich aber auch im Umfeld starker erwartungsvoller und freudiger Emotionen, z. B., wenn ein besonderer Traum von einem bevorstehenden Ereignis einer wirklichen glücklichen Begegnung vorausgeht. „Zufall?" so fragen wir uns dann. Aber manchmal konstellieren sich scheinbare Zufälle so häufig und so unausdenkbar eigenartig, dass es sich nach unserem Gefühl nicht mehr nur um die üblichen Zufälle handeln kann.

Wie aber wären diese Ereignisse dann zu verstehen? Es erscheint uns gewiss unheimlich, wenn einem zum Beispiel beim Studium des alt-sumerischen Inanna-Mythos auf einmal ein Windstoß in die ausgebreiteten

Seiten fährt und ausgerechnet die Textseite unwiederbringlich davonträgt, die davon spricht, wie die strahlend-göttliche Inanna sich aus eigenem Impuls heraus eines Tages aufmacht, in die Unterwelt zu gehen – und wenn zu eben dem Zeitpunkt, Tausende von Kilometern entfernt, eine nahe Freundin, auch eine strahlende Persönlichkeit, mit einem Gehirnschlag bewusstlos vom Fahrrad stürzt.

Auch wenn es uns unheimlich erscheint, so kommt es uns unter solchen Zusammenhängen doch nicht mehr nur wie ein „blindes Schicksal" vor, sondern doch eher wie ein sinnvoll angeordnetes. Und dies für möglich zu halten, lässt einen übergeordneten zugeordneten Sinn hinter diesem Ereignis erkennen, der es uns letztlich nicht schwerer, sondern doch leichter macht, solche Geschicke anzunehmen. Die Hypothese von der Synchronizität vermag diejenigen, die sich von ihr überzeugen lassen, letztlich auch zu trösten. Das ist der in ihr enthaltene Lebenswert.

Für Jung ist in diesem Zusammenhang wichtig, bei solchem Zusammentreffen unvorhersehbarer Ereignisse einerseits die Akausalität, das ursachelose Zusammenfallen, die akausale Kontingenz zu betonen, die sich mit keinem anderen Ereigniszusammenhang begründen lässt, andererseits aber doch den gleichartigen Sinnzusammenhang der beiden Ereignisse zu erkennen – so z. B. den gerade dargestellten Bedeutungszusammenhang jener Stelle im Inanna-Mythos mit dem zeitgleichen Sturz der Frau vom Fahrrad. Sogar die Rolle des Windes, der das bedeutsame Blatt des Inanna-Mythos hinweggreißt und ins Meer trägt, könnte man bedenken, hat er doch eindeutig physische Qualität, an die sich die reiche Symbolik anschließt, die mit Dynamik, Geist und Sinn zusammenhängt.

C. G. Jung spricht von Synchronizität, wann und wo er einem vom Kausalitätsprinzip unabhängigen, also akausalen Angeordnetsein solcher komplexen Ereignisse begegnet, die sich jedoch wie gleichsinnig zueinander verhalten. Er spricht von ihnen wie von Schöpfungsakten, die jeweils Ursachen ihrer selbst sind.

Was aber – oder gar wer? – ordnet diese komplexen Ereignisse an? Geht es noch bei Leibniz um eine prästabilisierte Harmonie, bei Schopenhauer um einen anordnenden überpersönlichen „Willen", – beide Philosophen haben Jung beeinflusst –, so geht es Jung in diesem Zusammenhang um archetypische Wirkfelder. Sie konstellieren sowohl das psychische wie das physische Geschehen und vermögen es sinngleich bzw. gleichsinnig zueinander in Beziehung zu setzen.

Wenn wir von Archetypen sprechen, sprechen wir nicht bereits von ausgeformten „archetypischen Bildern", sondern wir verstehen unter Archetypen die anordnenden Operatoren, bzw. die dynamischen Organisatoren von Wirklichkeit, nicht nur der psychischen, sondern auch der physischen. So schreibt Jung in einem Brief an Pauli vom 24. 10. 1953

> Psyche wie Materie sind beide als „Matrix" an und für sich ein X, d. h. eine transzendentale Unbekannte, daher begrifflich voneinander nicht zu scheiden, also praktisch identisch und nur sekundär verschieden als verschiedene Aspekte des Seins.
>
> *(Meier, 1992)*

Daraus ergibt sich die Konsequenz, so Jung weiter:

> Zu der Substanz des Psychischen gehören u. a. die psychoiden Archetypen [...]. Dem Archetypus eignet empirisch die Eigenschaft, sich nicht nur psychisch subjektiv, sondern auch physisch-objektiv zu manifestieren, d. h. er kann eventuell als psychisches inneres und zugleich als physisches äußeres Ereignis nachgewiesen werden. Ich betrachte dieses Phänomen als ein Zeichen für die Identität der physischen und der psychischen Matrix.

Schon am 30. 11. 1950, also drei Jahre früher, schrieb Jung in ähnlichem Sinne an Pauli:

> Die Erklärung hierfür suche ich bei der eigentlichen Natur des Archetyps, welche zeitweise die Konstanz des Kausalprinzips aufhebt und durch Kontingenz einen physischen und einen psychischen Vorgang einander assimiliert. Man kann dieses synchronistische Ereignis als eine Eigenschaft der Psyche oder der Masse [bzw. der Materie, Anm. d. Autors] beschreiben. In ersterem Falle würde die Psyche die Masse bezaubern, im letzteren würde umgekehrt die Masse die Psyche behexen. Es ist daher wahrscheinlicher, dass beide die gleiche Eigenschaft haben, dass sie beide hintergründlich kontingent sind und, unbekümmert um ihre eigenen kausalen Bestimmungen, ineinander übergreifen. Eine andere Möglichkeit ist, dass weder die Masse noch die Psyche eine derar-

tige Eigenschaft besitzen, sondern dass ein dritter Faktor, dem sie zugeschrieben werden muss, vorhanden ist; ein Faktor, der im Bereich der Psyche und von da aus beobachtet werden kann, nämlich der (psychoide) Archetypus, welcher vermöge seiner habituellen Undeutlichkeit und „Transgressivität" zwei inkommensurable Kausalabläufe plötzlich (in einem sogenannten numinosen Moment) einander assimiliert, ein gemeinsames „Spannungsfeld" erzeugt oder sie beide „radioaktiv" macht.

(Meier, 1992)

Jung macht hinter die beiden physikalischen Begriffe „Spannungsfeld" und „radioaktiv" im Brief an Pauli ein Fragezeichen, da er sich in diesem Briefwechsel immer wieder vergewisserte, ob er diese versuchsweise angewandten Begriffe im Sinne der Physik auch richtig verwendet, auch wenn er sie hier ausschließlich zum Vergleich mit psychologischen Vorgängen gebraucht.

Pauli antwortet ihm freundschaftlich – man sieht ihn zwischen den Zeilen schmunzeln –, dass er, Jung, die physikalischen Vorstellungen manchmal wirklich mehr wie aktive Imaginationen oder Traumbilder verwende, und bringt ihm im darauf folgenden Brief den unter Physikern üblichen Gebrauch der entsprechenden Begriffe näher. Übersehen wir aber über diesen formalen Überlegungen die wichtige Aussage Jungs nicht, dass nämlich das Erlebnis von Synchronizität immer wieder so etwas wie einen „numinosen" Augenblick für die Erfahrung enthalte. Die Emotionalität, die damit verbunden ist, ja die Ergriffenheit, mache einen wesentlichen Faktor dieses Erlebnisses aus. Ich komme später noch einmal darauf zurück.

Jungs Vorstellungen von Synchronizität sind also nicht von Anfang an die gleichen geblieben, sondern haben sich, wie wir sehen, in dem Dialog mit Pauli gewandelt und ausgeformt. So diskutierte Jung mit Pauli ein erstes Vorstellungsmodell der Wirkfaktoren, die Synchronizität konstellieren, ein Koordinatenkreuz, in dem sich auf der Waagrechten Causalität und Correspondentia gegenüberstehen und begegnen, auf der Senkrechten hingegen Raum und Zeit. Pauli korrigiert, dass sich nach physikalischen Vorstellungen zwar Kausalität und Synchronizität gegenüberstellen ließen, nicht aber Raum und Zeit, die man sich in der neueren Physik nur noch als Raum-Zeit-Kontinuum vorstellen könne.

So einigten sich Jung und Pauli schließlich auf ein Denkmodell, ein Koordinatenkreuz, in dem sich auf der Waagrechten Kausalität (als der konstante Zusammenhang durch Ursache und Wirkung) und Synchronizität (als der inkonstante Zusammenhang durch Kontingenz) gegenüberstehen und zusammenwirken, während auf der Senkrechten die Energie (die nicht verloren gehen kann) dem vergänglichen Raum-Zeit-Kontinuum gegenübertritt. Weitere kritische Rückfragen Paulis an Jungs Konzepte gelten vor allem dessen starker Betonung des Psychischen, auch noch im Rahmen des Zusammenspiels aller Kräfte, die nach Paulis Sicht zur Überbetonung tendiert.

Das Symbol, durch das die Welt spricht

Verbunden also sind die beiden Ereignisse, das des psychischen und das des physischen Wirkfeldes, um die es bei den Synchronizitätsereignissen geht, vor allem durch eine Sinn-Verwandtschaft, so Jung. Um solche Sinn-Verwandtschaft von Ereignissen aber überhaupt wahrnehmen zu können, bedarf es meines Erachtens eines menschlichen Organs für den Sinn, der solchen synchronen Geschehnissen eigen ist. Es braucht ein Organ, den Sinn wahrnehmen zu können, der die beiden Ereignisse miteinander verbindet, ein Organ gleichsam fürs Symbolische und eine „symbolisierende Einstellung", wie Verena Kast die entsprechende Orientierung genannt hat.

Wenn Jung in seinem Aufsatz über den Kindarchetypus (GW 9/1, §291) schreibt, dass „im Symbol die Welt spreche", ist zuerst einmal gesagt, dass auch in dem psychischen Ausdruck, den das Symbol bildet, nicht nur die Psyche allein, sondern eben auch „die Welt", der Stoff der Welt spreche, dem die Psyche Bedeutung und Sinn gibt, indem sie den mit der Welt verbundenen Sinn Sprache verleiht. Wir haben also im Symbol – im symbollein der Gegensätze – im Zusammenfallen von Gegensätzlichem, eine zweite Verbindungsmöglichkeit zwischen Psyche und Welt, die vor allem in der Psychotherapie hoch relevant ist: bei der Arbeit mit Träumen, Fantasien, Imaginationen, Bildern und in der symbolisierenden Einstellung zu Lebenssituationen überhaupt.

Wie ist das zu verstehen?

Verständigen wir uns einmal kurz darüber, was ein Symbol überhaupt ist: kein Symbol ohne Stoff, ohne stofflichen Körper, mit dem zusammen es etwas bedeutet, den es gleichsam beseelt und dessen Bedeutung es erschließt. Ein Symbol ist ein Sinn-Zeichen, das einen Verweisungszusammenhang zwischen einem recht natürlichen Phänomen der Welt und dessen seelisch-geistiger Bedeutsamkeit enthält. So wird das botanische Phänomen Baum. zugleich mit übertragenen Bedeutungen wie Stammbaum, Lebensbaum oder gar Weltenbaum verbunden und damit wieder „beseelt" – Das natürliche Phänomen Mond kann mit den Gesetzmäßigkeiten von Werden und Vergehen, mit Schwangerschaft, Geburt und Tod verknüpft werden, so dass der Himmelskörper Mond Symbol für die Mondgöttin Selene werden und sie verkörpern kann. Kein Symbol also ohne stofflichen Körper, so wie der Mond als Himmelskörper, der Baum als pflanzlicher Organismus ihn haben. Aus dem Mond-Symbol wie aus dem Baum-Symbol spricht zugleich die Welt; der Baum, der wirkliche Mond der Außenwelt also, sind Träger vielfältiger übertragener Bedeutungen. Dies ist im Auge zu behalten, wenn wir Traum-Symbole oder Symbole, die in Imaginationen oder gemalten Bildern erscheinen, interpretieren wollen. Natürlich spricht auch aus ihnen die Welt.

Das Symbol also ist „lebender Körper, corpus et anima", so Jung (vgl. Jung, GW 9/1, §291), ein Vordergründiges verweist auf ein Hintergründiges, ein Äußeres auf ein Inneres, die externe Welt wiederum zurück auf den internen „Weltinnenraum", von dem auch ein Dichter wie Rilke spricht.

Innerhalb des Kontexts zu unserem Leitspruch macht Jung eine der bedeutsamsten Aussagen über den Zusammenhang von Psyche und Stofflichkeit, eine fundamentale Aussage über die Stoff gebundene Entstehung der für die Psyche so wesentlichen Symbole: „Die Symbole des Selbst entstehen in der Tiefe des Körpers und drücken dessen Stofflichkeit ebenso sehr aus wie die Struktur des wahrnehmenden Bewusstseins." (Jung, GW 09/1, §291)

Versuchen wir diesen Satz präzise zu verstehen: Symbole des Selbst, zu denen Kristall, Kreis, Kugel gehören, entstünden demnach in der Tiefe unseres Körperbewusstseins, unseres Körperselbst als einer abgegrenzten Ganzheit, der wir selber innewohnen; entstünden aufgrund der Pattern unserer Hirnstrukturen, auf denen unser Selbsterleben und all unsere Selbstwirksamkeit beruht. Darüber, wie stark unsere Hirnstruktur bzw. die in ihr verankerten Wahrnehmungsmöglichkeiten unsere Sicht und Auffassungsfähigkeit der Außenwirklichkeit bestimmen bzw. selektieren, weiß heutige Hirnforschung sehr viel mehr als man zu Jungs Zeiten wissen konnte.

Heutige Hirnforschung – so Gerald Hüther – bestätigt durchweg die „Macht der inneren Bilder", die unsere Wirklichkeitswahrnehmung bestimmen, findet also Analogien zu den Projektionspattern unseres Gehirns, die mit Jungs Vorstellung von geprägten und prägenden Archetypen übereinstimmen. Auch Jung geht weit in seiner intuitiven Spekulation über die stoffliche Basis der Psyche und die psychische Natur des Stoffes: So sagt er es, wie wir sahen, symbolisch im Bild des Strukturmodells der Psyche, auf das sich unsere heutigen Überlegungen beziehen: „Zuunterst" ist Psyche überhaupt „Welt".

Ein kühner Gedanke Jungs ist dies, der sich auf die aktuellen Fragestellungen der Hirnforschung nach der Verbindung zwischen Gehirn und Geist beziehen lässt. Stoff und Geist sind nicht zweierlei, sondern vielmehr unterschiedliche Modalitäten der gleichen Energie, vielleicht auch der gleichen kosmischen Information, bzw. Quanteninformation, wie der Physiker Thomas Görnitz in seinem Buch „Der kreative Kosmos" (2007) sie nennt, durchaus angeregt bei diesem Gedanken von Wolfgang Pauli und C. G. Jung. Unsere vom Gehirn getragene Psyche partizipiert demnach an den universalen chemischen Prozessen und letztlich an dem einen Stoff der Welt:

> Die tieferen „Schichten" der Psyche verlieren mit zunehmender Tiefe und Dunkelheit die individuelle Einzigartigkeit. Sie werden nach „unten», d. h. mit Annäherung an die autonomen Funktionssysteme zunehmend kollektiver, um in der Stofflichkeit des Körpers nämlich in den chemischen Körpern universal zu werden und zugleich zu erlöschen. Der Kohlenstoff des Körpers ist überhaupt Kohlenstoff.
>
> *(Jung, GW 09/1, §291)*

Das bedeutet nichts Geringeres, als dass Materie als anscheinend objektivierbare Außenwelt und Psyche als anscheinend immaterielle Innenwelt des Subjekts zusammengehören und letztlich zum Kontinuum der einen Weltwirklichkeit, des „Unus mundus" zählen. Andererseits ist es ein dringendes Anliegen vieler Zeitgenossen heute, in der Spätphase eines von der Subjekt-Objekt-Spaltung noch bestimmten Bewusstseins, über jene polarisierende Bewusstseinslage hinauszugelangen und durch Erkenntnistheorie einerseits sowie durch mystisch-meditative Erfahrungswege andererseits erlebnismäßige Zugänge zu der sogenannten einen Wirklichkeit der einen Welt, der Einheitswirklichkeit des „Unus mundus" zu gelangen, über die neben Jung auch Erich Neumann eindrucksvoll zu spekulieren wusste (z. B. in seinem Eranos-Vortrag: „Die Psyche und die Wandlung der Wirklichkeitsebenen".)

Kehren wir noch einmal zu unserem Motto „Durch das Symbol spricht die Welt" zurück, sowie zu dessen Fortsetzung „Die Symbole des Selbst entstehen in der Tiefe des Körpers und drücken dessen Stofflichkeit ebenso sehr aus wie die Struktur des wahrnehmenden Bewusstseins".

Symbole des Selbst also, wie beispielsweise Kugel, Kreis und Kreuz, entstünden demnach aus dem Erleben des Körpers, dessen Funktion und dessen Funktionieren weitgehend unbekannt sind, aus dem unbewussten Erleben heraus also, ein Eines und Ganzes zu sein, aber auch aus dem Erleben von Bewegungsfunktionen, von Liegen und Stehen. Aus dem Erfahren der dem Körper eingestifteten Kreuzungen aus Rückgrat und Schultern zum Beispiel könnte sich die Kreuzstruktur herleiten, auch als Symbol.

Schon in den steinzeitlichen Höhlenzeichnungen ist das Kreuz als Symbol für den Menschen vorhanden. Selbstverständlich liegen dem Ganzen die archetypischen Strukturen, die unserem Gehirn eingraviert sind, zugrunde. Kreis und Kreuz drücken in diesem Sinne die Stofflichkeit unseres Körpers, seine Beschaffenheit aus. Dass es aber zu diesen Symbolisierungen einer doch sehr komplexen organischen Wirklichkeit bzw. eines sehr komplexen Erlebens innerhalb dieser Wirklichkeit kommt, dies hängt mit der Struktur unseres wahrnehmenden Bewusstseins zusammen.

Zugleich verweisen natürlich Symbole und Bilder, die sich der Struktur unseres wahrnehmenden Bewusstseins verdanken, zurück auf die Welt. In den Symbolen spricht also die Welt. Innen und Außen, Außen und Innen gehören untrennbar zusammen. Was wir „Leib", was wir „Seele" nennen – jedenfalls jahrhundertelang so nannten – es sind zwei Wahrnehmungsweisen der gleichen Wirklichkeit. Das Symbol des Selbst, das dem Kosmos reflektierend und zugehörig gegenübersteht, besteht also seinerseits aus den Strukturen der Welt, symbolisiert durch eine vierfältige Kreuzstruktur im umfassenden Kreis.

„Das Symbol ist lebender Körper", „corpus et anima", fährt Jung fort, betrachtet es also als einen lebenden Organismus, der aus dem Dunkel des Unbewussten immer wieder neu geboren wird: „Darum ist das ‚Kind' eine so treffliche Formel für das Symbol" (vgl. Jung, GW 9/1, §291).

Vergessen wir nicht, dass Jung diesen Gedanken über das Symbol, über den Zusammenhang von Psyche und Materie in seinem Aufsatz „Zur Psychologie des Kindarchetypus" beschreibt. Das Kind ist hier also ein Archetyp bzw. ein dem Archetyp immer wieder neu entspringendes Symbol unbesiegbarer neuer Lebensmöglichkeit und –wirklichkeit, und es ist zugleich eine Formel für das, was das Symbol überhaupt ist, nämlich ein dem Bewusstsein geschenktes Kind des Unbewussten. In diesem Sinne hat es Materie, Korpus, einen zu einem konkreten Körper gestalteten Stoff, zusammen mit einer Seele, „Anima", mit Bedeutungsgehalt zu einer Einheit verbunden. Das Symbol des Kindes ist vielfältig verknüpft und verbunden mit der realen Wirklichkeit des Kindes, mit der ganzen Welt des Kindes.

Man versteht gewiss um so mehr von diesem Symbol, je mehr man vom wirklichen Kind in der Welt draußen versteht, je mehr man Bezug zu dem Kind hat, das man selbst einmal war, dem inneren Kind, das in Beziehung zum unbesiegbaren göttlichen Kind steht. So gibt das Symbol, wie die symbolisierende Einstellung zu den Dingen, zu den Erscheinungen der Welt, den Vorgängen in der Welt Bedeutung und Sinn und vermag über eine symbolisierende Einstellung die Synchronizitäten zu erkennen.

Der spät geborene Schmetterling, der im November die Wärme meiner Wohnung sucht und just in dem Moment eindringt, als ich die Batik-bilder meiner verstorbenen Freundin ordne, für die der Schmetterling auch auf ihren Bildern das Auferstehungssymbol schlechthin war – weiß nach menschlichem Ermessen nicht um diesen Sachverhalt. Er versteht weder Bilder noch Symbole – doch ich, in meiner symbolisierenden Einstellung, die Sinnzusammenhänge auch im scheinbaren Zufall sieht, ich erkenne eine synchronistische Anordnung, verbunden durch gemeinsamen Sinn-gehalt: Mir stellen sich die Haare auf vor Betroffenheit vor diesem Zusam-mentreffen, als gebe mir der Schmetterling ein Zeichen von meiner verstor-benen Freundin – oder als gebe der Kosmos, in den sie eingegangen ist, ein Zeichen dessen, dass er sie jetzt enthält, sodass ihre Energie oder vielmehr die komplexe Information, die sie war und ist, in der Weite des Kosmos nicht verloren ist, sondern sich mir mitteilt, jetzt auf mich überspringt, zugleich mit meiner Betroffenheit und Ergriffenheit.

Jedoch frage ich mich kritisch: Ist Synchronizität nicht vor allem eine Erfahrung unseres menschlichen Bewusstseins – und womöglich nicht mehr als dies –, vor allem dann, wenn unser Bewusstsein durch Kontakt mit dem Unbewussten eine symbolisierende Einstellung gewonnen hat? Und ist dann das synchronistische Ereignis wirklich so herausgehoben aus allen übrigen Ereigniszusammenhängen, wie Jung es immer wieder darstellt? Ereigniszusammenhänge müssen ja nicht mehr nur kausal gedacht werden, wie früher zu der Zeit, da auch für das physikalische Weltbild Kausalität unabdingbar war, sondern können heute in quanten-physikalischen Feldern gleichsam als archetypisch angeordnet betrachtet werden, wie Jung es sieht.

Könnte ein solcher akausaler Zusammenhang dann letztlich nicht überhaupt die Wirklichkeit bestimmen? Müssen die als synchronistisch erlebten Ereignisse wirklich so sehr aus dem allgemeinen Zusammen-hang herausfallen als wären sie einzelne Schöpfungsakte? Ist unter solcher Perspektive nicht eher die ganze Wirklichkeit der Welt als ein einziger anhaltender Schöpfungsakt zu verstehen?

Der Vogelschwarm, der sich vor dem Haus eines sterbenden Menschen niederlässt – Jung berichtet von diesem Beispiel (vgl. Jung, GW 8, §844ff) – weiß nach menschlichem Ermessen nicht von der symbolischen Bedeu-tung, die die Begleiter des Sterbenden ihm geben (in Übereinstimmung mit uralten symbolischen Menschheitstraditionen). Aber die symboli-sierende Einstellung dieser Menschen nimmt das symbolische Zusam-mentreffen zwischen dem Entweichen des Seelenvogels eines sterbenden Menschen und dieser Versammlung dunkler Vögel wahr. So gewinnen die Menschen eine Erfahrung, dass sich der Tod möglicherweise nicht nur blindem Zufall, sondern übergeordneter Anordnung verdankt. Damit findet man zu einer Ahnung von Sinn in diesem scheinbar sinnwidrigen Ereignis. Dies ist, wie gesagt, die existenzielle, die symbolische Bedeutung der Synchronizitätserfahrung, die uns immer dann wichtig wird, wenn wir über einem erschreckenden Ereignis die Orientierung zu verlieren, wenn Angst oder Erschütterung uns zu überwältigen drohen.

Andere Menschen wiederum, die keinerlei Bezug zum Symbolischen haben, hätten wohl weder den Vogelschwarm noch den Schmetterling überhaupt bemerkt oder ihn gar in Verbindung mit dem Sterbenden gebracht. Wären Vögel und Schmetterlinge in dieser Situation trotzdem erschienen? Man möchte es annehmen, denn diese erscheinen zu jenem Zeitpunkt doch in ihrem eigenen Lebenszusammenhang.

Mir scheint die Wahrnehmung von Synchronizität, also von sinnhaftem Zusammentreffen und Angeordnetsein von kausal nicht miteinander verbundenen Ereignissen, nicht nur punktuell, sondern grundsätzlich immer möglich zu sein. Hier unterscheide ich mich ausdrücklich von Jungs Sicht, der diese Ereignisse aus dem Zusammenhang anderer Ereignisse völlig herausgehoben haben wollte.

Ein Sinn schaffender und Sinn erkennender, eben symbolisierender Faktor in unserem Bewusstsein könnte die entsprechende Wahrnehmung ermöglichen: Es ist ein Archetyp des Sinnes, als anthropologische Konstante des Erlebens, des Erkennens und des Abbildens uns Menschen eingeprägt, durch den wir den Zusammenhang der Geschehnisse in der Wirklichkeit erfahren können.

Vor allem die mit archetypischen Vorgängen immer verbundene starke Emotion begleitet die Konstellation von Synchronizitäten und ist vielleicht doch die Bedingung ihrer Möglichkeit. Auch wenn Jung es ablehnt, in diesem Zusammenhang von einer Ursache zu sprechen. Die energiegeladenen archetypischen „Kerne" der Psyche scheinen mir wie ein Magnetfeld zu wirken und Sinnverwandtes anzuziehen. Könnte nicht z. B. eine starke Emotion wie Angst, Schrecken oder auch Hoffnung Bedingung der Möglichkeit sein, Synchronizität wahrzunehmen und – in manchen Fällen – womöglich sogar auszulösen?

Emotion entsteht wie das Symbol in der Tiefe des Körpers und vermag, aus dem Unbewussten aufsteigende und die Gegensätzlichkeit von Stimmungen und Erfahrungen überwindende Symbole zu gebären, deren energetischer Kern sie ist, während die Symbole wie Gefäße und bildhafte Verdichtungen der Emotion sind. Um die ursprüngliche Emotion herum könnte sich nach dieser Vorstellung eine Art von psychisch-energetischem Magnetfeld bilden, das gleichsinnige, sinnverwandte Emotionen und Symbolisierungen in seinen Bann zu ziehen vermag. Schließlich könnte sich in diesem Sinn ein symbolisches Feld konstellieren, innerhalb dessen sich Synchronizität ereignet und wahrzunehmen ist.

Meine eigenen Rückfragen an das jungsche Synchronizitätskonzept und meine Erwartung an mögliche Weiterentwicklung beziehen sich also:

1. auf die Rolle der Emotionen in Synchronizitätsereignissen;
2. auf die Rolle einer symbolisierenden Einstellung bei der Wahrnehmung;
3. auf die Frage danach, ob synchronistische Ereignisse wirklich so herausgehoben aus allen anderen Ereignisfolgen und Ereigniszusammenhängen gesehen werden müssen, wie Jung es versteht, oder, ob akausale Anordnung von archetypischen Feldern analog der Wirkungsweise quantenphysikalischer Felder nicht überhaupt die Wirklichkeit und deren Wirksamkeit ausmacht, die wir nur nicht immer wahrnehmen, für die wir nicht immer wach genug sind.

Der Dialog mit der Naturwissenschaft

Ich komme zurück auf den Dialog Jungs mit den Naturwissenschaften, zu dessen Weiterführung ich eine Brücke schlagen möchte. C. G. Jung entwickelte, wie wir sahen, eine Theorie der Psyche, in der Ordnung, Anordnung in einer nicht-kausalen Form möglich ist, in der sich das menschliche Erleben nicht in einer kausal bestimmten, temporalen Ordnung wiedergeben lässt. Diese neue Form der psychischen Ordnung bezeichnet Jung als Synchronizität. Zu deren Erklärung suchte er Anhaltspunkte und Argumente bei der neuen Physik, der Quantenphysik und wollte mit seinem Konzept nicht außerhalb der Wissenschaft stehen.

Jung war bekanntlich schon sehr früh fasziniert von der neuen Physik, der Quantenphysik und dem neuen Paradigma des quantentheoretischen Prinzips akausaler Zusammenhänge. Schon in seiner frühen Begegnung mit Einstein hatte er Gelegenheit gehabt, über die Relativität von Zeit und Raum und deren psychischer Bedingtheit nachzudenken.

Unter dem Eindruck und Einfluss der Physiker Niels Bohr und Wolfgang Pauli entwickelte er seinen wichtigsten Gedanken zur Synchronizität weiter – einem Prinzip, das ihn längst auch aus psychologischen Zusammenhängen heraus brennend interessierte. Letztlich interessierte es ihn aus der Frage heraus, wie in einem durch die vom Kausalitätsprinzip der Naturwissenschaften entseelten Universum wieder Sinnerfahrung möglich sei: Es ist für Jung zugleich „ein aus tiefster Not geborener Versuch, aufgrund einer präjudizierten Urerfahrung die Einheit von Leben und Sinn wiederzuentdecken."

Verstand sich doch Jung auch in der Tradition der älteren Naturphilosophie inklusive der Alchemie stehend, zu der zum Beispiel auch die

Vorstellung eines Steines gehört, der einen Geist enthält. Nun aber faszinierte ihn vor allem das neue Paradigma der Quantenphysik. Als Niels Bohr in seinem Atommodell hervorhob, dass die Elektronen im Atom ohne vorhergehende Ursache „Quantensprünge" von einer Umlaufbahn zu anderen vollführen könnten, enthielt dies die Vision einer neuen Ordnung. Für diese gewann Wolfgang Pauli entscheidende Bedeutung mit seinem Verständnis der atomaren Struktur und der Fähigkeit der Atome, miteinander in Beziehung zu treten und molekulare Strukturen zu entwickeln (das paulische Ausschließungsprinzip).

Im engen Kontakt mit Pauli entwickelte Jung, wie wir wissen, die Konzepte seiner Synchronizitätsvorstellung: Die Quantenphysik hat ein neues Paradigma, eine neue Form von Ordnung eingeführt, die sich nicht mehr als temporale oder kausale Ordnungsform betrachten lässt. Stattdessen tritt sie als sinnvolles Muster auf, das gewöhnlich im Nachhinein, manchmal aber auch sofort erfahrbar ist und bei dem mehrere Ereignisse, die nicht notwendig gleichzeitig oder am selben Ort stattfinden, miteinander im Zusammenhang stehen. Dieser Zusammenhang besteht nicht einfach darin, dass ein oder mehrere Ereignisse von einem oder mehreren Ereignissen funktionell abhängig wären. Und es ist auch kein teleologischer Zusammenhang (wie beim Baum, der im Samenkorn steckt). Wir können nicht im Blick auf einige der Ereignisse befinden, sie lägen den anderen Ereignissen im Gesamtmuster als Ursachen zugrunde. [...] Und doch gibt es zwischen den Ereignissen einen eindeutigen und völlig sinnvollen Zusammenhang", den man mit Physikern wie Fred Wolf unter Bezug auf Jung auch „Quantensynchronizität" nennen könnte.

Dass sich Pauli mit Jung austauschte, mag nicht nur primär an dem Kontakt zur Vermittlung einer Psychotherapie gelegen haben, aus der Jung das reiche Traummaterial Paulis übernahm, sondern an dem gemeinsamen Interesse an grundlegenden Strukturierungsprinzipien der psychischen und der physischen Natur.

Es sei ein für die Psychologiegeschichte bemerkenswertes Faktum, so Jürgen Kriz, dass führende Vertreter moderner Physik wie Pauli in Jung, „einen dezidiert an der ‚Psyche' interessierten Psychologen als Gesprächspartner wählten Ein wesentlicher Kern des Pauli-Jung-Dialogs war die gemeinsame Aufarbeitung des Archetypen-Konzepts, von dem sich beide ein Naturverständnis erhofften, das Psychologie und Physik gemeinsam umfassen könnte. Auch wenn die Strukturierung der Prinzipien in der physikalischen Theoriebildung stark vom Bewusstsein und dessen Strukturierungsmustern abhängen, ist Physik natürlich nicht auf Psychologie reduzierbar wie Psychologie erst recht nicht auf Physik.

Es geht vor allem um die Gewinnung einer gegenüber den Fachsprachen der beiden Wissenschaften neutralen begrifflichen Konzeption, wie Pauli in seinem Brief vom 31. 3. 1953 (vgl. Meier, 1992) an Jung unterstreicht: „Mit meiner Forderung nach ‚neutralen‘ allgemeinen Begriffen befinde ich mich auch in Einklang mit Ihrem von mir so fundamental empfundenen Artikel ‚der Geist in der Psychologie‘, wo Sie sagen: die Archetypen haben [...] eine Natur, die man nicht mit Sicherheit als psychisch bezeichnen kann. – Obwohl ich durch rein psychologische Überlegungen dazu gelangt bin, an der nur psychologischen Natur der Archetypen zu zweifeln." Pauli weiter: „Es scheint mir, dass Sie diese Zweifel unbedingt ernst nehmen und nicht doch wieder das Psychische zu weit ausdehnen sollten. [...] Ich ziehe es vorzusagen, dass Psyche und Stoff durch gemeinsame, ‚neutral‘ an sich nicht feststellbare Ordnungsprinzipien beherrscht werden (Anders als den Psychologen fällt es den Physikern sehr leicht, statt ‚das Unbewusste‘ z. B. zu sagen, das ‚U-Feld‘, womit die ‚Neutralität des Begriffs‘ schon hergestellt würde)." Das Unbewusste also versteht er als ein „Feld" – dies wiederum im Sinne der Quantenphysik.

Ein solcher neutraler Begriff könnte auch der des Archetyps sein, wobei, wie schon betont, es hier um anordnende Operatoren oder auch Attraktoren geht bzw. um dynamische Organisatoren von archetypischen Bildern, durch die wir die Archetypen als solche keinesfalls mit den üblichen statischen Vorstellungen von Bildern verwechseln dürfen. Eben diese Vorstellung von den Archetypen als anordnenden Operatoren wurde durch den Pauli-Jung-Dialog vertieft.

Für diesen Zusammenhang spielen auch die Archetypen der natürlichen Zahlen eine Rolle: Mit Pauli lässt sich fragen, warum eigentlich Naturgesetze in recht einfachen Relationen ausgedrückt werden können, wobei auch die natürlichen Zahlen eine zentrale Rolle spielen. Diese quasi qualitative Bedeutungsweise der natürlichen Zahlen, vor allem der ersten fünf, als Zahlarchetypen, geht bekanntlich auf gemeinsame Überlegungen von Pauli, Jung und Marie-Louise von Franz zurück, die an dem Dialog mit Pauli stark beteiligt war und auch eine freundschaftliche Beziehung zu ihm unterhielt.

Die Zahl-Archetypen sind als universelle Aspekte der Formierung von Symbolen zu betrachten – vergleichbar etwa der Funktion, die die linguistischen Universalien bei Chomsky spielen, sodass das zentrale Symbol des Mandala auf der Symbolik von 3 und 4 beruht.

Pauli hat allerdings in einem seiner Briefe an Jung am 27. 2. 1953 (vgl. Meier, 1992) im Blick auf dessen Vorstellungen vom Sein der Archetypen bzw. des Unbewussten überhaupt einen interessanten Interpretationsvorschlag gemacht, der zugleich typisch für sein Denken in quantenphysikalischen Kategorien ist, nämlich: „den aristotelischen Ausweg aus dem Konflikt zwischen „seiend" und „nicht-seiend" auch auf den Begriff des Unbewussten und der Archetypen anzuwenden, nämlich: beides als „der Möglichkeit nach seiend" zu benennen. Wörtlich schreibt er an Jung:

> Viele sagen heute noch, das Unbewusste sei „nicht seiend", eine bloße privatio des Bewusstseins [...] Die Gegenposition dazu ist die, das Unbewußte und die Archetypen, wie die Ideen überhaupt, an überhimmlische Orte und in metaphysische Räume zu verlegen. Diese Auffassung erscheint mir aber ebenso bedenklich und dem Gesetz des Kairos zuwider („Solange man Quaternitäten fern vom Menschen im Himmel aufhängt [...], werden keine Fische gefangen, der Hierosgamus unterbleibt und das psychophysische Problem bleibt ungelöst."). In dem angeschriebenen Analogie-Schema (das dem Brief beiliegt, Anm. des Autors), habe ich deshalb den 3. Weg beschritten, das Unbewußte (ebenso wie die Eigenschaften des Elektrons und der Atome) als „der Möglichkeit nach seiend" vorzustellen."

So schreibt Pauli hier den Archetypen eine Seinsform zu, die typisch für quantenphysikalische Zustände ist, die durch Möglichkeiten ausgezeichnet sind, und er fährt fort: „Diese Ganzheit des Menschen scheint in 2 Aspekten der Wirklichkeit hineingestellt. Die symbolischen ‚Dinge an sich', die der Möglichkeit nach seiend sind und die konkreten ‚Erscheinungen', die der Aktualität nach seiend sind [...] Das Zusammenspiel der beiden ergibt das Werden."

Pauli beteiligte sich kontinuierlich an der Ausformulierung des Konzepts der Synchronizität, mit dem also ein nicht-kausaler, aber sinnhafter Zusammenhang zwischen zwei Ereignissen, einem psychischen und einem physischen, bezeichnet wird, bei dem der psychische und der materielle Bereich korreliert erscheinen. Pauli akzeptiert sowohl aus seiner wissenschaftlichen als auch aus seiner Lebenserfahrung heraus, wozu die reiche Erfahrung mit seinen Träumen gehört, die Realität synchronistischer Ereignisse. Pauli wusste jedoch, dass Derartiges unter keinen Umständen statistisch nachzuweisen ist, wie es Jung in seinem Respekt vor mathematischen Methoden in einem seiner ersten Aufsätze zur Synchronizität noch versucht. In Briefen an Markus Fierz spricht Pauli über dieses Problem, für das Jung anfangs kein Verständnis hatte. Was statistisch überprüfbar und reproduzierbar ist, gehört zur Physik, die Synchronizität als solche gehört definitiv nicht dazu, sie ist vielmehr in dem Bereich zwischen Physik und Psychologie angesiedelt, der künftig zu erforschen ist. Letztlich ist die Synchronizität ein Phänomen der Sinnerfahrung, angeordnet vom Archetyp des Sinnes.

Das Synchronizitätskonzept wird heute unter Naturwissenschaftlern unter der Perspektive der Quantenphysik neu diskutiert. Bahnbrechend hierfür dürfte die vor nunmehr 15 Jahren von der ETH Zürich und dem C. G. Jung Institut gemeinsam veranstaltete Tagung zu dem Thema „Das Irrationale in der Naturwissenschaft – Wolfgang Paulis Begegnung mit dem Geist der Materie" gewesen sein, deren Beiträge von Atmanspacher, Primas und Wertenschlag-Birkhäuser (Atmanspacher, 1995) herausgegeben wurde. Es war Anliegen der Tagung, den Dialog zwischen dem Physiker Wolfgang Pauli und dem Psychologen Jung fortzusetzen. Im Hintergrund stand die voranschreitende Veröffentlichung des umfangreichen Briefwechsels zwischen Pauli und Jung durch C. A. Meyer und des gesamten Briefwechsels, z. B. mit Markus Fierz und den Jung-Schülerinnen Marie-Louise von Franz und Aniela Jaffé, durch Karl von Meyenn.

Im Jahr 2007 folgte eine zweite Konferenz der ETH auf dem Monte Verita in Ascona zum Thema „Die Bedeutung der Ideen Wolfgang Paulis für die zeitgenössische Wissenschaft". Das Thema stand in Verbindung mit den Hauptinteressen Paulis an der Symmetrie, der Verbindung von Geist und Materie, dem Wesen der Zeit, der Zahlen und last, but not least der Synchronizität, die in den Vorträgen von Hans Primas, Francois Martin und Joachim Kluger aufgegriffen wurden und schließlich auch von dem Mathematiker Alain Connes verteidigt wurde. Suzanne Gieser schreibt in ihrem Tagungsbericht, dass Jungs Psychologie, auch wenn sie nicht Thema war, auf einer tieferen Ebene doch ständig angesprochen wurde, da man

Paulis naturphilosophische Gedanken und Ideen ohne die Referenz der jungschen Psychologie gar nicht verstehen könne. Nachdem Francois Martin, theoretischer Physiker der Universität Paris, über Synchronizität gesprochen hatte, indem er ein quantenmechanisches Modell in psychotherapeutischen Termini interpretierte, stand Alain Connes, der namhafte Mathematiker vom Collège de France, auf und erklärte, dass man das Phänomen der Synchronizität ernst nehmen und dem Unbewussten mehr Platz einräumen müsse. Diese Bemerkung habe heiße Diskussionen ausgelöst, die sich von konkreten Beispielen der Synchronizität, die man sich erzählte, über wissenschaftstheoretische Anliegen bis hin zu mathematischen Formalismen erstreckten.

So kann es immer wieder geschehen, dass dann, wenn Jungs Synchronizitätskonzept genannt wird, lebhaftes existenzielles Interesse aufkommt, das auf das wissenschaftliche Interesse inspirierend überspringt, es geht wirklich um die Frage „was die Welt im Innersten zusammenhält", nämlich um Sinnfragen und Sinnerfahrung.

Darum geht es auch bei uns heute. Möge sich auch bei uns bestätigen, was Marie-Louise von Franz im Blick auf Erfahrungen, die das Unbewusste einbeziehen, in einem ihrer letzten Aufsätze formuliert hat: „Es ist ein Erlebnis, das den Menschen in kosmische Weiten hinein befreit."

Diesseits und jenseits des Nennbaren

Ein Beitrag zum Dialog zwischen W. Pauli und C. G. Jung

Konstantin Rößler[20]

„Jenseits des Nennbaren liegt der Anfang der Welt, diesseits des Nennbaren liegt die Geburt der Geschöpfe", heißt es zu Beginn des Tao Te
King. Die Auseinandersetzung mit dem Diesseits und Jenseits des Nennbaren, der Gegensatzspannung zwischen Bewusstsein und dem Unbewussten, ist das zentrale Thema der Analytischen Psychologie, die Förderung
der transzendenten Funktion als Verbindung zwischen beiden Ebenen ein
wesentliches therapeutisches Anliegen. Die Vorstellung eines Diesseits und
Jenseits des Nennbaren geht aber auch über einen therapeutischen Ansatz
hinaus und zielt auf eine Behandlung der Frage von Geist und Materie. Im
Tao Te King heißt es weiter:

> *Beides hat einen Ursprung und nur verschiedene Namen.*
> *Diese Einheit ist das Große Geheimnis.*
> *Und des Geheimnisses noch tieferes Geheimnis:*
> *Das ist die Pforte der Offenbarwerdung aller Kräfte.*
> *(Laotse, 1950, Vers 1)*

Die intensive Beschäftigung mit der Frage nach einer prinzipiellen Einheit
von Geist und Materie geht einher mit einer Zäsur in der Biografie
C. G. Jungs. 1927 markiert bekanntermaßen ein Traum das Ende einer
von ihm selbst als „höchst unerfreulich, schwarz und undurchsichtig"
beschriebenen Lebensphase, in der er sich dem heftigen Andrängen der
Impulse aus dem Unbewussten ausgesetzt sah, das zugleich aber die Basis
für alles Künftige legte: „Meine gesamte spätere Tätigkeit bestand darin,
das auszuarbeiten, was in jenen Jahren aus dem Unbewussten aufgebro-
chen war, und mich zunächst überflutete. Es war der Urstoff für mein
Leben." (Jung/Jaffé, 1962, S. 203) In diesem Traum findet er sich in einem
mandalaförmig angeordneten düsteren Liverpool wieder, dessen Zentrum
ein blühender Baum bildet. „Die Mitte ist das Ziel, und über sie kommt

---

20 Dr. med. Konstantin Rößler, Facharzt für Innere Medizin, Psychotherapeut

man nicht hinweg" (Jung/Jaffé, 1962, S. 202) kommentiert C. G. Jung dieses Bild von jenseits des Nennbaren.

Der neue geistige Lebensabschnitt wird 1928 eingeleitet durch die Beschäftigung mit dem von Richard Wilhelm aus dem Chinesischen übersetzten alchemistischen Text „Das Geheimnis der Goldenen Blüte". Von nun an finden sich zwei große Linien in C. G. Jungs Auseinandersetzung mit der Frage nach der Einheit von Geist und Materie. Die eine mündet in die Beschäftigung mit der Alchemie und in die Vorstellung des „Unus mundus" und der „Coniunctio". Die andere findet sich in der Begegnung mit der aktuellen Naturwissenschaft seiner Zeit und hier vor allem im Dialog mit Wolfgang Pauli und der Analogie zwischen Analytischer Psychologie und Quantenphysik wieder.

Die Aussage „Jenseits des Nennbaren liegt der Anfang der Welt, diesseits des Nennbaren liegt die Geburt der Geschöpfe" scheint dabei nicht nur anwendbar zu sein auf die Gegensatzspannung von Unbewusstem und Bewusstsein, sondern klingt auch wie eine poetische Beschreibung des Unterschieds zwischen den Auffassungen der klassischen Physik und der Quantenphysik. Interessanterweise wurde diese Differenzierung innerhalb der Physik in derselben Zeit vollzogen, in der sich die Psychoanalyse entwickelte.

Gerade das Jahr 1927, in der die „Heisenbergsche Unschärferelation" und die „Kopenhagener Interpretation" als zentrale Grundlagen der neuen Wissenschaft formuliert wurden, gilt als das Schicksalsjahr der Quantenphysik. Ähnlich wie die Konzepte der Psychoanalyse und der Analytischen Psychologie waren die der Quantenphysik anfangs heftig umstritten und nur wenigen zugänglich. Carl-Friedrich von Weizsäcker, als einer der Pioniere der neuen Wissenschaft berichtet von sich, dass er lange darunter gelitten habe, die Quantentheorie nicht zu verstehen. Er war auch der Meinung, dass in der Anfangszeit einer seiner Kollegen verstanden habe, um was es ging (vgl. Röhrle, 2001).

Die zahlreichen inhaltlichen Entsprechungen zwischen Quantenphysik und Analytischer Psychologie, die C. G. Jung und Wolfgang Pauli diskutieren, sind allein schon bemerkenswert. Das Aufeinandertreffen und die zeitlichen Parallelen der Entwicklung beider Theoriebildungen aber scheinen nahezu den Charakter einer Synchronizität zu besitzen. Das führt zur Frage: Welcher gemeinsame Sinn könnte beide Bereiche verbinden? Handelt es sich doch offensichtlich um die Bewusstwerdung von Inhalten, die zwar in einer Beziehung zueinanderstehen, jedoch in einem jeweils völlig unterschiedlichen Bewusstseinsumfeld hervorgetreten sind.

In der Annäherung an eine Antwort auf diese Frage, ließe sich der oben angeführte Vers aus dem Tao Te King zitieren: „Beides hat einen Ursprung und nur verschiedene Namen." Ein möglicher Sinn könnte dann darin liegen, dass das menschliche Bewusstsein sich von verschiedenen Seiten und im Sinne einer „Circumambulatio", wie sie C. G. Jung als Bewegungsrichtung für den Bewusstwerdungsprozess beschrieben hat, dem annähert, was das Tao Te King als „Großes Geheimnis" bezeichnet. Dies würde auch beinhalten, dass offensichtlich eine Perspektive von verschiedenen Seiten, nämlich der der Materie und der des Geistigen, notwendig ist, um diesen Inhalt vollständiger zu erfassen.

Wenn zwischen dem Diesseits und Jenseits des Nennbaren unterschieden werden soll, handelt es sich aus Sicht der Quantenphysik vor allem um eine Frage der Größe und des Maßstabs. Das Diesseits des Makrokosmos wird in hoher Präzision durch die Gesetze der klassischen Physik beschrieben und ist gekennzeichnet durch Determinismus, nämlich das Kausalitätsprinzip und die Vorhersagbarkeit von Ereignissen bei Kenntnis der Ausgangsbedingungen und der wirkenden Gesetze.

Das für die klassische Physik „Jenseits des Nennbaren" hingegen wurde erst in den zwanziger Jahren des 20. Jahrhunderts im Mikrokosmos entdeckt und führte zur Formulierung der Quantenphysik, da die Gesetze der Kausalität in diesem Bereich keine Gültigkeit mehr zeigten. Vielmehr zeichnet sich die Quantenebene aus durch den Charakter der Potenzialität und der Verbundenheit von allem mit allem. Es handelt sich um eine Ebene, die der direkten Beobachtung durch den Menschen nicht mehr zugänglich ist.

Paradoxerweise kann hier nicht mehr einfach gemessen werden, was ist, sondern das, was ist, wird durch die Messung beeinflusst. Das heißt: Auf Quantenebene, in der Dimension der Elementarteilchen, können wir zwar eine Messung durchführen, aber das gemessene Objekt wird durch die Messung auf eine einzige seiner vielen potenziellen Zustände festgelegt und verliert damit seine Potenzialität. Wenn wir den Zustand eines Elementarteilchens, also seinen Ort oder seinen Impuls, messen wollen, so verändern wir diesen unmittelbar. Aus einem Quantenzustand der Möglichkeiten wird durch das Messen, z. B. des Ortes, ein Faktum. Das Faktum ist aber bereits nicht mehr der Quantenzustand, der noch viele

Möglichkeiten enthält. Das Faktum gehört bereits der makrokosmischen Welt der klassischen Physik an.

Das bedeutet, wir können zwar erkennen, dass es Quantenzustände gibt, aber wir können sie nicht messen. Wenn wir sie messen wollen, zerstören wir sie. Man kann sagen, das Objekt verhält sich nicht mehr objektiv, wie es das nach unseren Erfahrungen im makrokosmischen Raum tun sollte. Ein Beispiel ist die zweifache Natur des Lichts, das wir in seinem Charakter als Teilchen oder in seinem Charakter als Welle erfassen können, aber nicht in beidem zugleich. Oder um es psychologischer zu formulieren: Die in der Naturwissenschaft gewohnte scharfe Trennung zwischen Subjekt und Objekt geht verloren. Indeterminismus scheint eine hervorragende Eigenschaft dieses Quantenraums zu sein.

Wo aber läuft die Grenze zwischen Diesseits und Jenseits des Nennbaren oder eben des Messbaren? Die Physik kann dieses anhand eines Maßstabs darstellen: in der Größenordnung zwischen etwa 10^{-5} m und 10^{-11} m liegt die Grenze, unterhalb davon beginnt der Wirkungskreis der quantenphysikalischen Gesetze, darüber gelten unsere gewohnten Phänomene der Kausalität.

Die entsprechende Vorstellung dazu in der Analytischen Psychologie ist eine energetische: Ein Schwellenwert an psychischer Energie muss überschritten werden, damit ein Inhalt aus dem Unbewussten ins Bewusstsein dringen kann. Das bedeutet, es muss eine „Schwäche des Bewusstseins" vorliegen im Sinne eines „Abaissement du niveau mental", wie es C. G. Jung nannte, also eine Senkung der Schwelle, oder aber der neue Impuls aus dem Unbewussten muss so stark aufgeladen sein, dass er durchdringen kann. Einer solchen Schwäche des Bewusstseins oder aber Stärke des Impulses können wir begegnen im Träumen, in der Aktiven Imagination, in hereinbrechenden Visionen, in schöpferischen Augenblicken, in Synchronizitäten und sicherlich auch in bestimmten Momenten einer Übertragungs- und Gegenübertragungsbeziehung. Und gerade in diesen Bereichen werden die gewohnten Erlebens- und Wahrnehmungsfomen außer Kraft gesetzt. Die Regeln der klassischen Physik gelten im Traum nicht mehr, Raum und Zeit folgen hier anderen Gesetzen.

In der Aktiven Imagination und in Visionen sind Erfahrungen zugänglich, die im Zustand eines „Alltags-Bewusstseins" nicht erreicht werden können. Das Neue, das in einem kreativen Akt Gestalt annimmt, ist Ausdruck der Potenzialität, die offensichtlich einer andern Ebene entstammt als der des unmittelbar zugänglichen Bewusstseins, denn wir erleben es ja als das Neue und damit bisher Unbekannte.

Am deutlichsten wird in synchronistischen Ereignissen, wie die Gesetze der Kausalität ihre Gültigkeit verlieren. Die deterministische Struktur der Wirklichkeit in ihrer raumzeitlichen Dimension erscheint aufgehoben und anderen Prinzipien zu weichen, sobald die Wirkungen des Unbewussten deutlicher ins Spiel kommen. C. G. Jung erläutert dies in „Die Psychologie der Übertragung": „Dieses […] Paradox hängt unter anderem mit der merkwürdigen Zeitlosigkeit des Unbewussten zusammen: alles ist schon geschehen und noch nicht geschehen, schon gestorben und noch nicht geboren. Diese ebenso paradoxen Aussagen schildern die Potenzialität der unbewussten Inhalte." (Jung, GW 16, §529)

Indeterminismus, Potenzialität und Verbindung von allem mit allem sind aber genau diejenigen Prinzipien, die die Physiker als Charakteristika des quantenphysikalischen Raums benennen. Die Methode der Analytischen Psychologie könnte daher auch aufgefasst werden als ein Weg, dem im makrokosmischen und klassisch-physikalischen Raum, diesseits des Nennbaren, beheimateten Bewusstsein den Zugang zu einem Unbewussten zu ermöglichen, das im mikrokosmischen, quantenphysikalischen Bereich, jenseits des Nennbaren, liegt – und umgekehrt: „Es gibt nämlich ein Gleichgewicht zwischen seelischem Ich und Nicht-Ich, eine religio, das heißt eine sorgfältige Berücksichtigung der präsenten unbewussten Mächte, die man nicht ohne Gefahr vernachlässigt. Diese Wendung hat sich infolge der Veränderung der Bewusstseinslage schon seit Jahrhunderten vorbereitet." (Jung, GW 16, §395) Die zeitgleiche Entwicklung von Psychoanalyse und Quantenphysik könnte diese Auffassung C. G. Jungs von einer seit Jahrhunderten sich vorbereitenden Veränderung der Bewusstseinslage bestätigen, indem nun von verschiedenen Gebieten der Bewusstseinsentwicklung aus eine Annäherung auf ein Gemeinsames hin erfolgt.

Eine eigene Stellung in der Begegnung von bewussten und unbewussten Inhalten nimmt das Feld von Übertragung und Gegenübertragung ein, da im therapeutischen Raum in besonderer Weise und anders als im Traum oder einer Synchronizität ein anhaltendes Oszillieren zwischen diesseits und jenseits des Nennbaren stattfindet. Handelt es sich bei C. G. Jungs Begriff von der Übertragung doch für Therapeut und Patient, wie im Rosarium beschrieben, um ein gemeinsames Eintauchen in das Bad, in einen Raum des Unbewussten, der beide verbindet. Das Arbeiten an der Übertragung wird dabei weit über eine Deutung der Projektionen hinaus zu einem Versuch, das zu verstehen, was sich aus dem Raum des Unbewussten heraus konstelliert. Jede Deutung und jedes Verstehen beinhalten dabei eine Erweiterung des Bewusstseins und zugleich mit dieser Festlegung auch einen Verlust an anderen Bedeutungsmöglichkeiten. Sie sind darin vergleichbar einer quantenphysikalischen Messung, bei der der Quantenzustand durch den Messvorgang verloren geht und damit ein Teil seiner potenziellen Information zerstört wird.

Die Schwierigkeit, die sich daraus ergibt, diese Impulse aus dem Unbewussten dem Bewusstsein zu integrieren, formuliert C. G. Jung in einem Brief aus dem Jahr 1956, in dem er sich mit der Bedeutung des Symbols befasst: „Es sind nur Anspielungen, sie deuten auf etwas hin, sie stammeln, und oft gehen sie in die Irre." (Jung, Briefe 3, S. 15) Mit anderen Worten geht es um ein Aushalten der Gegensatzspannung von Gewissheit und Ungewissheit, dass sich etwas so deuten lässt, aber auch anders, dass es Nennbares und Unbenennbares gibt. Marie-Louise von Franz beschreibt den Umgang mit dieser Problematik folgendermaßen:

> Die Mitte zwischen diesen Extremen zu halten, scheint mir eine ganz besonders schwere Aufgabe, weil es von Mensch zu Mensch und von Zeitmoment zu Zeitmoment variiert. Ich glaube, dass man dies gar nicht vom Denken oder vom Gefühl her allein bewältigen kann, sondern dass einem nur hilft, selber im Tao zu sein, sodass einem dann vom eigenen Selbst her instinktiv zufließt, was man hier in diesem Moment tun oder nicht tun sollte. Aber natürlich sind wir alle gar nicht immer im Tao, im innerlich richtigen Kontakt mit dem Selbst, oder zumindest ich nicht.
>
> *(Franz von, 2002, S. 248)*

In einer Differenzierung des Übertragungsbegriffs geht sie von vier Aspekten der Übertragung aus. Den vierten benennt sie als „Schicksalsverbundenheit im Ewigen". In diesem Bereich stehen sich nicht mehr zwei persönliche Menschen gegenüber, sondern „es begegnen sich die vielen, zu denen wir gehören, jeder dessen Herz wir berühren". Diese Verbundenheit der vielen, zu denen wir gehören, das eigentliche „Mysterium coniunctionis" ist enthalten im Bild des Rosariums, in dem König und Königin sich im gemeinsamen Bade befinden. Zur Beschreibung dieses Zustands zitiert

Marie-Louise von Franz C. G. Jung selbst: „Dort herrscht keine Unterschiedenheit, sondern unmittelbare Präsenz. Es ist ein ewiges Geheimnis." (Jung, Briefe 1, S. 373) Diese Vorstellungen reichen sehr nahe an eine auf quantenphysikalischer Ebene herrschende Verbundenheit von allem mit allem. Die fruchtbare Vereinigung von König und Königin im Rosarium, aus der der Hermaphrodit hervorgeht, erfasst den Prozess, der sich in der Synthese der Gegensätze vollzieht und aus der ein Drittes, Schöpferisches hervorgeht, sei diese Gegensatzspannung nun verstanden als die zwischen Bewusstsein und Unbewusstem, Geist und Materie, quantenphysikalischem und klassisch physikalischem Raum oder aber zwischen Diesseits und Jenseits des Nennbaren.

Könnten daher Quantenphysik und Analytische Psychologie das Eine von verschiedenen Zugangswegen aus erfassen und zugleich eine unserem Zeitgeist zugängliche Ausdrucksform dessen sein, was bereits im Tao Te King formuliert wurde?

Selbstverständlich beruhen all diese Überlegungen auf Analogien, wenn auch sehr weitreichenden, und genügen nicht dem wissenschaftlichen Anspruch der kausalen Beweisbarkeit. Dass dies nicht möglich ist, liegt im Wesen des Gegenstands begründet, der nun gerade durch die Prinzipien der Akausalität und der Unbestimmtheit geprägt wird. Die mögliche Wahrheit dieser Überlegungen kann sich daher allein auf empirischen Weg bestätigen und im Dialog der Disziplinen, denn:

Wahre Worte sind nicht schön,
schöne Worte sind nicht wahr.
Tüchtigkeit überredet nicht,
Überredung ist nicht tüchtig.
(Laotse, 1950, Vers 81)

Diese Formulierung ist wahr und schön zugleich und widerlegt sich somit selbst. Das zeigt, dass selbst Paradoxien noch durch ihr Gegenteil ergänzt werden können.

Kurzgefasster Lebenslauf

Theodor Seifert, Dr. rer. biol. hum., Dipl.-Psych., Jahrgang 1931, verheiratet, zwei Töchter

Jahrelange Tätigkeit als konsultierender Arbeits- und Industriepsychologe in Schweden; Ausbildung zum Analytischen Psychotherapeuten am C. G. Jung-Institut in Zürich;

Zurück in Deutschland: Tätigkeit als Psychotherapeut und stellvertretender Leiter der Psychotherapeutischen Klinik Stuttgart und in eigener psychotherapeutischer Praxis;

Vorsitzender, Lehranalytiker, Dozent und Supervisor am C. G. Jung-Institut Stuttgart; vielfältige Vortrags- und Seminartätigkeit;

Leitende Tätigkeit bei den Lindauer Psychotherapiewochen und im Vorstand der Internationalen Gesellschaft für Tiefenpsychologie e. V.;

Herausgeber und Beiratsmitglied verschiedener wissenschaftlicher Zeitschriften, sowie Herausgeber der Reihen «Weisheit im Märchen» und «Zauber der Mythen» im Kreuz-Verlag Stuttgart;

Autor mehrerer Bücher und zahlreicher Veröffentlichungen
(siehe nachfolgende Werkliste)

Arbeitsschwerpunkte:
Einzel-, Gruppen- und Paartherapie;
Lehranalysen und Supervision nach C. G. Jung;
Themen der Analytischen Psychologie, insbesondere: Synchronizität, Aktive Imagination, Zahl und Zeit, Mystik, Meditation und östliche Geisteshaltung

Werke

1. Seifert, T. (1964): Faktorenanalyse einiger Schriftmerkmale. Z. f. exp. ang. Psychol. 11, 645-666

2. Seifert, T., Hofsommer, W., Holdsworth, R. (1965): Reliabilitätsfragen in der Graphologie. Psychol. und Praxis 9, 1965, 14-24

3. Seifert, T. u. Göllner, R. (1972): Angst und Aggression in der Gruppentherapie. Gr. Ther. u. Gr. Dy. 6, 1972, 1-15

4. Seifert, T. (1972): Allgemeine Grundlagen der Gruppentherapie. Z. f. Analyt. Psychol. u. ihre Grenzgebiete, Heft 1, 4, 41-58

5. Seifert, T. (1972/73): Psychologisch fundierte Gesprächsführung. Schweiz. Erziehungs-Rundschau 45, 1972, 157-168

6. Seifert, T. (1973): Kritische Reflexionen zur Praxis der Analytischen Psychologie. Z. f. Analyt. Psychol. u. ihre Grenzgebiete 4, 271-281

7. Seifert, T. (1973): Bericht über die gemeinsame Arbeitstagung der Schweizerischen und Deutschen Gesellschaft für Analytische Psychologie vom 6.-8.10.1972 in Lindau. Z. f. Psychosom. Med. und Psychoanal., 19. Jg., Heft 1, 1973, 91-95

8. Seifert, T., Ermann, M., Göllner, R., Schütte-Klinckwort, G. (1973): Pragmatismus und Methodenpluralismus in der analytischen Gruppenpsychotherapie. Gr. Ther. u. Gr. Dy. 7, Heft 3, 1973, 287- 299

9. Seifert, T. (1974): Die Gruppentherapie im Rahmen der Analytischen Psychologie. Analyt. Psychol. 5, 1974, 30-44

10. Seifert, T. (1974): Operationalisierung einiger Aspekte des Übertragungsgeschehens. Dissertation Universität Ulm

11. Seifert, T. (1974): Objektivierung von Partnerbeziehungen mit dem Eindrucksdifferential. Gr. Ther. u. Gr. Dy. 8, Heft 1, 54-67

12. Seifert, T. (1974): Zur Methodologie und Begriffsbildung in der Analytischen Psychologie C. G. Jungs. Analyt. Psychol. 5, 1974, 225-233

13. Seifert, T. (1974): Archetypen. In: H. J. Schultz (Hg.) Psychologie für Nichtpsychologen. Stuttgart: Kreuz

14. Seifert, T. (1975): Notwendigkeit und Reichweite erfahrungswissenschaftlicher Verfahren in der Analytischen Psychologie. Analyt. Psychol. 6, 1975, 26-44

15. Seifert, T. (1975): Die Analytische Psychologie im Rahmen der empirisch-psychologischen Forschung. Analyt. Psychol. 6, 507-523

16. Seifert, T. (1975): Archetypus und inneres Modell der Welt. Ein Beitrag zur Integration von Analyt. Psychologie und empirischer Verhaltenswissenschaft. Analyt. Psychol. zum 100. Geburtstag von C. G. Jung

17. Seifert, T. (1976): Zur Aktualität der Analytischen Psychologie C. G. Jungs. Gr. Dy. 7, 386-394

18. Seifert, T. (1976): Motive zur Therapieforschung. Praxis d. Psychothera., Bd. 21, Heft 1, 15-28

19. Seifert, T. (1976): Der Sündenbock – Ein Symbol unserer Zeit. Analyt. Psychol. 7, 48-64

20. Seifert, T. (1976): Probleme der Partnerschaft. In: C. G. Jung heute, Herausgegeben von der Psychol. Ges. Basel, Stuttgart 1976

21. Seifert, T. (1978): Aktualkonflikt und Aktualneurose: Die Wiederentdeckung der Gegenwart im therapeutischen Prozeß. Analyt. Psychol. 9, 37-53

22. Seifert, T. (1979): Therapeut und Klinik im Erlebnisraum des Patienten. In: Beese, F. (Hg.): Stationäre Psychotherapie. Göttingen: Vandenhoeck& Ruprecht

23. Seifert, T. (1979): Resignation und Hoffnung in Partnerschaft und Ehe. Psychother. Psychosom. 24, 25-31

24. Seifert, T., Seifert, S. (1979): Ich-Du-Wir. Stuttgart: Kreuz

25. Seifert, T. (1979): Schöpfung-Erhaltung-Zerstörung. Zur archetypischen Gegensatzstruktur der Aggression. In: Pflüger, B. M. (Hrsg.): Die Notwendigkeit des Bösen. Fellbach: Bonz, 76-103

26. Seifert, T. (1979): Therapeutische Selbstkritik. In: Pflüger, B. M.: Die Notwendigkeit des Bösen. Fellbach: Bonz, 107-123

27. Seifert, T. (1979): Referenzpunkte zur Theorie und Therapie zwischenmenschlicher Beziehungen. In: Die Psychologie des 20. Jahrhunderts. München: Kindler, Bd. 8, 1979

28. Seifert, T. (1979): Ungebildete Sinne als Quelle unerfüllter menschlicher Beziehungen. In: Wichmann (Hg.): Der Mensch ohne Hand. München: dtv, 61-86

29. Seifert, T. (1979): Bild und Psyche. In: Eschenbach, U. (Hg.): Die Behandlung in der Analytischen Psychologie. Fellbach: Bonz, 98-119

30. Seifert, T., Göllner, R., Muffler, S. (1979): Bezugspersonen im Erlebnisraum des Neurosekranken. Int. Kongress f. Angewandte Psychologie, München, 30. 7.-5. 8. 1978

31. Seifert, T. (1980): Menschliche Beziehung und Partnerschaft im Spiegel Schneewittchens – Leitlinien und Symbole im Märchen. Schleswig-Holsteinisches Ärzteblatt Heft 10, 1980, 527-535

32. Seifert, T. (1980): Wachstum im Alleinsein: Singles und Andere. In: Schultz, H. G. (Hg.): Einsamkeit. Kreuz-Verlag, Stuttgart

33. Seifert, T. (1980): Lernen, sich selbst zu ertragen. In: Psychologie heute, Heft 2, Beltz-Verlag Weinheim, 22-25

34. Seifert, T. (1981): Analytische Psychologie und Transaktionsanalyse. Beitrag zur Festschrift für Hans Dieckmann. Analy. Psychol. 12, 164-179

35. Seifert, T. (1981): Die Jungsche Schule der Tiefenpsychologie – die Analytische Psychologie und Psychotherapie. Beitrag in: Handbuch der Angewandten Psychologie, Bd. II, Landsberg: Verlag Moderne Industrie, 257-268

36. Seifert, T., Waiblinger, A. (1981): Heilung und Gesundheit unter dem Gesichtspunkt der Analytischen Psychologie. Beitrag in: Handbuch der Angewandten Psychologie, Bd. 1, Landsberg: Verlag Moderne Industrie

37. Seifert, T. (1981): Lebensperspektiven der Analytischen Psychologie. Wege-Schnittpunkte-Gegensätze. Olten: Walter. Download bei www. opus-magnum.de

38. Seifert, T. (1981): Lebensweg, Leitbilder und Lösungen. Schleswig-Holsteinisches Ärzteblatt, Heft 10, 466-471, 1981

39. Seifert, T. (1981): Kindsein im Verständnis der Analytischen Psychologie. Einführungsvortrag auf der Jahrestagung der Vereinigung analytischer Kinder- und Jugendlichen-Psychotherapeuten e. V. vom 17. -19. 6. 1981 in Stuttgart. In: Kind und Umwelt, Heft 34/81, Fellbach: Bonz

40. Seifert, T. (1983): Das Ertel-Eindrucksdifferential (EED) in der Psychotherapieforschung. In: Enke, H., Tschuschke, V., Volk, W. (Hg): Psychotherapeutisches Handeln. Stuttgart: Kohlhammer

41. Seifert, T. (1983): Ähnlichkeit-Besetzung-Übertragung ⊠ Ergebnisse und Anwendung des Ertel-Eindrucksdifferentials (EED) In: Enke, H., Tschuschke, V., Volk, W. (Hg): Psychotherapeutisches Handeln. Stuttgart: Kohlhammer

42. Seifert, T. (1983): Informationsquelle für den Psychotherapeuten: Träume (Teil 1): Synthetisierende schöpferische Leistungen des Unbewußten. Mk. Ärztl. Fortb. 33, Heft 17

43. Seifert, T. (1983): Informationsquelle für den Psychotherapeuten: Träume (Teil 2): Hilfen für den Träumer im Entwicklungsprozeß. Mk. Ärztl, Fortb. 33, Heft 18

44. Seifert, T. (1983): Märchen als Lehrstücke für die Psychotherapie: Alles hat seine Zeit Warten und Handeln. Monatskurse für die ärztliche Fortbildung (Hg.: Bundesärztekammer und Kassenärztliche BundesVereinigung) 34. Jg., Heft 3, 48-50

45. Seifert, T. (1983): Märchen als Lehrstücke für die Psychotherapie: Konstruktiver Ungehorsam bringt voran. Monatskurse für die ärztliche Fortbildung (Hg.: Bundesärztekammer und Kassenärztliche Bundesvereinigung) 34. Jg., Heft 4, 53-57

46. Seifert, T. (1983): Märchen als Lehrstücke für die Psychotherapie: Es gibt kein glückbringendes Zurück. Monatskurse für die ärztliche Fortbildung (Hg.: Bundesärztekammer und Kassenärztliche Bundesvereinigung) 34. Jg., Heft 5, 53-54

47. Seifert, T. (1984): Schneewittchen. Das fast verlorene Leben. Buchreihe: Weisheit im Märchen (Hg. Theodor Seifert). Stuttgart: Kreuz

48. Seifert, T. (1984): Gespaltene Seele – gespaltene Welt. Analytische Psychologie und Zukunftsfähigkeit. C. G. Jung-Gedächtnisvortrag am 6. Juni 1984, in Zürich. Analyt. Psychol. 1985, 16, 213-232

49. Seifert, T., Müller, L. (1984): Die Analytische Psychologie. Urbilder der Seele. In: Petzold, H. (Hg): Wege zum Menschen. Methoden u. Persönlichkeiten moderner Psychotherapie. Paderborn: Junfermann

50. Seifert, T. (1985): Die Gruppentherapie im Rahmen der Analytischen Psychologie. In: Kutter, P. (Hg.): Methoden und Theorien der Gruppenpsychotherapie. Stuttgart: Frommann-Holzboog

51. Seifert, T. (1985): Psychische und soziale Realität. Rückkoppelung im Beziehungsnetz einer psychotherapeutischen Klinik. 5th International Symposium of the psychotherapists of Socialist Countries Oct. 14-17, Budapest-Hungary

52. Seifert, T. (1986): Weltentstehung: Die Kraft von tausend Feuern. Buchreihe: Zauber der Mythen (Hg. Th. Seifert). Stuttgart: Kreuz

53. Seifert, T. (1986): Traum – Medium des inneren Dialogs. Traumarbeit in der Analytischen Psychologie. Praxis der Psychotherapie und Psychosomatik. Berlin: Springer, 31, Heft 1, 15-26

54. Seifert, T., Waiblinger, A. (1986): Therapie und Selbsterfahrung: Einblick in die wichtigsten Methoden. Stuttgart: Kreuz. Neuauflage unter dem Titel: Die 50 wichtigsten Methoden der Psychotherapie, Körpertherapie, Selbsterfahrung und des geistigen Trainings. Stuttgart: Kreuz 1995

55. Seifert, T. (1987): Angst im Traum. In: Schultz, H. J. (Hg.): Angst. Stuttgart: Kreuz

56. Seifert, T., Müller, L. (1989): Die Analytische Psychologie C. G. Jungs. In: Zundel, E. (Hg.): Spirituelle Wege und transpersonale Psychotherapie. Paderborn: Junfermann

57. Seifert, T. (1990): Der Schmerz der Tiere ist unser Schmerz. In: Schultz, H. J. (Hg.): Schmerz. Stuttgart: Kreuz

58. Seifert, T. (1996): „Alles hat seine Zeit". Über Zeitpunkte, Zeit und Zeitlosigkeit. Vortrag zum 25jährigen Bestehen des C. G. Jung-Instituts Stuttgart. Festschrift des Jung-Instituts, Stuttart.

59. Seifert, T. (1999): Göttliches Kind und alte Weisheit - Innere Wirklichkeiten. Lindauer Texte. Download unter www.lptw.de

60. Seifert, T. (2000): Lieber C. G. Jung. In: Schiess, Marianne (Hg.): Lieber C. G. Jung. Was ich Ihnen schon immer sagen wollte. Düsseldorf: Walter

61. Seifert, T., Seifert A. (2001): So ein Zufall! Synchronizität und der Sinn von Zufällen. Freiburg: Herder. Download: www. opus-magnum.de

62. Seifert, T., Seifert, A., Schmidt, P. (2003): Der Energie der Seele folgen. Gelassen und frei durch Aktive Imagination. Düsseldorf: Walter. Neuherausgabe: www. opus-magnum.de

63. Seifert, T. (2003): In: Riedel, I. (Hg.): Zeit zum Lachen – Zeit zum Weinen: Emotionen, die das Leben intensiver machen. Freiburg: Herder

64. Seifert, T. (2003): Archetyp, Ethik, Gegensatz, I Ging, Polarität, Unus mundus, Zeit. Beiträge in: Müller, L., Müller, A. (Hg.): Wörterbuch der Analytischen Psychologie. Düsseldorf: Walter. Neuherausgabe 2011 als Internetdatenbank, siehe www. opus-magnum.de

65. Seifert, T. (2004): Der gute Hirte. In: Seifert, T., Seifert, A.: Sinn erleben: Improvisationen über das Lebensthema. Bekannte Autorinnen und Autoren erzählen. Berlin: Pro Business

66. Seifert, T., Seifert, A. (2006): Intuition. Die innere Stimme. Düsseldorf: Walter. Neuherausgabe Stuttgart:www.opus-magnum.de

67. Seifert, T., Seifert, A. (2007): Vater und Mutter ehren. Der Weg zu Autonomie und Lebensglück. München: Kösel

68. Seifert, T. (2009): Ihr Hirten erwacht! In: Müller, L., Müller, A. (Hg.): Ein Stern kommt auf die Erde. Die spirituelle Symbolik von Weihnachten. Stuttgart: opus magnum

69. Seifert, T. (2010): Spuren der Weisheit. Eröffnungsvortrag des Kongresses der IGT 2009. Erschienen in: Dorst, B., Neuen, C., Teichert, W. (Hg.): Weisheit und Wissen – interdisziplinär. Düsseldorf: Patmos

70. Seifert, T. (2011): Beiträge In: Müller, L., Müller, A. (Hg.): Symbolwörterbuch. Internetdatenbank, siehe www. opus-magnum.de

71. Seifert, T. (2011): Der mittlere Weg zwischen Himmel und Erde. Eine Festschrift für Theodor Seifert zum 80. Geburtstag. Herausgegeben von Lutz Müller, Anette Müller. Stuttgart: www.opus-magnum.de

Literaturverzeichnis

Aristoteles (1966): Nikomachische Ethik. Paderborn: Schöningh

Atmanspacher, H., Primas, H. (1995): Der Pauli-Jung-Dialog und seine Bedeutung für die moderne Wissenschaft. Heidelberg: Springer

Augustinus (1955): Bekenntnisse. 11. Buch, München: Kösel

Betz, O. (1989): Das Geheimnis der Zahlen. Stuttgart: Kreuz

Brück, M. von (1992): Wo endet Zeit? In Weis, K.: Was ist die Zeit? München: dtv

Bär, R. (1931): Hegel und die Mathematik. In: Wigersma, B. (Hg.): Verhandlungen des zweiten Hegelkongress 18.-21.10.1931 in Berlin. Tübingen

Ciompi, L.(1988): Außenwelt – Innenwelt. Göttingen: Vandenhoeck

Die Edda (1963). Übertragen von Felix Genzmer. Düsseldorf: Diederichs

Dithfurth, H. (1976): Der Geist fiel nicht vom Himmel. Hamburg: Hoffmann u. Campe

Dürr, A. (1971): Die Kantaten von Johann Sebastian Bach, Bd. 2. Kassel: Bärenreiter

Eliade, M. (1954): Die Religionen und das Heilige. Salzburg: Möller

Eliade, M. (l963): Der Mythos der Ewigen Wiederkehr. Düsseldorf: Diederichs

Endres, F., Schimmel, A. (1998): Das Mysterium der Zahl. München: Diederichs

Focke, F. (1953): Pallas Athene. In: Saeculum, IV, S. 398-413.

Franz, M.-L. von (1972): Psychologische Überlegungen zum Problem des Bösen in der Sicht C. G. Jungs. In: Zacharias, G. (Hg.) Das Böse. München: Hanser

Franz, M.-L. von (1990): Zahl und Zeit: psychologische Überlegungen zu einer Annäherung von Tiefenpsychologie und Physik. Stuttgart: Klett-Cotta

Franz, M.-L. von (1992): Zeit. München: Kösel

Franz, M.-L. von (2002): Psychotherapie. Einsiedeln: Daimon

Giegerich, W. (1994): Animus-Psychologie. Frankfurt, Berlin, Bern

Giordani, P. (2009): Die Einsamkeit der Primzahlen. München: Blessing

Grimm: Kinder- und Hausmärchen der Brüder Grimm (KHM). Frankfurt: Insel

Görnitz, T., Görnitz B. (2007): Der kreative Kosmos. Geist und Materie aus Quanteninformation. Heidelberg: Elsevier, Spektrum

Hacker, F. (1971): Aggression. München: Molden

Heidegger, M. (1994): Zollikoner Seminare. Frankfurt: Klostermann

Heisenberg, W. (1989): Schritte über Grenzen. München: Piper

Heisenberg, W. (2006): Der Teil und das Ganze. München: Piper

Hämmerli, R. (1996): Das Geheimnis der Zeit. In Transpersonale Psychologie und Psychotherapie 2, S. 35-50

Ionesco, E.: (1989): Interview mit Ulrich Wickert. Siehe www.ulrichwickert.de

Jacobsohn, H. (1952): Gespräch eines Lebensmüden mit seinem Ba. In: Studien aus dem C. G. Jung-Institut Zürich. Zürich: Rascher

Jung, C. G. (1972/1973): Briefe 1-3. Olten: Walter

Jung, C. G., Jaffé, A. (1962): Erinnerungen, Träume und Gedanken von C. G. Jung. Zürich: Rascher

Jung, C. G. (1972-1983): Gesammelte Werke. Olten: Walter

Kast, V. (1992): Die beste Freundin, Stuttgart: Kreuz

Kast, V. (1999): Der Schatten in uns. Zürich: Walter

Kerényi, K. (1951) Das Göttliche Mädchen. In: Jung, C. G., Kerényi, K. (Hg): Einführung in das Wesen der Mythologie. Zürich: Rhein

Kerényi, K. (1951): Mythologie der Griechen, I und II. Zürich: Rascher

Kerényi, K. (1966): Humanistische Seelenforschung. Wiesbaden: VVM

Klaus, G. (1972): Kybernetik und Erkenntnistheorie. Berlin: VEB-Verlag der Wissenschaften

Luther, M. (1535): Eine einfältige Weise zu beten. Für einen guten Freund.

Govinda, A.: (1999): Grundlagen tibetischer Mystik. Frankfurt: Barth

Govinda, A.: (2004): Der Weg der weißen Wolken: Erlebnisse eines buddhistischen Pilgers in Tibet. Frankfurt: Barth

Laotse (Laozi) (1950): Tao te king. Das Buch des Alten vom Sinn und Leben. Einführung und Übersetzung Richard Wilhelm. Düsseldorf: Diederichs

Lorenz, K. (1972), in Einführung zu Wickler, W.: Sind wir Sünder? München: Droemer-Knaur

Meier, C. A. (Hg) (1992): Ein Briefwechsel 1932-1958. W. Pauli und C. G. Jung. Berlin: Springer

Meister Eckehart (1979): Deutsche Predigten und Traktate, Hg. J. Quint. Zürich: Diogenes

Mitidieri, D. (1994): Die Kinder von Bombay. Heidelberg: Braus

Mumonkan (2004): Die torlose Schranke. Zen-Meister Mumons Koan-Sammlung. München: Kösel

Müller, L., Müller, A. (Hg.) (2007): Wörterbuch der Analytischen Psychologie. Düsseldorf: Patmos

Müller, L. (1989): Magie. Tiefenpsychologischer Zugang zu den Geheimwissenschaften. Stuttgart: Kreuz. Neuherausgabe 2011, Stuttgart: www.opus-magnum.de

Neumann, E. (1952): Die Psyche und die Wandlung der Wirklichkeitsebenen. Neuherausgabe 2005, Stuttgart: www.opus-magnum.de

Neumann, E. (2004): Ursprungsgeschichte des Bewusstseins. Düsseldorf: Walter

Ninck, M. (1967): Wodan und germanischer Schicksalsglaube. Darmstadt: Wissenschaftliche Buchgesellschaft

Otto, R. (1963): Das Heilige. München: Beck

Pflüger, P. M. (Hg.) (1979): Die Notwendigkeit des Bösen. Aggression u. Depression in der Gesellschaft. Veröff. aus d. Arbeit d. Internat. Ges. für Tiefenpsychologie. Fellbach: Bonz

Radhakrishnan, S. (1958): Die Bhagavadgita. Baden-Baden: Holle

Reddemann, L. (2006): Überlebenskunst. Von Johann Sebastian Bach lernen und Selbstheilungskräfte entwickeln. Stuttgart: Klett-Cotta

Riedel, I. (2007): Die Welt von innen sehen. Stuttgart: Kreuz

Riedel, I. (2009): Die innere Freiheit des Alterns. Düsseldorf: Patmos

Riedel, I. (2010): Mystik des Herzens: Meisterinnen innerer Freiheit. Freiburg: Kreuz

Röhrle, E. A. (2001): Komplementarität und Erkenntnis. Von der Physik zur Philosophie, Bd. 12, Münster, Hamburg, London: LIT

Ruska, J. (1926): Tabula Smaragdina. Heidelberg: Carl Winter

Schwarzenau, P. (1984): Das Göttliche Kind. Stuttgart: Kreuz

Schweitzer. A. (1908/1960): Johann Sebastian Bach. Wiesbaden: Breitkopf u. Härtel

Seifert, T. (1981): Lebensperspektiven der Psychologie. Wege, Schnittpunkte, Gegensätze. Olten: Walter. Neuherausgabe: www.opus-magnum.de

Seifert, T., Seifert, A. (2003): Synchronizität und der Sinn von Zufällen. Freiburg: Herder (Neuherausgabe Stuttgart: www.opus-magnum.de)

Seifert, T., Seifert, A. (2006): Intuition - die innere Stimme. Düsseldorf: Walter (Neuherausgabe Stuttgart: www.opus-magnum.de)

Spitta, P. (1916): Johann Sebastian Bach. Leipzig: Breitkopf & Härtel

Swimme, Brian (1991): Das Universum ist ein grüner Drache. Ein Dialog über die Schöpfungsgeschichte oder von der mystischen Liebe zum Kosmos. München: Claudius

Thich Nhat Hanh (2003): Der Buddha sagt. Seine wichtigsten Lehrreden. Berlin: Theseus

Thich Nhat Hanh (2004): Unsere Verabredung mit dem Leben. Berlin: Theseus

Waiblinger, A. (1986): Große Mutter und göttliches Kind. Zürich: Kreuz

Watts, A.: Die Illusion des Ich. Westliche Wissenschaft und Zivilisation in der Krise. München: Kösel 1980

Wehr, G. (1977): Angelus Silesius - Der Cherubinische Wandersmann. Schaffhausen: Novalis

Wilber, K. (1983): Die Drei Augen der Erkenntnis. München: Kösel

Zacharias, G. (1972) (Hg.): Das Böse. München: Hanser

Zimmer, H. (1961): Abenteuer und Fahrten der Seele. Zürich: Rascher

Zimmer, H. 1951: Mythen und Symbole indischer Kunst und Kultur. Zürich: Rascher